यात्रा-वृत्तांत

चीड़ों पर चाँदनी

लेखक की कृतियाँ

कहानी-संग्रह
परिन्दे (1959), जलती झाड़ी (1965), पिछली गर्मियों में (1968), बीच बहस में (1973), कव्वे और काला पानी (1983), प्रतिनिधि कहानियाँ (1988), सूखा तथा अन्य कहानियाँ (1995), थिगलियाँ (2024)

उपन्यास
वे दिन (1964), लाल टीन की छत (1974), एक चिथड़ा सुख (1979), रात का रिपोर्टर (1989), अन्तिम अरण्य (2000)

यात्रा-संस्मरण/डायरी
चीड़ों पर चाँदनी (1963), हर बारिश में (1970), धुंध से उठती धुन (1997)

निबन्ध
शब्द और स्मृति (1976), कला का जोखिम (1981), ढलान से उतरते हुए (1985), भारत और यूरोप : प्रतिश्रुति के क्षेत्र (1991), इतिहास स्मृति आकांक्षा (1991), शताब्दी के ढलते वर्षों में (1995), दूसरे शब्दों में (1997), आदि, अन्त और आरम्भ (2001), साहित्य का आत्म-सत्य (2006), सर्जना पथ के सहयात्री (2006)

नाटक
तीन एकान्त (1976)

अनुवाद
पराजय : अलेक्सांद्र फेदेयेव (1954), बचपन : टाल्स्टॉय (1954), कुप्रिन की कहानियाँ : अलेक्सांद्र कुप्रिन (1955), रोमियो जूलियट और अँधेरा : यान ओत्चानाशेक (1964), खेल-खेल में : चेक कहानियाँ (1966), इतने बड़े धब्बे : चेक कहानियाँ (1966), झोंपड़ीवाले और अन्य कहानियाँ : मिहाइल सदौवेन्यु (1966), कारेल चापेक की कहानियाँ (1966), बाहर और परे : इर्षी फ्रीड (1967), आर.यू.आर. : कारेल चापेक (1972), एमके : एक गाथा : जोसेफ़ श्कवोरेस्की (1973)

पत्र
प्रिय राम, प्रिय निर्मल (2006), देहरी पर पत्र (2009), चिट्ठियों के दिन (2009)

साक्षात्कार
संसार में निर्मल वर्मा (2006)

संचयन
दूसरी दुनिया (1978)

चीड़ों पर चाँदनी

निर्मल वर्मा

राजकमल पेपरबैक्स

पहला संस्करण भारतीय ज्ञानपीठ, कलकत्ता से 1964 में प्रकाशित
पहला **राजकमल** संस्करण 1978 में प्रकाशित
पहला **राजकमल** पेपरबैक संस्करण 1988 में प्रकाशित

पुनर्नवा संस्करण : फरवरी, 2024
दूसरा संस्करण : जुलाई, 2024

राजकमल पेपरबैक्स : उत्कृष्ट साहित्य के जनसुलभ संस्करण

राजकमल प्रकाशन प्रा. लि.
1-बी, नेताजी सुभाष मार्ग, दरियागंज
नई दिल्ली-110 002
द्वारा प्रकाशित

शाखाएँ : अशोक राजपथ, साइंस कॉलेज के सामने, पटना-800 006
पहली मंजिल, दरबारी बिल्डिंग, महात्मा गांधी मार्ग, प्रयागराज-211 001
1, अनमोल सोराबजी सन्तुक लेन, मरीन लाइंस, मुम्बई-400002
वेबसाइट : www.rajkamalprakashan.com
ई-मेल : info@rajkamalprakashan.com

विकास कंप्यूटर एंड प्रिंटर्स
ट्रॉनिका सिटी-201 102
द्वारा मुद्रित

मूल्य : ₹250

CHEERON PAR CHANDANI
Travelouge by Nirmal Verma

ISBN : 978-93-6086-369-2

रामकुमार को

क्रम

भूमिका

अरसे बाद अपने इन स्मृति-खंडों को दोबारा पढ़ते समय मुझे एक अजीब-सा सूनापन अनुभव होता रहा है—कुछ वैसा ही रीता अनुभव, जब हम किसी ज़िन्दा फड़फड़ाते पक्षी को क्षण-भर पकड़कर छोड़ देते हैं—उसकी देह हमसे अलग हो जाती है लेकिन देर तक हथेलियों पर उसकी धड़कन महसूस होती रहती है। एक दूरी का अभाव जो सफ़री-सूटकेस पर विभिन्न देशों के लेबलों पर लटका रहता है—उन्हें न रख पाने का मोह रह जाता है, न फेंक पाने की निर्ममता ही जुड़ पाती है।

इन फटे-पुराने लेबलों के पीछे कितने चेहरे, हाथ से हाथ मिलाने के गरम स्पर्श, होटलों के ख़ाली कमरे छिपे हैं, क्या इनका लेखा-जोखा कभी सम्भव हो सकेगा?

शिमला के वे दिन आज भी नहीं भूला हूँ। सर्दियाँ शुरू होते ही शहर उजाड़ हो जाता था। आसपास के लोग बोरिया-बिस्तर बाँधकर दिल्ली की ओर 'उतराई' शुरू कर देते थे। बरामदे की रेलिंग पर सिर

टिकाए हम भाई-बहन उन लोगों को बेहद ईर्ष्या से देखते रहते जो दूर अजनबी स्थानों की ओर प्रस्थान कर जाते थे। पीछे हमारे लिए रह जाते थे चीड़ के साँय-साँय करते पेड़, ख़ाली भुतहे मकान, बर्फ़ में सिमटी हुई स्कूल जानेवाली पगडंडी। उन सूनी, कभी न ख़त्म होनेवाली शामों में हम उन अजाने देशों के बारे में सोचा करते थे—जो हमेशा दूसरों के लिए हैं, जहाँ हमारी पहुँच कभी नहीं होगी। तब कभी कल्पना भी नहीं की थी कि एक दिन अचानक अपने छोटे-से कमरे, ग्रामोफ़ोन, काग़ज़-पत्रों को छोड़कर बरसों 'सात समुद्र पार' रहना होगा।

बचपन में मेरा एक प्रिय प्राइवेट खेल था—कुछ-कुछ मॉर्बिड भी। रात को नींद की प्रतीक्षा करते हुए मैं सहसा अपने-आपसे पूछता था—फ़र्ज़ करो, अगले पाँच मिनिट में तुम मर जाओगे, इस बीच तुम कौन-सी चीज़ें याद करना चाहोगे? मैं तब कुछ इतना घबरा-सा जाता था कि जल्दी-जल्दी हड़बड़ाहट में कुछ भी याद नहीं आता था। आज यदि मैं अपने से यह प्रश्न पूछूँ तो मुझे निश्चय है कि स्मृति अनायास उन वर्षों और उनसे जुड़ी घटनाओं के आसपास घूमती रहेगी जिसके कुछ अंश इस पुस्तक में संगृहीत हैं—यह बात दूसरी है कि पाँच मिनिट की 'मुहलत' इस प्रक्रिया में एक-दो घंटे तक खिंच जाती है! उसके बाद भी मृत्यु का न आना एक चमत्कार-सा ही लगता है।

वास्तव में इस भूमिका में मैं इस 'चमत्कार' की ही चर्चा करना चाहता था। इन यात्राओं में अनेक ऐसी घड़ियाँ आई थीं जिन्हें शायद मैं आज याद करना नहीं चाहूँगा...लेकिन घोर निराशा और दैन्य के क्षणों में भी यह ख़याल कि मैं इस दुनिया में जीवित हूँ, हवा में साँस ले रहा हूँ, हमेशा एक मायावी चमत्कार-सा जान पड़ता था।

महज़ साँस ले पाना—जीवित रहकर धरती के चेहरे को पहचान पाना—यह भी अपने में एक सुख है—इसे मैंने इन यात्राओं में सीखा है...

हर चमत्कार के पीछे ज़रूर कोई-न-कोई 'एंजिल' छिपा रहता है—ऐसा मैं विश्वास करने लगा हूँ। यदि इस समय मुझे स्वामीनाथन, बरेन रॉय और आइसलैंडी कवि थोर्गियेर थोर्गियरसौन याद आते हैं—तो उनके प्रति सिर्फ़ अपना आभार प्रगट करने नहीं—बल्कि इसलिए कि उनके बिना शायद कोई भी चमत्कार सम्भव न हो पाता।

—निर्मल वर्मा

7 जनवरी, 1964
नई दिल्ली-5

उत्तरी रोशनियों की ओर

ब्रेख़्त और एक उदास नगर

एक पुरानी चीनी कहावत है : हज़ार मील की यात्रा एक छोटे क़दम से आरम्भ होती है। किन्तु कौन-से अनजाने क्षण हम वह क़दम, आँखें मूँद, ले लेते हैं, यह आज भी मेरे लिए रहस्य बना है। मुझे आज भी उस रात की धुँधली-सी याद है। 'धुँधली-सी' इसलिए कि हम उस रात इतनी बीयर पी चुके थे कि आज उसके बारे में कुछ भी याद रह सका यही आश्चर्य है। सिर्फ़ इतना याद है कि वह शुरू वसन्त की एक शाम थी, शहर प्राग था, और मैं अपने आइसलैंडी मित्रों के संग नीचे 'बेसमेंट' की एक 'बार' में बैठा था। न जाने उस शाम हम कितनी दफ़ा एक 'बार' छोड़कर दूसरी, और दूसरी छोड़कर तीसरी में भटकते रहे थे। कभी हम ख़ुद बाहर चले जाते थे, कभी ऐसा भी होता था कि हमें ज़बरदस्ती बाहर कर दिया जाता था।

वह शायद मालास्त्राना का एक छोटा पुराना-सा 'होस्पोदा' था। चेक में 'होस्पोदा' एक अत्यन्त दिलचस्प शब्द है, और उसका अनुवाद

करना बहुत ही उलझन की चीज़ है, जब तक आप स्वयं वहाँ न गए हों। वह प्राग की एक अपनी चीज़ है—न उसमें वह उच्चवर्गीय भद्रता है, जो 'बार' शब्द से आती है, और न ही आधुनिक युग का वह सस्ता, छिछलापन, जो 'रेस्तराँ' शब्द से जुड़ा है। 'होस्पोदा' की अपनी गरम, स्निग्ध-सी आत्मीयता है, जहाँ शराबी आपके गले में हाथ डालकर गाते रहते हैं, जहाँ 'वेटर' को अपनी प्रेमिका—या प्रेमिकाओं से ही अवकाश नहीं मिलता। शायद लन्दन का 'टेवर्न', 'होस्पोदा' के सबसे नज़दीक आता है—किन्तु अँगरेज़ों में पीने की संस्कृति कहाँ?

हमारी बहस और बातों का छोर शायद छुट्टियों पर आ टिका था। वे लोग, मेरे मित्र, वापिस अपने देश लौट रहे थे—आइसलैंड। पिछले अनेक महीनों से उनके संग मेरा बहुत घना सम्पर्क रहा है। उनके छोटे-से देश के प्रति मेरा आकर्षण अनजाने ही एक पहेली-सा बन गया है—स्वयं मेरे लिए।

उनमें एक मेरे मित्र हैं थोर्गियेर—'सिनेमाटोग्राफ़ी' के छात्र। उनकी एक कविता मैंने अरसा पहले 'कृति' को भेजी थी। शायद हममें से सबसे अधिक घुमक्कड़ व्यक्ति भी वही हैं। प्राग आने से पहले वह पेरिस में थे, और उससे भी पहले स्पेन में। अन्य मित्र छुट्टियाँ ख़त्म हो जाने के बाद वापिस प्राग लौट आएँगे—सिवाय उनके। वह 'हमेशा के लिए' आइसलैंड जा रहे हैं—अपने 'कोर्स' को अधूरा छोड़कर। कहीं भी ज़्यादा दिनों तक टिके रहना उनके लिए असम्भव है।

बीयर के गिलास से आँखें ऊपर उठीं...एक हल्की-सी मुस्कराहट उनके होंठों पर आ सिमटी। मैंने सोचा, उन्हें शायद कोई नई हँसी-मज़ाक़ की बात सूझी है किन्तु वे चुप रहे; सिर्फ़ गिलास पर मुस्कराहट की छाया झूलती रही।

अन्य मित्र भी मेरी ओर वैसी ही गोपनीय दृष्टि से देख रहे थे, जैसे उनके बीच कोई गुप्त समझौता हो, जिसे वह मुझसे छिपा रहे हों।

"तुम्हें कोई आपत्ति होगी," इस बार थोर्गियेर ने कुछ झिझकते हुए कहा, एक ऐसी झिझक जो गहरी विनम्रता से जुड़ी होती है।

"छुट्टियों में क्या करोगे?" थोर्गियेर ने पूछा।

मैंने अपनी 'बीयर' को बहुत प्यार से देखा—उत्तर में। वे हँसने लगे।

"तुम्हें कोई आपत्ति होगी, हमारे संग आइसलैंड चलने में—सिर्फ़ कुछ दिनों के लिए?"

यह मज़ाक़ नहीं था। उन सबके चेहरे बहुत गम्भीर थे। मैं हँसने लगा।

उस रात यह बात ज़्यादा आगे नहीं बढ़ी...उनकी गम्भीरता के बावजूद, मैं उसे ज़्यादा गम्भीरता से नहीं ले सका। भारत से यूरोप आना भी मुझे इतना असम्भव नहीं लगा था, जितना आइसलैंड जाने की कल्पना करना। मेरे लिए आइसलैंड की यात्रा 'आउटर स्पेस' को छूने से कम चमत्कारपूर्ण नहीं थी। इसके बाद कौन कह सकेगा कि हमारे युग में चमत्कार नहीं होते। कम-से-कम मैं उन पर विश्वास करने लगा हूँ।

हम प्राग-बर्लिन की इंटरनेशनल ट्रेन में हैं—प्राग के स्टेशन पर हमें बहुत-से मित्र बिदा देने आए थे। टिकिट मेरे पास है, वीसा बन चुका है, विदेशी मुद्रा की झंझटें भी लगभग सुलझ गई हैं—किन्तु विश्वास अब भी नहीं होता।

थोर्गियेर मेरे संग हैं। कभी-कभी वह मेरे परेशान चेहरे को देखकर मुस्कराने लगते हैं। बाहर 'प्लेटफ़ॉर्म' पर बहुत-से जाने-पहचाने चेहरे हैं। किसी ने सुझाव दिया कि मुझे अपनी यात्रा की विस्तृत डायरी लिखनी

होगी—यह शायद मारिया का सुझाव है। कल रात हम सब संग थे—रात की अन्तिम घड़ियों तक प्राग की सड़कों पर घूमते रहे थे। थोर्गियेर प्राग छोड़ने से पहले प्राग के सब बीयर-घरों और 'होस्पोदाओं' को बिदा देना चाहते थे—वह हमेशा के लिए प्राग से जा रहे हैं। मैं फिर वापिस आऊँगा, किन्तु यह विचार ज़्यादा आश्वस्त नहीं करता। लगता है, मैं दुनिया के दूसरे छोर पर जा रहा हूँ।

डायरी लिखनी होगी...

हाथ हिलते हैं—वे सब हाथ, जो दिन में कितनी बार प्राग के चौराहों पर मेरे हाथों से मिलते थे। हवा में हिलते हुए रूमाल और उनके पीछे धुँधले होते वल्तावा के पुल और पुरानी चर्चों की मीनारें...

मैं आइसलैंड जा रहा हूँ, किन्तु सोच रहा हूँ बराबर प्राग के बारे में। तॉल्स्तॉय का कथन याद आता है—'वार एंड पीस' की कुछ पंक्तियाँ...जब हम किसी सुदूर यात्रा पर जाते हैं—आधी यात्रा पर पीछे छूटे हुए शहर की स्मृतियाँ मँडराती हैं, केवल आधा फ़ासला पार करने के बाद ही हम उस स्थान के बारे में सोच पाते हैं जहाँ हम जा रहे हैं।

किन्तु ऐसे लमहे भी होते हैं, जब हम बहुत थक जाते हैं—स्मृतियों से भी—और तब ख़ाली आँखों के बीच का गुज़रता हुआ रास्ता ही देखना भला लगता है...शायद, क्योंकि बीच का रास्ता हमेशा बीच में बना रहता है...स्मृतिहीन और दायित्व की पीड़ा से अलग।

मैं रेल की खिड़की से बाहर देखने लगता हूँ।

हमारी यात्रा का पहला पड़ाव बर्लिन में है, जहाँ हम दुर्भाग्यवश एक रात से अधिक नहीं टिक सकते। पूर्वी जर्मनी का 'ट्रान्ज़िट-वीसा', समय

के लिहाज़ से, चौबीस घंटों से आगे नहीं जाता। बर्लिन में अधिक दिनों तक रहने की लालसा मन में दब जाती है। सोचता हूँ, वापिस आते हुए कुछ दिन अवश्य यहाँ रुक जाऊँगा, और कुछ नहीं तो बर्गोमान म्यूज़ियम देखने के लिए ही।

किन्तु थोर्गियेर ने बहुत पहले से ही एक योजना तैयार कर ली है। उनकी 'चिन्तन-धारा' कब कहाँ कैसा मोड़ लेगी, इसका अनुमान लगाना मेरे लिए हमेशा असम्भव-सा रहा है। बर्लिन में उनके चन्द आइसलैंडी मित्र रहते हैं। उन्हें पहले से ही हमारे आगमन की सूचना मिल चुकी है। (कैसे उन्हें यह सूचना मिली, मेरे लिए यह अब तक रहस्य बना है। थोर्गियेर के आलस्य पर मेरा इतना गहरा विश्वास है कि वह उन्हें चिट्ठी या तार से कोई सूचना दे सकेंगे, यह असम्भव-सा लगता है। वैसे, जैसा मैंने पहले कहा था, चमत्कारों पर मेरा विश्वास होने लगा है।) "वे लोग वहाँ टिकिट लेकर मौजूद रहेंगे।" थोर्गियेर ने कहा।

"कैसे टिकिट?" मैं कुछ भी नहीं समझ सका।

"मैं ख़ुद ही नहीं जानता," उन्होंने अधमुँदी आँखों से मुझे देखा, "शायद किसी थिएटर के।"

"किन्तु हमारी गाड़ी बर्लिन सात बजे से पहले नहीं पहुँचेगी... थिएटर या कोई भी चीज़ असम्भव है।"

"स्टेशन से 'बर्लिन-एन्सेम्बल' ज़्यादा दूर नहीं, आध घंटे में पहुँच जाएँगे।"

बर्लिन-एन्सेम्बल! मैं खुली आँखों से थोर्गियेर को देखता रहा—नहीं, वह मज़ाक़ नहीं कर रहे। काश, मैं उन्हें अच्छी तरह पीट सकता। अरसे से यह इच्छा रही है।

गाड़ी बर्लिन की ओर भाग रही है—मध्य-यूरोप का प्रकृति-दृश्य आज तक निरपेक्ष दृष्टि से नहीं देख सका। वैसे रेल की खिड़की के बाहर सबकुछ शान्त और समतल है—सब एक ही जगह रुकी-सी और फिर

भी तेज़ी से बदलती हुई 'स्टिल-लाइफ़'! मैं मध्य-यूरोप में हूँ—जर्मनी में—और यह 1961 की गर्मियाँ हैं—दूर-दूर फैले हुए खेतों पर जून की उजली, उनींदी-सी धूप और भूरी मिट्टी की गन्ध। एक बोझिल-सी गन्ध, जिसमें पूरी एक मृत पीढ़ी का अतीत भरा है। मैं दो बार—लन्दन और पेरिस जाते हुए जर्मनी के बीच से गुज़रा हूँ किन्तु कभी यहाँ उतरने को मन नहीं हुआ। कोई अदृश्य-सा भय, एक अजीब-सी झिझक सामने खड़ी हो जाती है। युद्ध को ख़त्म हुए एक लम्बा अरसा बीत गया। कोई भी आज उसे याद नहीं करता। घिसी-पिटी कहावत है—गड़े मुरदों को उखाड़ना ठीक नहीं, यह एक बुरी आदत है। किन्तु मैं, जो एक सुदूर देश से यूरोप आया हूँ—मुझे कई बार ऐसा लगता है कि जो समय सबके लिए, यहाँ के निवासियों के लिए, बीत गया है, वह मेरे लिए अभी तक जीवित है, प्रतीक्षारत है, और जब तक मैं उसे अन्य प्राणियों की तरह भोग नहीं लूँगा, वह मुझसे छूटेगा नहीं। गड़े मुरदे? वे हर आदमी के भीतर हैं—जब कभी मध्य-यूरोप से गुज़रता हूँ, मुझे उनका ठंडा स्पर्श महसूस होने लगता है। मैं पूर्वग्रह-ग्रस्त नहीं हूँ, किन्तु आज भी मैं किसी जर्मन को देखता हूँ, तो मेरे भीतर एक फ़िज़ूल, बेमानी-सी बेचैनी होने लगती है।

यह बेचैनी एक हद तक उस बेचैनी से मिलती है, जो मुझे बहुत पहले मान और काफ़्का की कथाओं को पढ़ने से होती थी। आज सोचता हूँ, तो आश्चर्य होता है कि मैंने इस 'बेचैनी' को—यूरोप आने से पूर्व कभी ठीक से समझने का प्रयत्न नहीं किया। यह आकस्मिक नहीं है कि दोनों लेखक मध्य-यूरोप के दो अलग-अलग भागों से सम्बन्धित थे—जर्मनी और चेकोस्लोवाकिया। यहाँ से गुज़रते हुए पहली बार महसूस होता है कि यूरोप का यह खंड ज़िन्दगी के उन अज्ञात, गोपनीय रहस्यों से गुम्फित है, जिन्हें आज तक फ्रांस, इंग्लैंड या स्पेन ने स्पर्श नहीं किया है।

धूल का अन्धड़ आने से पूर्व जैसे समूचे शहर में एक पीला, दम घोटनेवाला, आशंकित धुँधलका—धुँधलका भी नहीं—उजाले का गिलगिला-सा फैल जाता है, जब हम सूनी सड़क पर किसी अज्ञात घर की दीवार से सटे खड़े रहते हैं—और हर वह चीज़, जो बहुत साधारण और परिचित है—एक भयावह, विकृत छाया लिये सामने से गुज़र जाती है—मेरे लिए मध्य-यूरोप का यह बहुत पुराना, परिचित स्मृत-चित्र है, जो आज भी रेल की खिड़की के बाहर देखते हुए उभर आता है।

सामने की बेंच पर थोर्गियेर आँखें मूँदे लेटा है...मैंने अपनी सिगरेट जला ली। शाम घिरने लगी है। बाहर आबादी के चिह्न नज़र आने लगे हैं—मिलों की चिमनियों के परे टिमटिमाती रोशनियाँ और घरों की छतें—कहीं सिर्फ़ मलबे और ईंटों के ढूह, आधे टूटे हुए मकान और सूनी, कंकाल की आँखों-सी खिड़कियाँ। बमों और गोलियों के निशान अब भी वैसे ही हैं...मैं थोर्गियेर का कन्धा हिलाने लगा हूँ। वह अब भी सो रहा है।

बर्लिन का प्लेटफ़ॉर्म—रात!

भीड़ में थोर्गियेर का मित्र दूर से ही हमें देख लेता है। थोर्गियेर का सामान कम नहीं है—तीन बड़े-बड़े सन्दूक़, फ़िल्म और फ़ोटोग्राफी के कैमरे, इफल-बैग और थैले। मेरा सूटकेस अलग है। काफ़ी चीख़-पुकार के बाद ठेले पर सामान चढ़ाया जाता है और हम क्लॉक-रूम की तरफ़ चलने लगते हैं।

हमें बहुत जल्दी चलना चाहिए। समय बहुत कम है, पन्द्रह मिनिट—शायद उससे भी कम। थोर्गियेर के मित्र के पास हमारे टिकिट हैं—बर्लिन-एन्सेम्बल के। सीधे स्टेशन से थिएटर दौड़ना होगा, दूसरा कोई चारा नहीं। कुछ घंटों के बाद हमारे 'वीसा' की अवधि ख़त्म हो जाएगी। हमें अभी तक मालूम नहीं कि हमारा रात का ठिकाना कहाँ रहेगा।

किन्तु इस क्षण मैं आनेवाली रात के बारे में नहीं सोच रहा। सोच रहा हूँ, बर्तोल्त ब्रेख्त के बारे में, जिनका नाटक हम देखने जा रहे हैं। मेरी एक पुरानी दबी साध थी बर्लिन-एन्सेम्बल में ब्रेख्त का नाटक देखने की।

शायद, मेरे लिए बर्लिन आने का सबसे बड़ा आकर्षण भी यही रहा है। बीसवीं सदी के यह सबसे महान् नाट्यकार—जिनकी तुलना शेक्सपियर से की जाती है—नात्सी सत्ता स्थापित हो जाने के बाद जर्मनी से बाहर चले गए। उन्होंने अपने सबसे महत्त्वपूर्ण और लोकप्रिय नाटकों, 'गेलिलियो', 'मदर-करेज' इत्यादि की रचना अपने देश के बाहर, निर्वासित-काल में की—एक स्थान से दूसरे स्थान भटकते हुए। साहित्यिक बहसों और आलोचनाओं में जब-जब कम्युनिस्ट लेखकों पर 'कट्टरता' या 'संकीर्णता' का आरोप लगाया जाता है, तब अकसर मेरा ध्यान ब्रेख्त पर चला जाता है। नाटक की समस्त परम्परागत मान-मर्यादाओं को तोड़कर उसे—बीसवीं सदी के विशिष्ट प्रतीक के रूप में —सर्वथा नया मोड़ देनेवाला यह जर्मन लेखक एक फ़ासिस्ट-विरोधी, कम्युनिस्ट भी हो सकता है, पश्चिम के आलोचकों के लिए यह हमेशा एक विवादास्पद विषय बना रहा है। आश्चर्य नहीं कि अभी तक समाजवादी देशों में भी उनके क्रान्तिकारी प्रयोगों का ठीक से मूल्यांकन नहीं हो पाया। पश्चिम के साहित्यकार ब्रेख्त के महान् कृतित्व को स्वीकार करते हैं—उनके कम्युनिस्ट व्यक्तित्व को नहीं। पूर्वी देशों के आलोचक उनके कम्युनिस्ट व्यक्तित्व की सराहना करते हैं, किन्तु उनके कृतित्व के सम्बन्ध में, शायद, पूरी तरह से आश्वस्त नहीं।

शीत-युद्ध का रुग्ण वातावरण एक महान् लेखक के इर्द-गिर्द कितना उपहासास्पद विरोधाभास निर्मित कर सकता है, ब्रेख्त इसके सजीव उदाहरण हैं।

युद्ध के उपरान्त उन्होंने पूर्वी जर्मनी में रहना स्वीकार किया—यह

एक ऐसा तथ्य है, जो आज हमें 'बर्लिन-प्रश्न' की पृष्ठभूमि समझने में बहुत-कुछ सहायक हो सकता है। 1949 में अपनी पत्नी हैलेन वेगेल (जो ख़ुद एक प्रसिद्ध अभिनेत्री हैं) के संग ब्रेख्त ने पूर्वी-बर्लिन में 'बर्लिन-एन्सेम्बल' की स्थापना की। आज ब्रेख्त जीवित नहीं हैं, किन्तु हैलेन वेगेल के निर्देशन में उनका 'जादुई-स्पर्श' आज भी पूर्ववत् स्पन्दित होता है।

आज यह अनहोनी-सी बात लगती है, किन्तु उस रात जिस अजीब परिस्थिति में हैलेन वेगेल से 'मुलाक़ात' हुई, वह एक विचित्र अप्रत्याशित घटना थी।

हम थिएटर—अपनी भागदौड़ के बावजूद—पन्द्रह-बीस मिनिट देर से पहुँचे। इसका हमें ख़ेद अवश्य था, किन्तु ज़्यादा दुख नहीं, क्योंकि उस रात ब्रेख्त का नाटक 'टेरर एंड मिज़री ऑव थर्ड रायख़' दिखाया जा रहा था। यह नाटक अनेक छोटे-छोटे नाट्य-खंडों से संयोजित है जिसमें हिटलर-जर्मनी का भयंकर वातावरण चित्रित हुआ है। हर नाट्य-खंड अपने में स्वतंत्र है, और उनका रसास्वादन हम पिछले खंडों को देखे बिना भी कर सकते हैं।

याद नहीं आता, हम कौन-से टेढ़े-मेढ़े रास्तों और गलियों से होते हुए 'बर्लिन-एन्सेम्बल' पहुँचे। पूर्वी बर्लिन का यह भाग, जहाँ थिएटर है, बहुत उजड़ा-सा और वीरान दिखता है। यूरोप के सबसे क्रान्तिकारी थिएटर की इमारत इतनी सादी और साधारण होगी, यह अपने में एक शिक्षाप्रद चीज़ थी। ब्रेख्त ने अपने थिएटर के लिए स्वयं यह स्थान चुना था।

नाटक शुरू हो चुका था, अतः हम अपनी सीटों पर नहीं जा सके। फिर भी, विदेशी होने के कारण हमें बाहर खड़े होकर प्रतीक्षा नहीं करनी पड़ी। एक महानुभाव हमें ऊपर 'बॉक्स' की तरफ़ ले गए। दरवाज़ा धीरे-से खोला गया। हम दबे पाँव भीतर आए, दो कुर्सियाँ ख़ाली पड़ी थीं, हम उन्हीं पर बैठ गए। कुछ देर तक हमें पता नहीं चला कि 'बॉक्स' में हमारे अलावा कोई अन्य व्यक्ति भी है। वह चुपचाप एक कोने में सिमटी-सी बैठी थीं...इतनी तल्लीन और खोयी-सी कि कदाचित् उन्हें हमारे भीतर आने का आभास तक नहीं हुआ। अधेड़ उम्र, चेहरे पर हल्की-हल्की-सी झुर्रियाँ, किन्तु आँखों में एक तीखी, तपती-सी आभा, एक अजीब, आकुल-सी गरमाहट...ये हैलेन वेगेल थीं।

मुझे उस 'बॉक्स' में अपनी उपस्थिति बहुत अखरने-सी लगी। लगा जैसे हमने उसके एकान्त कोने में आकर कोई अपराध किया है। कुछ देर बाद वह उठकर बाहर चली गईं, और फिर नाटक के समाप्त होने तक दिखाई न दीं।

'बर्लिन-एन्सेम्बल' की प्रधान निर्देशिका हैलेन वेगेल से हमारी 'ऐतिहासिक' मुलाक़ात का ब्योरा भी यहीं ख़त्म होता है।

नाटक ही तो है...

ब्रेख्त के लिए महज़ यह काफ़ी नहीं है—वे इससे कहीं आगे जाते हैं। नाटक मंच पर खेलने की चीज़ नहीं, वह जीने की सक्रिय कला है, हर परिचित, पुरानी चीज़ को नये सिरे से छूने की अपेक्षा है, ताकि हम उसे आज का, इस क्षण का धड़कता सत्य दे सकें। हक़ीक़त ही तो नाटक है...सिर्फ़ उसे समकालीन दृष्टि से पहचानने की आवश्यकता है।

समकालीन...यह शब्द आज काफ़ी विकृत हो चुका है। प्राय: उन सब लेखकों के लिए यह प्रयुक्त होता है जो आज जीवित हैं और लिख रहे हैं—अकसर उनके लिए भी जो 'जीवित' नहीं हैं और लिख रहे हैं।

उस रात 'टेरर एंड मिज़री' देखते हुए मैं पहली बार 'समकालीन' शब्द से परिचित हो पाया। यदि उसका कोई अर्थ है तो सिर्फ़ एक प्रयोग, जब आदमी के अस्तित्व की हर तह एक नये स्तर पर अप्रत्याशित अर्थ ग्रहण कर लेती है...जब बाह्य परिस्थिति एक बेडौल, विकृत छाया है (एक गूँगे दैत्य की मानिन्द), जो न कुछ कहती है, न हमारे सामने से हटती है, एक असह्य-सा दबाव, जिसे हर मनुष्य सोते-जागते अपने पर महसूस करता है। कुछ लेखक हैं, जो इस 'दैत्य' से मुक्ति पाने के लिए उसे अपने एक आत्मपरक प्रतीक में ढाल लेते हैं—तब 'बाह्य' इतना पराया, इतना डरावना नहीं रहता। काफ़्का, और एक दूसरे अर्थ में सार्त्र ऐसे ही लेखक हैं। यह एक रास्ता है, इस भयावह सुरंग से बाहर आने का—एक अमानवीय 'दैत्य' को निजी प्रतीक-द्वारा साधारण, औसत वास्तविकता में ढालने की प्रक्रिया।

ब्रेख्त भी यही करते हैं—किन्तु बिलकुल दूसरे ढंग से। 'बाह्य परिस्थिति' उनके लिए ऐतिहासिक है—सूक्ष्म अर्थ में नहीं—समय के हाड़-मांस ठोस पिंजर में आबद्ध, जिस सदी में हम जीते हैं, उसके सन्दर्भ में बेहद, इंटेन्स राजनीतिक! फ़ासिज़्म, बन्दी-शिविर, नर-संहार...ये महज़ दीवार की छायाएँ नहीं, जिन्हें एक आत्मपरक प्रतीक दिया जा सके, क्योंकि ये स्वयं प्रतीक हैं, एक विघटन-प्रक्रिया के, जिसमें हम सब, अलग-अलग व्यक्ति की हैसियत से, शामिल हैं। यह आकस्मिक नहीं कि ब्रेख्त का नाटक देखते हुए अचानक एक ऐसा क्षण आता है, जब लगता है, जैसे थिएटर की दीवार के परे बरबस कुछ आवाज़ें भटक रही हैं, दरवाज़ा खटखटा रहा है—और हम—दर्शक और अभिनेता—समूचा

मंच और 'ऑडिटोरियम' एक अजीब दबाव तले धँसने लगते हैं—सिर्फ़ एक उपाय है मुक्ति पाने का—हम बाहर निकल आएँ और इन 'आवाज़ों' के साक्षी हो सकें।

ब्रेख्त कम्युनिस्ट थे, क्योंकि उनके लिए कम्युनिस्ट होने के मानी बहुत सहज थे—समकालीन होना, दूसरे शब्दों में, अपने निजी घेरे के बाहर उन सब आवाज़ों का साक्षी होना, जो बीसवीं सदी के अँधेरे से टकराती हुई हमारे पास आती हैं।

यह सब सोचा था, उस रात, जब हम बर्लिन की सड़कों पर भटक रहे थे। हमारा पूर्व-जर्मनी का ट्रान्ज़िट-वीसा आख़िरी साँसें लेकर दम तोड़ चुका था। थिएटर से बाहर आने पर थोर्गियेर के मित्र ने सुझाव दिया कि हमें पश्चिम-बर्लिन में रात काटने के लिए होटल तलाश करना चाहिए। वहाँ वे अन्तर्राष्ट्रीय समझौते के कारण 'वीसा' पर ध्यान नहीं देते। इस बीच दो अन्य आइसलैंडी छात्र, जो उसी शाम हमसे मिलने लेपज़िग से बर्लिन आए थे, थिएटर के बाहर मिल गए। हमने उनके सामने अपनी समस्या पेश की। किन्तु इससे पेश्तर कि हम अपनी बात पूरी कह पाते, उनमें से एक ने लापरवाही से कहा, "अरे सुनो, रात अभी काफ़ी जवान है...क्यों न हम थोड़ी बीयर ही पी लें?"

थोर्गियेर जैसे इतनी देर से इसी प्रश्न की प्रतीक्षा कर रहे हों..."हाँ..." उन्होंने गम्भीर दार्शनिक की मुद्रा में सब समस्याओं को अलग ठेलते हुए कहा, "हाँ, ब्रेख्त के बाद बीयर, बुरा ख़याल नहीं है।"

होटल की समस्या कुछ देर के लिए टल गई। रात अभी जवान थी।

किन्तु उस रात जैसे बर्लिन की समूची आबादी बीयर-पबों और रेस्तराँओं पर टूट पड़ी थी। हम जैसे भीतर जाते थे, वैसे बाहर आ जाते—सूखे और थके-माँदे। कहीं भी बैठने की थाह नहीं थी। हम अँधेरी सड़कों को पार करते रहे...बर्लिन की पुरानी इमारतों पर जब कभी

निगाह पड़ जाती थी, मुझे वियना और प्राग के पुराने मकान स्मरण हो जाते थे—वैसा ही भयावह भारीपन, और वैसी ही सूनी, वीरान आँखों-सी खिड़कियाँ; सोचता हूँ—यह आकस्मिक नहीं 'एक्सप्रेशनिस्ट पेंटिंग का' इतना घना, गहरा सम्बन्ध है, मध्य-यूरोप के शहरी प्रकृति-दृश्य से। गलियाँ, जहाँ एक कभी ख़त्म न होनेवाले दुःस्वप्न की मानिन्द आगे चलती जाती हैं...कुछ मकान हैं, जहाँ लड़ाई से पहले यहूदी परिवार रहते थे। अब वे ख़ाली और सूने पड़े हैं। कुछ फ़ासले पर जली हुई ईंटें और टूटी दीवारों का मलबा दिखाई दे जाता है...लड़ाई को ख़त्म हुए मुद्दत बीती, किन्तु उसके मिटे-बुझे घाव जहाँ-तहाँ उभर आते हैं। कहीं-कहीं सड़क के किनारे ऐसी अजीब इमारतें भी मिलती हैं जिनकी चारदीवारी साबुत और सम्पूर्ण है, किन्तु बीच में महज़ खोखल के अलावा कुछ भी नहीं—लगता है, जैसे हम किसी पूर्व-ऐतिहासिक नगर के खँडहरों के बीच रास्ता टटोल रहे हों।

आख़ीर एक रेस्तराँ में ख़ाली जगह मिली। जर्मन बीयर के गिलास हमारी मेज़ पर धीरे-धीरे इकट्ठा होने लगे। नये आइसलैंडी छात्रों से मेरा परिचय हो गया था, किन्तु फिर भी वे कभी-कभी मेरी ओर तनिक हैरत-भरी दृष्टि से देखने लगते थे, मानो उन्हें यह काफ़ी अजीब लग रहा हो कि मैं सचमुच उनके देश जा रहा हूँ। मैं ख़ुद कभी-कभी पीते हुए, या बातचीत की रौ में भूल जाता था कि बर्लिन सिर्फ़ बीच का स्टेशन है—सिर्फ़ एक रात यहाँ ठहरना है, और दूसरे दिन ही अपना बोरिया-बिस्तर बाँधकर यहाँ से चल देना है।

आइसलैंडी का दो चीज़ों के प्रति गहरा लगाव अद्भुत है—बीयर और अपनी भाषा। अपनी भाषा के प्रति ललक और प्यार मैंने अपने देश में बंगालियों में, और यूरोप में आइसलैंड-निवासियों से अधिक और कहीं नहीं देखा, कुछ ऐसा संयोग है कि भारत में मेरे सबसे स्नेही और आत्मीय मित्र बंगाली और यूरोप में आइसलैंडी रहे हैं—दोनों की

मंडलियों में घंटों गुज़ारने का अवसर मिला है और गो वे हमेशा आपस में अपनी भाषा में बातचीत करते हैं, मैंने कभी उनके बीच अपने को अकेला महसूस नहीं किया।

अभी तक आइसलैंडी भाषा के दो शब्द सीख पाया हूँ—जिनमें से एक से पहले ही परिचित था, अर्थात् उसका अर्थ आइसलैंडी भाषा में वही है, जो हिन्दी में। शब्द है सम्बन्ध! उनकी बातचीत के दौरान अचानक मुझे यह शब्द सुनाई दिया। पहले मैंने कोई ध्यान नहीं दिया, किन्तु दोबारा यही शब्द और उच्चारण सुनकर मैं कुछ चौकन्ना हो गया—कौतूहलवश थोर्गियेर से इस शब्द के अर्थ पूछे और हम दोनों हैरत से एक-दूसरे की ओर देखने लगे जब हमें मालूम हुआ कि दोनों भाषाओं में सम्बन्ध चाहे बिलकुल न हो, 'सम्बन्ध' शब्द के अर्थ एक ही हैं! [आशा करता हूँ, हिन्दी भाषा-विज्ञान के शास्त्री मेरी इस खोज पर मुझे बधाई देना नहीं भूलेंगे।]

एक दूसरा शब्द भी सीखा है—'स्काऊल'। अँगरेज़ी में बहुत हद तक 'चीयर्ज़' का पर्याय, शराब या बीयर पीने से पहले 'स्काऊल' कहा जाता है (चेक में 'नज़दार', जो मेरा प्रिय शब्द है)। अन्य आइसलैंडी मित्रों को जब हमारी अद्भुत 'खोज' का पता चला, तो सबने अपने बीयर के गिलास ऊपर उठा लिये। सबने कोरस में एक संग कहा, "स्काऊल फ़ॉर सम्बन्ध!"

बाद में, आइसलैंड जाने पर हमारा यह सबसे अधिक प्रिय 'टोस्ट' बन गया, आइसलैंड-भारत-मैत्री-सम्बन्ध का प्रतीक।

मालूम नहीं, उस रात हम कितनी देर तक वहाँ बैठे रहे। मैंने अपना सिर मेज़ पर टिका लिया था। बीच-बीच में नींद के नरम झटोके आसपास की आवाज़ों को छिपा लेते थे। दिन-भर की थकान के बाद थोड़ी-सी बीयर ने भी जादू का असर किया था। एक थके तैराक की भाँति मैंने अपने को बिलकुल ढीला छोड़ दिया, पानी पर बिना किसी

सचेष्ट क्रिया के तिरते रहना, यह भी एक सुख है। जब कभी मैं बहुत नीचे डूबने लगता, तो अचानक मुझे 'स्काऊल' की आवाज़ झटके से ऊपर उठा देती और मैं फिर चेतना के तट पर आ लगता।

इस बीच उन्होंने टेलीफ़ोन द्वारा पश्चिमी बर्लिन के किसी होटल में हमारे ठहरने की व्यवस्था कर दी थी। थोर्गियेर का मित्र, जो बर्लिन में ही रहता था, हमें होटल पहुँचा जाएगा, अत: हम उस ओर से प्राय: निश्चिन्त हो गए थे।

आख़ीर जब हम वहाँ से उठे तो आधी रात बीत चुकी थी। एक-दूसरे से बिदा लेने की घड़ी आ पहुँची थी। स्वभाव से आइसलैंडी अत्यन्त शर्मीले और संकोची होते हैं, किन्तु उस रात वे सब बहुत कम समय में आत्मीय हो गए, तनिक भावुक भी, कदाचित् इसलिए कि मैं—एक भारतीय—इतनी दूर, उनके देश आइसलैंड जा रहा था। शायद, इसलिए भी कि हम ज़रूरत से ज़्यादा बीयर पी चुके थे।

जाने से पहले उन्होंने मुझे आइसलैंड में अपने मित्रों, रिश्तेदारों के पते दिये—मुझे उन सबसे मिलना होगा। "और उत्तर में जाइएगा—असली आइसलैंड वहाँ है, रिक्याविक तो सिर्फ़ राजधानी है, महज़ टूरिस्टों के आकर्षण के अलावा वहाँ कुछ भी नहीं"—उनमें से एक ने कहा, "और ब्लैकडेथ...उसे पीना मत भूलिए, वह हमारी राष्ट्रीय शराब है।" इस पर ज़ोर का ठहाका लगा।

"आशा है, आप किलियन से भी मिलेंगे?"

"किलियन?" मैं कुछ समझ नहीं सका।

"लैक्सनेस।" थोर्गियेर ने स्पष्टीकरण किया।

"ओह लैक्सनेस! दिल्ली में उनसे मुलाक़ात हुई थी...'इंडिपेंडेंट पीपुल' पर मैंने उनके हस्ताक्षर लिये थे।" आज भी वह किताब दिल्ली में मेरे कमरे की 'बुक शेल्फ़' में पड़ी होगी। उसे पढ़ते हुए कभी कल्पना भी न की थी कि मैं कभी, किसी दिन, अपनी आँखों से उस सुदूर द्वीप

को देखने जाऊँगा, जो नक़्शे पर इतना अकेला और अलग-सा दिखता है। पहली बार मुझे पता चला कि आइसलैंड में सब उन्हें किलियन के नाम से पुकारते हैं—लैक्सनेस उन्हें बहुत औपचारिक-सा जान पड़ता है। थोर्गियेर नक़ल उतारने में एक ही हैं। किलियन का नाम सुनते ही उनके माथे पर बल पड़ गए, होंठ अजीब ढंग से मुड़ गए, जैसे वह सीटी बजाने जा रहे हों; और शब्दों को चबाते हुए उन्होंने आइसलैंडी में कुछ कहा। इस बार देर तक वे हँसते रहे। बाद में उन्होंने मुझे बताया कि लैक्सनेस हूबहू इसी ढंग से बोलते हैं। [बहुत दिनों बाद जब रिक्याविक में लैक्सनेस से भेंट हुई, तो मुझे बराबर थोर्गियेर की नक़ल याद आती रही]

आइसलैंड के अलावा कोई दूसरा देश नहीं देखा, जहाँ लोग इतने खुले, मुक्त और आत्मीय ढंग से अपने सबसे महान् लेखक के सम्बन्ध में बातचीत करते हों—आदर और स्नेह का प्रदर्शन भी एक मुक्त व्यंग्यभाव द्वारा किया जा सकता है—बिना बार-बार 'श्री' और 'जी' का इस्तेमाल किये—यह कोई उनसे सीखे।

जब रेल चली, तो उनके हाथ हवा में उठ गए। प्राग के बाद यह दूसरी बिदा है। हम पूर्वी बर्लिन से पश्चिमी बर्लिन की ओर जा रहे हैं। दो दुनियाओं के बीच सिर्फ़ पन्द्रह-बीस मिनिट का फ़ासला है। हम बर्लिन की 'लोकल-ट्रेन' में बैठे हैं। ट्रेन चलने से पहले वे प्लेटफ़ॉर्म पर खड़े-खड़े गाने लगे थे, एक आइसलैंडी लोकगीत, जिसकी धुन इस क्षण भी हमारे आसपास भटक रही है।

हर स्टेशन पर गाड़ी रुकती है, कुछ लोग भीतर आते हैं—पूर्वी

बर्लिन के निवासी, जो दूसरे क्षेत्र में जा रहे हैं। पूर्व से पश्चिम और पश्चिम से पूर्व—बिना किसी औपचारिकता या रुकावट के जाया जा सकता है। आज ये पंक्तियाँ लिखते समय बर्लिन में अनेक परिवर्तन हो चुके हैं। पहले-जैसा मुक्त यातायात, आवागमन सम्भव नहीं। आइसलैंड से वापिस आते समय मैं बर्लिन में चार दिन ठहरा था। और उस थोड़े समय में जो कुछ देख-समझ पाया, वह इस अभिशप्त नगर की एक असाधारण झाँकी देने के लिए काफ़ी था। शीत-युद्ध की इतनी नंगी, बेलौस तसवीर शायद यूरोप के किसी शहर में दिखाई नहीं देती। हज़ारों ऐसे लोग हैं, जिनके घर पूर्वी बर्लिन में हैं, और जो हर रोज़ काम करने पश्चिमी बर्लिन जाते हैं। अनेक ऐसे परिवार हैं जो इस विभाजित शहर का आईना हैं—आधा परिवार पूर्वी भाग में, आधा पश्चिमी भाग में। मैं एक पत्रकार की हैसियत से बर्लिन नहीं गया था, अतः किसी प्रकार की निश्चित सूचना देना न मेरा लक्ष्य है, न बस की बात है। 'आर्ट गेलरीज़' और म्यूज़ियम देखने के लिए अकसर मुझे शहर के दोनों ओर जाना पड़ता था, और इस दौरान जो कुछ आँखों के सामने पड़ जाता था, उससे बहुत-कुछ खुले-छिपे संकेत मिल जाते थे—अपने में बहुत साधारण और छोटे किन्तु एक असाधारण स्थिति के द्योतक। कौन प्रभावित नहीं होगा, पश्चिमी बर्लिन की ऊँची भव्य दुकानों, होटलों और रेस्तराँओं की तड़क-भड़क से! कुरफुस्तैन्दाम अथवा हाँसा के इर्द-गिर्द घूमते हुए अनायास आधुनिक वास्तुकला की इमारतें हमें आकर्षित करती हैं। इन ऊँची, गगनचुम्बी इमारतों ने (जिनमें लकर्वूसिये की इमारत भी शामिल है) युद्ध के भद्दे अवशेषों को अपने में छिपा लिया है। यह आकस्मिक नहीं कि पूर्वी बर्लिन से हर रोज़ सैकड़ों आदमी पश्चिमी भाग में सैर-सपाटे के लिए अथवा चीज़ें ख़रीदने के लिए आते हैं। अकसर मैंने ज़ू स्टेशन पर एक्सचेंज़ बैंक के आगे उन लोगों की लम्बी क़तारें देखीं, जो पूर्वी जर्मनी के मार्क को पश्चिमी जर्मनी के मार्क में बदलने के लिए खड़े

थे। आश्चर्य नहीं, आज पश्चिमी बर्लिन पश्चिमी यूरोप की जगमगाती 'शो-विंडो' के रूप में पूर्वी यूरोप के सामने उपस्थित है—स्वतंत्र यूरोप के आदर्शों का एक अजीब-सा प्रतीक।

किन्तु यह विरोधाभास अपने में अकेला नहीं—बर्लिन के दोनों भाग इस विचित्र विरोधाभास को अपने में प्रतिबिम्बित करते हैं—अकसर कहा जाता है कि पश्चिमी देशों की संस्कृति स्वतंत्रता और न्याय-जैसे आध्यात्मिक सिद्धान्तों पर आधारित है, जबकि दूसरी ओर कम्युनिस्ट देश उनकी नितान्त अवहेलना है, करते हुए मनुष्य की निम्नतम भौतिक इच्छाओं पर ज़ोर डालते हैं। शायद यह सच हो। किन्तु बर्लिन में लगता है—जैसे ये 'रोल' आपस में बदल लिये गए हों। पश्चिमी बर्लिन की सबसे बड़ी आध्यात्मिक अपील अमरीकी सिगरेटें, स्कॉच व्हिस्की, फ्रेंच, कोन्याक, नॉयलन क़मीज़ें तथा हैनरी मिलर और वात्स्यायन की पुस्तकें (मेरा अभिप्राय 'कामशास्त्र' के वात्स्यायन से है) हैं, जिन्हें देखने और ख़रीदने हज़ारों लोग पूर्वी जर्मनी से आते हैं। जहाँ तक इन चीज़ों के प्रति आकर्षण का प्रश्न है, मैंने पूर्वी और पश्चिमी बर्लिन के लोगों में कोई भेद नहीं देखा, उनके राजनीतिक सिद्धान्त अथवा आध्यात्मिक मान्यताएँ एक-दूसरे से कितनी ही भिन्न क्यों न हों।

इसीलिए एक प्रश्न बार-बार मँडराता है : क्या पश्चिमी यूरोप बर्लिन में 'स्ट्रिप-टीज़' और 'नाइट-क्लबों' के अलावा, अपनी सांस्कृतिक स्वतंत्रता प्रदर्शित करने का कोई दूसरा बेहतर माध्यम प्रस्तुत नहीं कर सकेगा? और दूसरा प्रश्न, क्या इन सब चीज़ों का आकर्षण पूर्वी बर्लिन के निवासियों के लिए इतना अधिक गहरा है कि वे कम्युनिस्ट व्यवस्था के सम्मुख एक विकट आर्थिक संकट उपस्थित कर देंगे? एक दृष्टि से, पश्चिम की तुलना में, पूर्वी जर्मनी की कम्युनिस्ट सरकार अपने 'भौतिक दर्शन' के बावजूद अत्यन्त आदर्शवादी जान पड़ती है। जहाँ पश्चिमी बर्लिन में 'नाइट-क्लबों' के भड़कीले इश्तहार दिखाई देते हैं, वहाँ पूर्वी

बर्लिन के चौराहों पर, स्टेशन की दीवारों पर अकसर बड़ी-बड़ी सुर्ख़ियों में चेतावनी के ये शब्द आँखों को रोक लेते हैं—फ़ासिज़्म, नेवर अगेन! यह आकस्मिक नहीं है कि पश्चिम बर्लिन में मैंने आइख़मैन के विरुद्ध एक भी इश्तहार नहीं देखा, जबकि पूर्वी भाग में, न केवल अख़बार आइख़मैन की ख़बरों से भरे रहते थे, बल्कि वहाँ अलग से मुक़दमे का विस्तृत ब्योरा देने के लिए पैम्फ़लेट और पुस्तिकाएँ प्रकाशित की गई थीं।

बर्लिन का भविष्य क्या होगा, मैं नहीं जानता, किन्तु ये तीन शब्द 'फ़ासिज़्म, नेवर अगेन' बर्लिन की दीवारों पर देख सका, मेरे लिए यही बहुत-कुछ है।

एक अन्य स्मृति भी है। पश्चिमी बर्लिन की 'टूरिस्ट-बस' में बैठा हूँ। यह बस विदेशी टूरिस्टों को नगर के दर्शनीय स्थानों की परिक्रमा करवा लाती है। बस में अमरीकी, अँगरेज़, जापानी तथा अन्य देशों के लोग भी हैं। सिर्फ़ आठ यार्क देकर तीन घंटों में बर्लिन के पूर्वी और पश्चिमी भागों का दौरा किया जा सकता है। हमारे संग एक चतुर और दक्ष जर्मन 'गाइड' है—अत्यन्त वाक्पटु और विनोदप्रिय, पश्चिमी जर्मनी के मुक्त वातावरण में साँस लेनेवाला एक अत्यन्त जागरूक युवा नागरिक। उसकी हर बात पर टूरिस्ट हँसते हैं। जब कभी मैं उसकी विनोदप्रियता में पूरी तरह से साझीदार नहीं हो पाता, तो, शायद इसलिए कि मुझमें अभी तक विनोदप्रियता का थोड़ा-बहुत अभाव है।

पूर्वी जर्मनी की खिल्ली उड़ाने का जब कभी अवसर मिलता है, वह हाथ से नहीं जाने देता, बल्कि यूँ कहें, उसी समय उसकी विनोदप्रियता पूरी तरह से प्रस्फुटित होती है। कभी-कभी उसकी आवाज़ बहुत उदास-सी हो जाती है। उस समय, जब हमारे सामने कुछ टूटी हुई इमारतों के खँडहर दिखाई देते हैं। ऐसी ही एक जगह उसने कहा, "यह गोयबल्स की मिनिस्टरी का दफ़्तर था। देखिए, सोवियत बममारों ने

इसकी क्या दशा कर डाली!" कुछ आगे चलकर..."यह वह ऐतिहासिक इमारत है"—उसका स्वर बहुत गम्भीर हो गया—"जहाँ हिटलर ने अपनी ज़िन्दगी के अन्तिम क्षण गुज़ारे थे। आप चाहें, तो यहाँ उतरकर फ़ोटो ले सकते हैं।"

मेरे पास कैमरा नहीं था, वरना उसकी दुखी आत्मा को शान्ति देने के लिए मैं अवश्य फ़ोटो लेता।

रायख़स्टैक की इमारत के सामने पहुँचने पर उसका स्वर फिर जीवन्त हो उठा—"आपको मालूम होगा,"—उसने कहा, "बल्गेरियन कम्युनिस्ट दित्रिट्रोव ने रायख़स्ताक को जलाने का षड्यंत्र किया था, किन्तु हिटलर ने उसका भंडाफोड़ कर दिया।" उसके सुन्दर, सलोने चेहरे पर विजय-मुस्कान खिल गई।

"लेकिन यह सच नहीं है।"—मैंने कहा। बस में बैठे सब लोग मेरी ओर आश्चर्य से देखने लगे। मुझे लगा, जैसे उसका विरोध करके मैंने कोई अत्यन्त अपराध कर डाला है।

"क्या कहा आपने?" उसने मेरी ओर घूरते हुए कहा।

"दित्रिट्रोव के ख़िलाफ़ कोई सबूत नहीं मिला, और उसे बाद में छोड़ दिया गया।"—मैंने कहा।

"शायद, मुझे यह सबकुछ नहीं मालूम!" उसने लापरवाही से कहा, "बट वाज़ंट ही ए ब्लडी कम्युनिस्ट?"

ज़ाहिर है, मैं इससे इनकार नहीं कर सका। वह फिर जीत गया था। सब लोगों ने चैन की साँस ली।

कौन-सी सीमा पर जाकर कम्युनिज़्म का विरोध फ़ासिज़्म का चेहरा अपना लेता है, मुझे नहीं मालूम, किन्तु यह वह सीमा है, जो आज पश्चिमी बर्लिन को पूर्वी बर्लिन से अलग करती है...यह एक चुनौती भी है, जिसका सामना हर ईमानदार व्यक्ति को कभी-न-कभी करना होगा।

दूसरे दिन सुबह हम बर्लिन छोड़कर आगे बढ़ गए। वह बदली का दिन था। बर्लिन का मेघाच्छन्न आकाश रेल की खिड़की से देर तक दिखाई देता रहा। अरसा पहले क्रिस्टोफ़र ईशरहुड का उपन्यास पढ़ा था—'गुडबाइ टू बर्लिन'। वह युद्ध से पहले का ज़माना था। पूरी एक पीढ़ी तब से आज तक गुज़र गई है, बर्लिन बहुत-कुछ बदल गया है। किन्तु एक दृष्टि से वह अब भी वही है जो पहले था—एक संजीदा, उदास शहर!

रोती हुई मर्मेड का शहर

हमने तिवोली के इर्द-गिर्द तीन-चार चक्कर लगा लिये हैं, किन्तु कोई भी होटल ख़ाली नहीं है। ये गर्मियों के दिन हैं—यूरोप में छुट्टियों के दिन। स्कैंडेनेविया में कोपनहेगन शायद यात्रियों का सबसे बड़ा आकर्षण-केन्द्र है। बाज़ारों, सड़कों, गलियों में हर जगह लड़के-लड़कियाँ दिखाई दे जाते हैं। पीठ पर भारी 'डफल बैग' (जिसमें कम्बल से लेकर टूथ-ब्रश तक, हर आवश्यक चीज़ भरी रहती है), कन्धे पर कैमरा, हाथ में शहर का नक़्शा और घुटनों तक उठी हुई 'जीन्स,' कमोबेश इसी हुलिये में हज़ारों लड़के-लड़कियाँ हर वर्ष यूरोप में बनजारों की तरह घूमते हैं। नार्वे में एक आस्ट्रियन लड़की ने मुझे बताया कि उसने फ्रांस, इटली और स्पेन का भ्रमण, टिकिट पर बिना एक पैसा ख़र्च किये, 'हिच-हाइकिंग' द्वारा ही किया था। 'हिच-हाइकिंग' यहाँ एक अत्यन्त लोकप्रिय और दिलचस्प तरीक़ा है यात्रा करने का, ख़ासकर छात्रों के लिए, जो बहुत कम पैसा साथ में लेकर बाहर निकलते हैं। सड़क के किनारे खड़े होकर सामने

गुज़रती हुई मोटरों, लारियों या ट्रकों को रोकने के लिए हाथ हिलाते हैं, और घंटों इसी तरह खड़े रहते हैं, जब तक कोई ड्राइवर दया करके उन्हें भीतर नहीं बुला लेता। इसी तरह 'लिफ़्ट' लेते हुए वे रास्ता तय करते रहते हैं। अकसर लड़कियों के लिए 'लिफ़्ट' लेना अधिक आसान होता है। कभी-कभी ऐसा भी होता है कि लड़कियाँ अपने पुरुष-साथियों को पीछे छिपा लेती हैं और जब उन्हें 'लिफ़्ट' देने के लिए कोई कार रुक जाती है, तो वे इशारे से इन्हें बुला लेती हैं। ड्राइवर बेचारे को तब न केवल उन्हें बल्कि उनके प्रेमियों को भी अपनी कार में ढोना पड़ता है।

उस शाम कोपनहेगन की कोई भी मुकम्मिल तसवीर मेरे दिमाग़ पर नहीं उतर सकी। ऐसा नहीं कि आज मैं कोई मुकम्मिल तसवीर जोड़ पाया हूँ। कोपनहेगन मेरे लिए उन शहरों में से एक रहा है, जिसके संग आख़ीर तक मैं कोई गहरा आन्तरिक लगाव नहीं जोड़ पाया। शायद इसलिए कि मैं कुछ ज़रूरत से ज़्यादा जल्दी में था, कुछ इसलिए भी कि आइसलैंड के रास्ते में कोपनहेगन मेरे लिए सिर्फ़ नीचे का पड़ाव रहा—एक 'वेटिंग-रूम' की मानिन्द—जिसमें कुछ दिन रहकर मुझे आगे चले जाना था। यह मेरी ही ग़लती थी। हर शहर का अपना आत्मसम्मान होता है। जब हम उसे पूरी तरह प्रतिष्ठा नहीं दे पाते, तो वह भी हमारे प्रति उदासीन हो जाता है।

फिर भी कोपनहेगन का तिवोली एक जगमगाते, जादुई परी-देस की तरह मेरी स्मृति पर टँगा है। वह अपने में सबकुछ है—सरकस, नुमाइश, छोटी-छोटी 'रोमैंटिक' झीलों के इर्द-गिर्द बिखरे रेस्तराँ और 'नाइट-क्लब,' 'रूलेट' (जहाँ मैं दॉस्तॉयव्स्की के 'हीरो' की तरह बराबर हारता गया था), 'बीयर-पब', लम्बे-लम्बे झूले और 'मेरी-गो-एराउंड,' रोशनियों की झालरों में घिरी 'ओरियंटल' देशों की मसज़िदें और गुफ़ाएँ। आश्चर्य नहीं, 'टूरिस्ट-पुस्तिकाओं' में कोपनहेगन को 'उत्तरी-यूरोप का पेरिस' की उपाधि दी गई है, यह बात दूसरी है कि न उसमें पेरिस की

सहज सुन्दरता है, न उत्तरी देशों का पहाड़ी भोलापन! यह आश्चर्य की बात है, किन्तु बहुत हद तक सही है—कि कोपनहेगन में रहकर बार-बार, ज़बरदस्ती अपने को ध्यान दिलाना पड़ता है कि हम स्कैंडेनेविया में हैं। ज़्यादा सही होगा यह कहना कि वह एक अमरीकी शहर है, उत्तरी यूरोप में, 'नाटो' सेनाओं का मनोरंजन-स्थल। एक नाली, जिसमें सैनिक अनुशासन के दबाव से कुछ घंटों तक मुक्त होने के लिए, अमरीकी और जर्मन सिपाही 'प्रिज़र्वेटिव' में अपनी उत्तेजना बहा देते हैं..."दैट इज़ ए रिलीज़ दिस कोपनहेगन," किसी नाइट-क्लब में एक अमरीकी अफ़सर ने मुझसे कहा था।

इस बीच होटल की तलाश बराबर जारी रही। यह विचार ज़्यादा सुखद नहीं था कि बर्लिन की पिछली रात के बाद—जिसे हमने सड़कों पर भटकते गुज़ार दिया था—एक और रात कोपनहेगन के आकाश-तले गुज़ारनी होगी। थकान अपनी चरमसीमा पर थी। "इनसान सिर्फ़ रोटी पर ही ज़िन्दा नहीं रह सकता"...उसे बिस्तर भी चाहिए! थोर्गियेर कोपनहेगन की गली-कूचों से भलीभाँति परिचित थे—अपने हाथ की हथेली की तरह उन्हें पहचान सकते थे, किन्तु होटल का एक कमरा मिलना इतना दुश्वार हो जाएगा, इसका अनुभव उन्हें यहाँ पहली बार हुआ।

क्यों न बन्दरगाह जाकर अपने जहाज़ के 'केबिन' में रात काटी जाए—थोर्गियेर ने सुझाव दिया। किन्तु हम पूरी तरह से निश्चित नहीं थे कि आइसलैंड जानेवाला जहाज़ इस समय बन्दरगाह पर आ गया होगा—और इतनी दूर जाकर ख़ाली हाथ वापिस लौट जाना, इतनी हिम्मत हम दोनों में से कोई भी नहीं बटोर पाया। अभी हम इस पर बहस कर रहे थे कि थोर्गियेर अचानक चुप हो गए, उनकी आँखें भीड़ में गुज़रते एक लम्बे व्यक्ति पर सहसा टिक गईं। उसने भी शायद हमें देखा होगा...थोर्गियेर को देखकर वह एकदम चकित-सा हो आया। हँसते हुए मुलाक़ात हुई, थोर्गियेर द्वारा हम दोनों एक-दूसरे से परिचित हुए।

नाम था एंगुई—जितना छोटा नाम, उतना ही ज़्यादा लम्बा क़द! अकसर आइसलैंड निवासी लम्बे क़द के होते हैं, किन्तु वह असाधारण रूप से लम्बे थे। एक महीन-सी मुस्कराहट और ज़रूरत से ज़्यादा गम्भीर आँखें—कुछ ग़मगीन और उदास। वह थोर्गियेर के बहुत पुराने मित्रों में से थे—अरसा पहले दोनों एक संग, एक ही कमरे में, वियना में रहे थे। आजकल कोपनहेगन में 'आइसलैंडिक शिप कम्पनी' में काम करते हैं—बाद में मालूम हुआ कि उन्होंने ही जहाज़ में अनेक दिक़्क़तों के बावजूद मेरी 'सीट' 'रिज़र्व' करवाई थी।

मुद्दत बाद शायद मैं बहुत-कुछ भूल जाऊँगा, कोपनहेगन के बारे में, किन्तु एंगुई की स्मृति आसानी से नहीं छूटेगी। कभी-कभी घर बदलते समय जब हम अपना सामान सन्दूक़ में रखते हैं, तो कुछ चीज़ें कभी पीछे नहीं छूट पातीं, कोई बहुत पुराना 'पिक्चर-पोस्टकार्ड', शराब की बोतल का कोई 'लेबल', किसी 'कन्सर्ट' का प्रोग्राम—इन चीज़ों को हम अवश्य रख लेते हैं, चाहे सन्दूक़ में जगह न हो, चाहे जगह बनाने के लिए हमें एक-दो कमीज़ें या 'स्वेटर' ही क्यों न बाहर फेंकना पड़े।

ज़िन्दगी का रास्ता तय करते समय बहुत-सा सामान पीछे छोड़ना होगा, यह जानता हूँ, किन्तु सोचता हूँ, किसी-न-किसी तरह एंगुई की स्मृति को बचाकर आख़ीर खींच लाना ही होगा।

वह कई दिनों से हमारे आगमन की प्रतीक्षा कर रहे थे, किन्तु उन्हें यह नहीं मालूम था कि हम आज ही उन्हें इतने अचानक तरीक़े से पकड़ लेंगे। उन्हें जब हमारी परेशानी का पता चला, तो चुपचाप सिर हिला दिया। अपने संग हमें बीच शहर के एक छोटे-से होटल में ले गए। थोर्गियेर ने उनसे कहा कि यहाँ पूछताछ करना बेकार है, हमें पहले ही जवाब मिल चुका है कि कोई कमरा ख़ाली नहीं है। एंगुई ने कुछ नहीं कहा, सीधा होटल के दफ़्तर में घुस गए। पाँच मिनिट बाद आकर कहा कि हम अपने 'पासपोर्ट' भीतर जमा करा दें, कमरा हमें मिल गया है।

इस यात्रा में चमत्कारों से पीछा नहीं छूटेगा—मैं आश्चर्य से एंगुई को देखता रहा। पाँच मिनिट पहले हम सब आशा छोड़ बैठे थे—अब हमारे पास अपना कमरा था, दो गुदगुदे बिस्तर, ऊपर छत और ढेर-सी नींद, जो प्राग से कोपनहेगन आने तक, रफ़्ता-रफ़्ता इकट्ठी होती रही थी।

'क्लॉक-रूम' से अपना सामान लाने के लिए हम स्टेशन की ओर रवाना हो गए। "देखा आपने, कमरा कितनी जल्दी मिल गया," एंगुई ने मुस्कराते हुए हमारी ओर देखा। "लेकिन माजरा क्या है? हम अभी कुछ देर पहले गए थे और मैनेजर ने विवशता प्रदर्शित करते हुए कहा था कि सब कमरे पहले से 'बुक' हो गए हैं।" मैंने कहा। "ठीक तो है," एंगुई ने कहा। "कमरा आपको नहीं, मुझे मिला है। कोपनहेगन में रहता हूँ, इसलिए वे मुझ पर सन्देह नहीं करते।" "कैसा सन्देह?" थोर्गियेर ने पूछा। "हम पर सन्देह करते हैं?" "आपने अपना पासपोर्ट दिखाया होगा," एंगुई ने कहा। "आप दो वर्षों से प्राग में रह रहे हैं, 'ऑयरन कर्टेन' के पीछे...क्या यह कम सबूत है कि आप ख़तरनाक लोग हैं!" एंगुई हँसने लगा था।

पहले क्षण मैं इस कड़वे सत्य को गले के नीचे आसानी से नहीं उतार सका। मैं भारतीय हूँ, यह इतना महत्त्वपूर्ण नहीं, जितना यह कि मैं एक कम्युनिस्ट देश से आ रहा था! शीत-युद्ध की यह नई बीमारी, छुआछूत—यूरोप की दैनिक चर्चा का एक अभिन्नतम अंग बन गई है, इसका भयानक अनुभव मुझे लन्दन में भी हुआ था। टॉमस कुक कम्पनी से प्राग का टिकिट लेने गया था। टिकिट माँगने पर एक बहुत ही शालीन और भद्र अँगरेज़ बाबू ने मिचमिचाती आँखों से मेरी ओर देखा—"प्राग?" गले में साँस अटक गई। "बट डोंट यू नो, इट इज़ बिहाइंड ऑयरन कर्टेन?" ("लेकिन क्या आप नहीं जानते कि वह लौह-दीवार के पीछे है?")

"ओह, रियली?" ("ओह, सचमुच?") मैंने कहा। मुझे लगा

जैसे मैं उसकी निरीह आत्मा को बहुत कष्ट पहुँचा रहा हूँ। मेरे हाथ में टिकिट देते हुए उसके चेहरे का भाव कुछ ऐसा ही था, मानो कोई विवश होकर किसी बकरे को कसाई के हाथों सौंप रहा हो।

एक दफ़्तर-कर्मचारी के लिए अपने ग्राहकों से बातचीत करते समय 'ऑयरन कर्टेन' जैसे राजनीतिक शब्दों को प्रयुक्त करना कहाँ तक उचित है (और वह भी इंग्लैंड जैसे प्रजातांत्रिक देश में!), इस पर यहाँ बहस करना व्यर्थ है। भयानक बात यह थी कि टॉमस कुक का वह नेक, भद्र बाबू उस शब्द को बहुत ही सहज, स्वाभाविक ढंग से इस्तेमाल कर रहा था, उतने ही यंत्रचालित ढंग से, जैसे सुबह उठकर दाढ़ी बनाना और शाम को चाय पीना। यदि कोई उससे यह कहता कि इस तरह के शब्द शीत-युद्ध-विचारधारा के द्योतक हैं तो वह बेचारा हतबुद्धि-सा आपकी ओर देखने लगता, मानो आपने कोई बहुत अनहोनी-सी बात कह दी हो। आश्चर्य नहीं, आईख़मैन के लिए लाखों यहूदियों को यातना-गृहों में भेजना भी उतना ही सहज, मानवीय तथ्य रहा होगा। मानवीय चिन्तन को, उसके सोचने-समझने के ढंग को कितनी आसानी से अत्यन्त विकृत ढाँचे में ढालकर, सहज, स्वयंसिद्ध, स्वयंचालित 'सत्यों' का निर्माण किया जा सकता है, इसकी कल्पना शायद जॉर्ज आरवेल ने अपने भयंकरतम दुःस्वप्नों में भी न की होगी!

किन्तु मैं रास्ते से भटक गया हूँ। एंगुई के संग हम अपना थोड़ा-बहुत आवश्यक सामान 'क्लॉक रूम' से निकालकर अपने होटल के कमरे में ले आए। हाथ-मुँह धोने के बाद एकदम सोने की इच्छा हुई, किन्तु एंगुई और थोर्गियेर की योजना कुछ दूसरी ही थी। ज़माने बाद वे एक-दूसरे से मिले थे, बीयर के बिना कुछ भी बात करना असम्भव था—वह भी कोपनहेगन-जैसे शहर में जहाँ आइसलैंडी अपने देश की ओर रवाना होने से पहले, हफ़्तों डेनिश बीयर के सहारे किसी कोने में पड़े रहते हैं।

"माना तुम प्राग से आ रहे हो—पिल्ज़न बीयर के देश से," एंगुई ने मेरा हाथ घसीटते हुए कहा, "किन्तु यदि डेनिश बीयर पिए बिना चले जाओगे, तो आइसलैंड में कोई भी व्यक्ति तुम्हारा स्वागत करने को तैयार नहीं होगा।"

अपनी नींद को पोटली में दबाए मैं कोपनहेगन की सड़कों पर घिसटता गया।

उस रात मुझे सहसा आभास हुआ कि मैं कोपनहेगन छोड़कर किसी बिलकुल अज्ञात, रहस्यमय शहर में चला आया हूँ। हर चीज़ जैसे कायाकल्प की अदृश्य प्रक्रिया से गुज़रकर एक विचित्र, मायावी मुखौटे में बदल गई थी—'बॉर' की खिड़कियों के पीछे झाँकते भावहीन चेहरे, अन्तहीन आवाज़ें, नहर के पास सिकुड़ी मरी मछलियों की गन्ध, 18वीं-19वीं शती के रंग-बिरंगे बक्सानुमा मकान, जो एक ज़माने में नाविकों के 'बैरक' थे—और गिरजों की बुर्ज़ियाँ। बुर्ज़ियाँ जो रात के नरम, नीले अँधेरे में सूखी हड्डियों के ढाँचों-सी हवा में काँपती हैं। प्राग के गिरजों में एक अजीब-सा स्वप्निल अशरीरीपन है, पेरिस के गोथिक चर्चों को देखकर लगता है कि उनकी ईंटों के बीच सीमेंट के स्थान पर केवल मोमबत्तियों का आलोक है, सेन के हरे पानी पर काँपता हुआ। किन्तु कोपनहेगन के गिरजे दोनों से अलग हैं—लगता है, वे भयावह, बेडौल मक़बरे हों, जिनके भीतर मध्ययुग का बासी, भूरा, धर्म के कीचड़ में लिथड़ा अँधेरा जमा होता गया हो।

हम टाउन-हॉल के सामने खड़े हैं—बीच में एक बहुत चौड़ा 'स्क्वायर' है, 'स्क्वायर' के चारों ओर नियोन-लाइटों में धुक-धुक करती, आँखों को चौंधियानेवाली दुकानें हैं; दुकानों के बीच छोटे-छोटे अँधेरे रास्ते हैं, समूचे नगर को अपने गिर्द लपेटते हुए। 'स्क्वायर' से कुछ दूर हटकर 'स्कैंडेनेवियन एयर-लाइंस' की विशाल, गगनचुम्बी इमारत है—आधुनिक वास्तुकला का अद्भुत चमत्कार! यह कोपनहेगन

की अनूठी विशेषता है कि यहाँ नया और पुराना शहर अलग-अलग नहीं हैं, किन्तु एक संग होने के बावजूद दोनों एक-दूसरे से निरे अछूते जान पड़ते हैं। उनमें किसी प्रकार का सामंजस्य दिखाई नहीं देता। समय के संग-संग शहर फैलता गया है, बिना किसी योजना या समन्वय के—एक लम्बे, विशाल दैत्य की मानिन्द—पैर यदि गोथिक हैं तो धड़ उन्नीसवीं सदी की वास्तुकला से मढ़ा हुआ, और सिर गगनचुम्बी। इसकी तुलना में कितना भिन्न हो सकता है, मुझे बरबस याद हो आता है, एक दूसरा शहर, अमस्टरडम। न जाने क्यों, जाने-अनजाने, मैं हमेशा इन दो नगरों की तुलना करता रहा हूँ, शायद इसलिए कि दोनों ही एक ज़माने में व्यापारी शहर थे, यूरोप के प्रसिद्ध बन्दरगाह—जहाँ यूरोप के दूर-सुदूर कोनों से व्यापारी और नाविक अपनी यात्रा जारी करने से पहले कुछ दिनों तक ठहरते थे। अमस्टरडम की अपनी एक आत्मा है। नहरों से सटे हुए मकान इतने सन्तुलित और आत्मीय और कालजित्, कि लगता है कि आदमी के हाथों ने उन्हें नहीं बनाया, ख़ुद-ब-ख़ुद फूलों-से नहरों के किनारे-किनारे उग आए हैं। वे आईना हैं—जिनमें चहारदीवारी के भीतर रहनेवाले डच-निवासियों की ज़िन्दगी झलकती है—किन्तु वे महज़ आईना नहीं हैं, हर डच-निवासी का चेहरा-मोहरा, आचार-व्यवहार, वेश-भूषा उसके घर की चहारदीवारी का जुज़ है—दोनों अपने में एक-दूसरे का अक्स प्रतिबिम्बित करते हैं। क्या यही कारण नहीं है कि वर्मीर के द्वारा चित्रित किये गए किसी घर के आँगन को देखकर लगता है कि हम अभी-अभी इसी घर के सामने से गुज़रे थे, किसी डच स्त्री का चेहरा देखते हुए लगता है जैसे इसे पहले कभी देखा है और याद नहीं आता कि कब उसे देखा था—किन्तु एक क्षण में बिजली की तरह स्मृति लौट आती है, रेम्ब्राँ के किसी चित्र को देखते हुए...

यहाँ तक कि कोपनहेगन की तुलना में अमस्टरडम के 'रेड-लाइट एरिया' का भी अपना निजी व्यक्तित्व है—गन्दगी, सड़ाँध, हृदयहीन क्रूरता

के बावजूद। कहावत है "ब्रॉथल्स ग्रो व्हेयर द सेलर्ज़ गो" ('जहाँ नाविक वहाँ वेश्यालय')। इस लिहाज़ से पश्चिमी यूरोप में हैम्बर्ग, अमस्टरडम और कोपनहेगन लाल बत्तियों के सबसे आकर्षक केन्द्र हैं। हैम्बर्ग कभी नहीं गया। हालाँकि थोर्गियेर ने उसके सम्बन्ध में मुझे अनेक सनसनीखेज़ घटनाएँ सुनाई हैं (मेरे मित्र थोर्गियेर अपने जीवन में सात से अधिक घाटों का पानी पी चुके हैं)। इस दृष्टि से भी कोपनहेगन अन्य स्कैंडेनेवियन देशों से अलग है। नॉर्वे, स्वीडन, फिनलैंड में परम्परागत नैतिक रूढ़ियाँ यूरोप के अन्य देशों की तुलना में (जिनमें कम्युनिस्ट और ग़ैर-कम्युनिस्ट देश—दोनों ही शामिल हैं) बहुत हद तक नष्ट हो चुकी हैं। स्त्री-पुरुष के यौन-सम्बन्ध अधिक स्वच्छन्द और कुंठामुक्त हैं, रहन-सहन का स्तर न केवल भौतिक दृष्टि से ऊँचा है, बल्कि संस्कृति-सम्पन्न है, अत: वेश्यावृत्ति की सामाजिक आवश्यकता, पुरुषों और स्त्रियों के लिए लगभग नहीं के बराबर रह गई है। बिना किसी क़ानून अथवा राज्य-शक्ति का प्रयोग किये कैसे अप्राकृतिक, असामाजिक वृत्तियों का उन्मूलन किया जा सकता है, स्कैंडेनेवियन देश इसका श्रेष्ठ उदाहरण हैं। इस लिहाज़ से भी कोपनहेगन अपवाद है। शायद यह अकेला स्कैंडेनेवियन नगर है, जहाँ आज भी ख़ास गलियों के नुक्कड़ पर 'स्ट्रीट-वॉकर' अचानक आप पर हमला कर सकती हैं। किन्तु कोपनहेगन ही एक ऐसा नगर है, जहाँ इन गलियों को देखकर एक अकुलाहट-भरी दुविधा उत्पन्न होती है। लगता है, जैसे अमस्टरडम की तरह वेश्यावृत्ति यहाँ परम्परा का अंग नहीं है, जैसे यह कोई बाहर की चीज़ हो, जिसे ज़ोर-ज़बरदस्ती शहर के माथे पर मढ़ दिया हो—एक थोपी हुई चीज़ जिसकी जड़ें शहर की भूमि में नहीं हैं। बाद में थोर्गियेर से मालूम हुआ कि आइसलैंड में युद्ध के पहले तक वेश्यावृत्ति अजानी चीज़ थी—इच्छा होने पर इसके लिए आइसलैंड के लोग कोपनहेगन जाते थे। (यह दूसरी बात है कि कोपनहेगन तक पहुँचते-पहुँचते वे बीयर में इतने मस्त हो जाते थे कि

दिमाग़ से वह ध्यान अकसर उड़ जाता था कि वे किसलिए आए हैं!), किन्तु युद्ध के उपरान्त अमरीकी अड्डों की स्थापना के संग-संग एक नये क़िस्म की 'नारी' का प्रादुर्भाव हुआ है, जिसे आइसलैंडी 'स्ट्रीट-वॉकर' न कहकर बड़े शालीन-भाव से 'स्टैटू ऑव लिबर्टी' के नाम से पुकारते हैं।

'म्युनिसिपल स्क्वायर' से बाहर निकलकर हम दोबारा तिवोली के सामने से गुज़र रहे थे। कैफ़े और रेस्तराँओं की खुली खिड़कियों से लोग बाहर सड़क पर बहती भीड़ को देख रहे थे और भीड़ के लोग देख रहे थे, रेस्तराँओं में बैठे चिड़ियाघर के प्राणियों को। कोपनहेगन में पेरिस की तरह 'ओपन-एयर' कैफ़े नहीं हैं—उनकी अभाव-पूर्ति करने के लिए ही शायद हर रेस्तराँ के बाहर शीशे के सन्दूक़नुमा केबिन बना दिये गए हैं, जो रेस्तराँओं का भाग होते हुए भी सड़क से जुड़े हैं और सड़क पर होते हुए भी उसके जन-प्रवाह, भीड़ की धूलि और गर्द से अलग हैं। इस दृष्टि से कोपनहेगन के रेस्तराँओं की बनावट बहुत हद तक डेनिश चरित्र का ही प्रतीक है—स्वच्छन्दता, जो दर्शक की उत्सुकता से आगे नहीं जाती, क्योंकि आगे शीशे की खिड़कियाँ हैं, जिनके भीतर बैठकर आइसक्रीम खाते हुए केवल बाहर देखा जा सकता है।

सोचता हूँ, शायद इसी चिपचिपाते आत्मसन्तोष और सतहीपन की दलदल से बाहर निकलने की कोशिश की थी एक अन्य डेनिश ने, जिसे कोपनहेगन के निवासी आख़ीर तक सिरफिरा समझते रहे। नाम था उनका किर्केगाद। कल्पना नहीं की जा सकती कि कोपनहेगन के अलावा किर्केगाद किसी और शहर में हो सकते थे, उसी तरह जैसे प्राग के बिना काफ़्का की कल्पना करना कुछ अजीब-सा लगता है।

अचानक एक विचित्र नज़ारा सामने आया और हमारे पाँव ठिठक गए। सड़क पर लोगों के जमघट के बीच लड़के-लड़कियों की हनुमानटोली चली जा रही थी—विचित्र मौला-मस्त पोशाक पहने

वे किसी सुदूर परी-देश के यात्रिक जान पड़ते थे। सिर पर ऊपर उठी हुई फुन्देदार लाल टोपी, गले में लटकता हुआ नीला स्कार्फ़, फूलदार कमीज़ और बैंड बजानेवालों की-सी चौड़ी, सफ़ेद पतलून। लड़कियों की भी कमोबेश यही पोशाक थी। पतलून और कमीज़ के स्थान पर उन्होंने स्कर्ट और फ्रॉक पहन रखी थीं, बाकी हुलिया लड़कों का-सा ही था।

पूछने पर एंगुई से मालूम हुआ कि वे सब नार्वे के छात्र-छात्राएँ हैं, जो कुछ दिन कोपनहेगन में रहकर वापिस अपने-अपने घर लौट जाएँगे। "शायद छुट्टियाँ बिताने यहाँ आए हैं?" मैंने पूछा। इस पर एंगुई ने धीरे-से मुस्करा दिया, "नहीं...इनकी यही विशेषता है। छुट्टियाँ तो दूर, अभी परीक्षाएँ भी शुरू नहीं हुईं। यह नार्वेजियन छात्रों की पुरानी परम्परा है। वे हर वर्ष इन्हीं दिनों (और इसी पोशाक में) कोपनहेगन आते हैं, डटकर पीते हैं, देर रात तक नाइट-क्लबों में नाचते-गाते रहते हैं, और परीक्षाओं के ऐन एक दिन शुरू होने से पहले अपने-अपने घर रवाना हो जाते हैं। हर साल वे एक नारा लेकर कोपनहेगन पर हमला करते हैं, हर साल यह नारा पिछले साल के नारे से अलग होता है।"

"इस साल कौन-सा नारा लेकर आए हैं?"

"इफ़ द रशियन्स डोंट हैव द सेक्स बॉम्ब, व्हाई शुड वी हैव?" ("रूसियों के पास यौन-बम नहीं हैं, तो हम क्यों रखें?")

यह पहला अवसर था, जब नार्वेवासियों की रसिकता का परिचय मिला। बाद में पता चला कि नार्वेई जाति की यह रसिकता एक निश्छल भोलेपन, सादगी और बहुत ही कोमल संवेदनशीलता का प्रतीक है...ऐसे गुण, जो दुनिया-भर के पहाड़ी लोगों में मिल सकते हैं। उनमें न तो डेन लोगों की आडम्बरप्रियता और न स्वीडनवालों की अभिजात-संकुलता दिखाई देती है। इस दृष्टि से वे आइसलैंड-निवासियों के अधिक नज़दीक पड़ते हैं। आश्चर्य नहीं, एक हज़ार वर्ष पूर्व अपने देश से निष्कासित

नार्वेई विद्रोहियों ने आइसलैंड में ही आश्रय खोजा था...

जुलूस आगे बढ़ गया, सिर्फ़ ज़िन्दादिली की ख़ुशबू पीछे रह गई।

'स्कारलेट पिम्परनल...'

अरसा पहले इसी नाम का उपन्यास पढ़ा था; तब स्वप्न में भी न सोचा था कि ऐसा विचित्र नाम किसी बीयर-घर का भी हो सकता है। किन्तु नाम से भी ज़्यादा विचित्र है यह बीयर-घर अपने-आपमें!

कौन-सी अँधेरी-सँकरी गलियों को पार करते हुए हम वहाँ पहुँचे, आज याद करना असम्भव है। आश्चर्य तो तब हुआ जब भीतर घुसने से पहले थोर्गियेर ने अपनी कमीज़ का ऊपरी बटन, जो हमेशा खुला रहता था, सतर्कता से बन्द कर लिया। "ऐसा क्यों?" मैंने पूछा। "यह यहाँ का नियम है।" थोर्गियेर ने तनिक व्यंग्यात्मक भाव से मुस्कराते हुए कहा, "बिना टाई पहने कोई व्यक्ति भीतर प्रवेश नहीं कर सकता, लेकिन चूँकि आइसलैंडी अकसर किसी नियम की ख़ास चिन्ता नहीं करते, उनके लिए यह विशेष रियायत की गई है कि यदि वे सिर्फ़ अपनी कमीज़ के बटन बन्द कर लें, तो भीतर आ सकते हैं।" मैंने और एंगुई ने पहले से टाई पहन रखी थी, हमें इस रियायत का सदुपयोग करने का अवसर न मिल सका।

भीतर का दृश्य उस फ़िल्म के टुकड़े की मानिन्द धुँधला पड़ गया है, जो अपने में अत्यन्त तीव्र और सजीव होने के बावजूद इतनी तेज़ी से आँखों के आगे भड़भड़ाता हुआ ग़ायब हो जाता है कि बाद में जब हम याद करने की कोशिश करते हैं तो दृश्य के बाहरी पहलू उजागर होने के बजाय महज़ मन के वे कोने, कोने भी नहीं, कुछ अनर्गल छिटपुटी प्रतिक्रियाएँ घूम जाती हैं, जो उस क्षण के दबाव से ऊपर उठ आई थीं—एक-दूसरे से अलग, शृंखलाहीन और झूठ-सच के ऊपर!

स्मृतियों में वे जिप्सी-स्मृतियाँ हैं, जिनका कोई घर-ठिकाना नहीं। भीतर हमें बच-बचकर रास्ता बनाना पड़ा। नाचते हुए जोड़ों की अन्तहीन,

हिलती, क्षण-क्षण बदलती सुरंग के बीच गुज़रते हुए, मेज़ों-कुर्सियों को बीच से धकेलते, हवा में उठे बीयर के गिलासों की पीली छाया-तले रेंगते हुए आख़ीर हम निर्दिष्ट स्थान के आसपास लुढ़क आए।

"यह हमारी जगह है।" थोर्गियेर ने कहा और बहुत शान्त भाव से पाइप मुँह में लगा ली। इस दौरान में एंगुई अपने जाने-पहचाने पियक्कड़ों के बीच घिर गए थे।

जिस कोने में हम बैठे थे, वह यहाँ आइसलैंडी कोने के नाम से सर्वविदित है; लगता है, समूचे बीयर-घर का शोर और कोलाहल, अलमस्ती और मतवालापन चारों ओर की आवाज़ों और चीख़ों और सीटियों को समेटता हुआ इसी कोने में बह जाता है। थोर्गियेर ने बताया कि एक लम्बी मुद्दत से 'स्कारलेट-पिम्परनल' का यह कोना सिर्फ़ आइसलैंडियों के लिए सुरक्षित रहा है—जहाज़ से उतरते ही आइसलैंडी यात्री सीधे यहाँ पड़ाव डालते हैं। कोपनहेगन में यदि किसी पुराने आइसलैंडी मित्र से मिलना हो, तो उसके घर जाने के बजाय, शाम की किसी घड़ी में इस कोने में प्रतीक्षा करना ही बेहतर होगा। यहाँ आप उसे हमेशा पकड़ सकते हैं!

"स्काऊल!" अचानक मेरे सामने बीयर का गिलास उठ गया। मेरे गिलास को अपने गिलास से टकराते हुए उनकी अजनबी आँखें मुझ पर उठ आईं। छोटी-सी 'गोरी' दाढ़ी बीयर के सफ़ेद झाग में भीग रही थी।

"कहाँ के रहनेवाले हो?"

"हिन्दुस्तानी।"

"यहाँ कैसे आना हुआ?"

"जहाज़ की प्रतीक्षा कर रहा हूँ...आइसलैंड के लिए।"

"आइसलैंड!" एक अजीब विस्मय का भाव चेहरे पर सिमट आया, जैसे उन्हें मेरी बात पर विश्वास न हुआ हो।

"क्या करोगे आइसलैंड जाकर?"

"ख़ास कुछ नहीं।"

"मेरा मतलब है...आइसलैंड ही क्यों!" और पहली बार मैंने उनकी ओर ध्यान से देखा...भूरी दाढ़ी के ऊपर दो आँखें एक अर्थहीन मुस्कराहट में चमक रही थीं। वह कुर्सी खींचकर मेरे निकट खिसक आए और दबे स्वर में लगभग फुसफुसाते हुए उन्होंने पूछा, "तुम कम्युनिस्ट हो?"

इस बार मेरी रूखी उत्सुकता एक गहरे कौतूहल में बदल गई। बीयर का घूँट लेकर मैंने जान-बूझकर रहस्य-भरे लहजे में उनसे पूछा, "यदि हूँ तो...?"

"यदि न भी हो तो आइसलैंड जाकर ज़रूर बहाना करना होगा कि तुम कम्युनिस्ट हो...यह मेरी नेक सलाह है और कुछ नहीं।"

"लेकिन क्यों?"

"यह ज़्यादा इज़्ज़त की बात मानी जाती है! आइसलैंडी कम्युनिस्टों से जितनी नफ़रत करते हैं, उससे ज़्यादा उनकी इज़्ज़त करते हैं, विरोधाभास है न?"

"और आप...?" मैं झिझककर चुप हो गया।

"मैं? मैं उनका कट्टर विरोधी हूँ। हर चुनाव में मैंने उनके ख़िलाफ़ मत दिया है, यानी जब से मैं बालिग हुआ और विधान ने मुझे मत देने का अधिकार दिया। इसके बावजूद अगर कोई मुझसे पूछे कि आइसलैंड में सबसे ईमानदार राजनीतिज्ञ कौन है, तो मैं कहूँगा—ओल्फ्येर ओल्फ्येर सॉन[1]! वह एक देवदूत है, लेकिन शैतानों में पड़ गया है।"

यह पहला अवसर था जब मुझे आइसलैंड की राजनीति के भीतर झाँकने का मौक़ा मिला। ओल्फ्येर सॉन के नाम से पहले भी परिचित था, किन्तु एक कम्युनिस्ट-विरोधी व्यक्ति भी उनके प्रति इतने सम्मान की भावना रख सकता है, इसका परिचय पहली बार मिला। बाद में

यह अनुभव अनेक बार हुआ। शीत-युद्ध की राजनीति में, जहाँ हर चीज़ काले और सफ़ेद रंगों में देखी जाती है, यह अपने में एक विलक्षण और असाधारण घटना थी। कम्युनिस्ट देशों के बाहर शायद आइसलैंड ही एक ऐसा देश है जहाँ लोग कम्युनिस्ट विचारधारा से तीव्र मतभेद रखते हुए भी कम्युनिस्ट नेता के प्रति इतनी गहरी निष्ठा और आस्था प्रगट कर सकते हैं।

इस बीच नाच की नई संगीत-धुन आरम्भ हो गई थी। मेरे अजनबी साथी मुझसे क्षमा माँगकर उठ खड़े हुए और नाचते हुए जोड़ों की भीड़ में ग़ायब हो गए। उस रात मुझे उनके दर्शन दोबारा नहीं हो सके।

आसपास की अनेक कुर्सियाँ भरे-अधभरे बीयर के गिलासों के सामने ख़ाली हो गई थीं। केवल एक कोने में अब भी कुछ लोगों का जमघट लगा था। उन्हीं के बीच मुझे एंगुई और थोर्गियेर के चेहरे दिखाई दिये। बहस का ज़ोर था, आवाज़ें बार-बार ऊपर उठ जाती थीं, आइसलैंडी और डेनिश भाषाओं के शब्द कई बार आपस में टकरा जाते थे (और मेरे लिए यह पहचानना असम्भव था, कौन-सा शब्द किस भाषा का है!), 'वेटर' ख़ाली गिलासों को उठाकर उनकी जगह फेनिल झाग में लबालब भरे गिलास रख जाता था, जो देखते-देखते फिर ख़ाली हो जाते थे। बीयर और बहस का कितना अन्तरंग सम्बन्ध है, यह उस मंडली को देखकर काफ़ी स्पष्ट हो जाता था। एंगुई ने मुझे अकेला देखकर अपने पास बुला लिया, "जानते हो आज शाम की ख़बर?" "कैसी ख़बर?" मैंने पूछा। "डेनमार्क पार्लामेंट ने पांडुलिपियों को वापिस करने का निर्णय फिर स्थगित कर दिया। इसी पर बहस हो रही है।"

उन दिनों यह एक 'जलता प्रश्न' था आइसलैंड और डेनमार्क के बीच। हर जगह इसकी चर्चा थी, और कहीं-न-कहीं इसकी भनक कानों में अवश्य पड़ जाती थी। घटना-सूत्र को पकड़ने के लिए इतिहास में जाना होगा। बात उन दिनों की है जब आइसलैंड डेनमार्क का उपनिवेश था।

(आइसलैंड पूर्ण रूप से स्वतंत्र हुआ 1944 में) 13वीं-14वीं शताब्दियों में आइसलैंड में अनेक श्रेष्ठ और महत्त्वपूर्ण साहित्यिक और ऐतिहासिक ग्रन्थों की सर्जना हुई जिनमें 'सागा-ग्रन्थों' को सर्वोच्च स्थान प्राप्त है। यह एक सर्वविदित तथ्य है कि मध्यकालीन यूरोप में आइसलैंड ही ऐसा देश था, जहाँ कमोबेश हर व्यक्ति लिख-पढ़ सकता था; अन्य देशों में ज्ञान और शिक्षा के साधनों पर चर्च का आधिपत्य था, किन्तु आइसलैंड में चर्च और ईसाई संघों के नियंत्रण के बाहर, एक शुद्ध धर्म-निरपेक्ष संस्कृति का विकास हुआ। आश्चर्य नहीं कि 'सागा-ग्रन्थ' निरे 'अ-धार्मिक', ईसाई-दर्शन और चिन्तन से बिलकुल अछूते हैं—इस दृष्टि से एक हद तक उनकी तुलना यूनानी नाटकों से की जा सकती है। डेनमार्क के आधिपत्य में आने के बाद धीरे-धीरे आइसलैंडी संस्कृति का केन्द्र कोपनहेगन बन गया। न केवल ऊँची शिक्षा प्राप्त करने के लिए अनेक विद्यार्थी आइसलैंड से कोपनहेगन आते थे, बल्कि अनेक आइसलैंडी विद्वानों और कलाकारों ने अपने श्रेष्ठ ग्रन्थों की रचना कोपनहेगन में रहकर ही की। इन ग्रन्थों की पांडुलिपियाँ आज डेनमार्क के संग्रहालयों तथा पुस्तकालयों में सुरक्षित हैं। स्वतंत्रता-प्राप्ति के बाद आइसलैंड-सरकार ने डेनमार्क से इन पांडुलिपियों को वापिस लौटाने की माँग की है, जिसे आज तक स्वीकार नहीं किया गया। आज पांडुलिपियों का यह विवाद आइसलैंड में एक 'राष्ट्रीय प्रश्न' बन गया है—उतना ही गम्भीर और उत्तेजनापूर्ण—जितना आइसलैंड से अमरीकी अड्डों को हटाने का प्रश्न।

'स्कारलेट पिम्परनल' में उस रात और उस रात के बाद अनेक अवसरों पर मुझे इस प्रश्न पर आइसलैंडियों से बातचीत करने का मौक़ा मिला। डेनमार्क का यह अन्यायपूर्ण व्यवहार उन्हें न केवल हास्यास्पद और बचकाना जान पड़ता है, बल्कि कुछ-कुछ व्यंग्यात्मक भी। "हमें नहीं मालूम था कि डेन लोग हमारी संस्कृति से इतनी मुहब्बत करते

हैं।" एक आइसलैंडी व्यापारी ने हँसते हुए मुझसे कहा। स्कैंडेनेवियाई लोगों (विशेषकर आइसलैंडी और स्वीडेनियों) की यह असाधारण आदत है, कि जिस चीज़ के बारे में वे बहुत संजीदा ढंग से सोचते हैं और महसूस करते हैं, उसके बारे में उतनी ही विरल और व्यंग्यात्मक ढंग से बात करते हैं (आश्चर्य नहीं कि अज्ञेयजी की 'गम्भीर' प्रश्नावली को स्वीडेन के एक संवेदनशील कवि ने पियक्कड़ की मानिन्द हँसी में टाल दिया था)।

उनकी तुलना में हम भारतीय बहुत 'गम्भीर' हैं (कम-से-कम कोशिश यही रहती है कि गम्भीर दिखें), आधारभूत समस्याओं की प्रश्नावली हमेशा जेब में रहती है...हालाँकि एक प्रश्न बार-बार तंग करता है कि अपनी गम्भीरता के बावजूद हममें से कितने भारतीय 'बुद्धिजीवी' लन्दन की 'इंडिया लायब्रेरी' को भारत वापिस लौटाने के लिए उतने ही चिन्तित हैं जितना वह उजड्ड आइसलैंडी व्यापारी मुखर परिहास के बावजूद अपने देश की पांडुलिपियों के बारे में था।

बहस का दौर अधिक देर तक नहीं चल सका। 'ऑरकेस्ट्रा' पर एक अत्यन्त लोकप्रिय संगीत-धुन बजाई जा रही थी। बिजली की तरह समूचा वातावरण जगमगा उठा। हर व्यक्ति बीयर का गिलास हवा में उठाकर गाने लगा था। लगता था, पल-भर के लिए आइसलैंडी और डेन अपने झगड़े को भूलकर उस आइसलैंडी कवि की अलमस्त ज़िन्दादिली में डूब गए हैं, जो एक ज़माने में कोपनहेगन में रहता था और अपनी भाषा में गीत और कविताएँ लिखता था। वही डेन जो अभी तक आइसलैंडी मित्रों से उत्तेजित स्वर में बहस कर रहे थे, अब उन्हीं की भाषा में बहुत ही भावुक होकर गा रहे थे। एंगुई से मैं गीत का अर्थ पूछने का लोभ संवरण न कर सका। किन्तु आवाज़ों का 'कोरस' इतना घना था कि एक भी शब्द उसे बींधकर मेरे कानों तक न पहुँच सका। मुझ पर दया करके एंगुई ने काग़ज़ के टुकड़े पर गीत का अनुवाद अँगरेज़ी में

लिख दिया। गीत, ज़ाहिर है, पीने की प्रशंसा में लिखा गया है। शायद ही आपको कोई आइसलैंडी मिले जिसे सारा गीत कंठस्थ न हो।

ऑरकेस्ट्रा की धुन सहसा बदल गई। 'वेटरों' के चेहरे भीड़ में छिप-से गए थे, केवल बीयर-मग्ज़ से घिरे उनके हाथ लोगों के सिरों पर से तेज़ी से निकल जाते थे। कभी-कभी तो यह भ्रम होने लगता था कि हम किसी मायावी स्थान पर आ गए हों जहाँ बीयर के गिलास ख़ुद-ब-ख़ुद एक मेज़ से दूसरी मेज़ तक लोगों के सिरों के बीच रास्ता टटोलते हुए तिरते हुए चले जाते हैं। ...लड़के और लड़कियों के नाचते जोड़े कुर्सियों पर बैठे अपने साथियों को ज़बरदस्ती अपनी तरफ़ खींचने लगे।..."यह गीत स्कारलेट पिम्परनल का ख़ास गीत है...कहते हैं, तीन सदियों से बराबर इस गीत की धुन कोपनहेगन के बीयर-घरों में बजायी जाती है।"—एंगुई ने मेरे कान में चीख़ते हुए कहा। गीत डेनिश भाषा में है और काफ़ी लम्बा है, यहाँ संक्षेप में इसका मुख्य आशय दे रहा हूँ :

—बहुत पुरानी बात है। किसी गाँव में एक धनी-समृद्ध किसान रहा करता था। एक दिन वह बीयर पीने घर से बाहर निकला। उसके जाते ही एक युवा छात्र चुपके-से उसके घर में घुस आया। किसान की पत्नी का सौन्दर्य देखते ही बनता था। छात्र ने उसके गुलाबी होंठों पर अपने होंठ रख दिये। पत्नी ने कुछ नहीं कहा क्योंकि वह जानती थी कि किसान बाहर बीयर पीने गया है। किन्तु वास्तव में उसका पति दरवाज़े के बाहर खड़ा सबकुछ देख रहा था। बस, फिर क्या था। उसने अपनी बन्दूक़ उठाई और दोनों को वहीं ढेर कर दिया। फिर उसने गहरा उच्छ्वास लिया और बीयर पीने बीयर-घर की ओर चल पड़ा।

—निष्कर्ष : जब कभी बीयर पीने बाहर जाओ, अपनी पत्नी को अपने संग ले जाना मत भूलो।

इस अत्यन्त उपयोगी निष्कर्ष को गाँठ में बाँधकर आख़ीर हम बाहर आए। यह कोपनहेगन में हमारी पहली रात थी, किन्तु लग रहा था जैसे

लम्बी मुद्दत से हम यहीं रहते आए हों। सर्दी बढ़ गई थी, हवा में एक अजीब-सा तीखापन था जिससे समुद्र की निकटता का आभास होता था। नीले अँधेरे में तिवोली की बत्तियाँ अब भी जगमगा रही थीं हालाँकि मेला उजड़ चुका था और लोग तेज़ क़दमों से अपने-अपने घरों की ओर बढ़े जा रहे थे। सिर्फ़ किसी बीयर-घर या 'बार' के दरवाज़े पर इक्के-दुक्के शराबी अब भी दिखाई दे जाते थे—अँधेरे में खोयी आत्माओं-से। होटल के सामने पहुँचकर एंगुई ने हमसे बिदा ली।

कुछ देर तक हम होटल के सामने खड़े रहे। थोर्गियेर ने अपनी पाइप सुलगाकर मेरी ओर देखा...

"मैं कई होटलों में रह चुका हूँ।" उन्होंने धीरे-से कहा, "किन्तु जब कभी किसी अजनबी होटल में पहली रात बिताने की घड़ी पास आती है, तो मुझे अजीब-सा डर जकड़ लेता है।"

पता नहीं कब हम कमरे में पहुँचे।—लगा था, जैसे बिस्तर पर लेटने से पहले ही बर्लिन की थकान और कोपनहेगन की बीयर ने हमें ग्रस लिया हो।

फिर रफ़्ता-रफ़्ता शहर का चेहरा पहचान के घेरे में सिमट आया—हालाँकि 'वेटिंग-रूम'-जैसा परायापन, जो शुरू-शुरू में महसूस किया था, आख़ीर तक पूरी तरह से दूर न हो सका। जब कभी दिन साफ़ और उजला होता, हम समुद्र की ओर चल देते। हमारा जहाज़ बन्दरगाह पर आ टिका था। नाम था गुलफॉस (स्वर्णप्रपात), जो आइसलैंड के एक सुरम्य झरने का नाम है। होटल के ख़र्च की बचत करने के लिए तीसरे ही दिन हम अपना बोरिया-बिस्तर जहाज़ में ले आए। वास्तव में हमारा यह चलन जहाज़ के नियमों-क़ायदों के विरुद्ध था। यात्रा आरम्भ होने के एक रात पहले ही यात्री जहाज़ में आ सकते हैं। जहाज़ के कप्तान ने शुरू में आनाकानी की, किन्तु जब थोर्गियेर ने बातों-ही-बातों में उसे बताया कि मैं हिन्दुस्तानी हूँ और आइसलैंड जाने के लिए प्राग से आया

हूँ, तो उसके व्यवहार में एकदम क्रान्तिकारी परिवर्तन हुआ। उसने न केवल हमें केबिन में सोने की अनुमति ही दे दी, बल्कि रात के समय सर्दी से बचने के लिए गरम कम्बलों की व्यवस्था भी कर दी।

दिन-भर आर्ट-गैलरियों और म्यूज़ियमों का चक्कर लगाकर जब हम अँधेरा होते थके-माँदे जहाज़ पर पहुँचते, तो दूर से ही समुद्र की लहरों की मुलायम-सी थपथपाहट सुनाई देती। तब अजीब-सा सुकून मिलता, थकान ढीली पड़ जाती और सबकुछ हल्का-सा महसूस होने लगता। लहरों की आवाज़ जैसे अपने में एक गीत हो और यद्यपि जहाज़ एक जगह ही टिका रहता, हमें लगता जैसे हम आइसलैंड से बहुत दूर नहीं हैं। रात को सोने लगता, तो बिस्तर बच्चे के पालने-सा मन्द-मन्द डोलता रहता। आँख खुलती, तो केबिन की खिड़की के बाहर अन्तहीन, अबाध नीलापन दिखाई देता; जहाज़ के मस्तूलों पर 'समुद्री-पक्षी' उड़ते रहते। ध्यान आता, हम किसी दिन वहाँ होंगे 'समुन्दर' के बीचोबीच : बचपन के पुराने स्वप्नों की गाँठें एक-एक करके खुलने लगतीं। सात समुन्दर पार आइसलैंड स्टीवेन्सन के 'ट्रेज़र-आइसलैंड' या परियों के अज्ञात स्वप्नद्वीप-सा झिलमिलाने लगता। इन्हीं रातों के बीच एक रात मुझे सहसा हैन्स क्रिश्चियन ऐंडर्सन का स्मरण हो आया था, जिन्होंने अपनी विश्वविख्यात परीकथाएँ कोपनहेगन में ही लिखी थीं। इस यात्रा में जाने-अजाने अनेक अद्भुत चमत्कारों से वास्ता पड़ चुका था। अत: यह बिलकुल असम्भव न लगा था कि किसी रात केबिन से बाहर देखते हुए समुद्र की लहरों पर अचानक ऐंडर्सन की रोती हुई मर्मेड की झलक पा लूँगा!

वैसे कोपनहेगन के संग ऐंडर्सन का नाम जोड़ने में मुझे हमेशा दिक़्क़त महसूस होती रही है। शायद इसलिए कि इस नगर में वह विशेष तत्त्व बहुत मुश्किल से दीख पाता है, जो एक स्थान को पेरिस या अमस्टरडम की भाँति—ख़ास कलात्मक व्यक्तित्व प्रदान कर सके।

यह नहीं कि यहाँ कला-गैलरियों या चित्र-प्रदर्शनियों की न्यूनता नज़र आती है। यदि महज़ संख्या को ध्यान में रखें तो शायद कोपनहेगन स्कैंडेनेवियाई देशों में अत्यन्त कलासम्पन्न नगर माना जाएगा। जिन दिनों हम कोपनहेगन में थे, उन दिनों वहाँ स्कैंडेनेवियाई चित्रकारों की वार्षिक-प्रदर्शनी चल रही थी। थोर्गियेर और उनके एक कलाकार-मित्र के संग मुझे भी वहाँ जाने का अवसर प्राप्त हुआ। काफ़ी बड़े पैमाने पर प्रदर्शनी का आयोजन किया गया था। (वैसे भी कोपनहेगन में हर चीज़ काफ़ी बड़े पैमाने पर की जाती है!) प्रदर्शनी में अधिकतर चित्र डेनमार्क के कलाकारों के ही थे। अन्य देशों का प्रतिनिधित्व नाम-मात्र को ही हुआ था। समूची प्रदर्शनी को देखने के बाद निराशा हुई। फ़र्नीचर के 'डिज़ाइन', दस्तकारी का सूक्ष्म काम तथा नई वास्तुकला में दिलचस्प प्रयोग करनेवाले डेन लोग चित्रकला के क्षेत्र में 'पास्तेश' और उथलेपन में सार्थकता खोजेंगे, यह देखकर स्वभावत: प्रश्न उठता है : क्या यह सच नहीं है कि हर जाति अपने जीवन-सौन्दर्य को अभिव्यक्त करने का जो विशिष्ट साधन चुन लेती है, उसके बाहर कोई अन्य साधन (या माध्यम) उसकी प्रेरणा को न केवल कृत्रिम और निर्बल बना देते हैं, बल्कि एक ख़ास ढंग से विकृत भी कर देते हैं? चित्रकला के क्षेत्र में यह तथ्य न केवल डेनमार्क पर, बल्कि न्यूनाधिक मात्रा में अन्य स्कैंडेनेवियाई देशों पर भी लागू किया जा सकता है (मूर्तिकला को छोड़कर आधुनिक यूरोपीय कला में स्कैंडेनेवियाई मूर्तिकला और वास्तुकला की एक विशिष्ट और महत्त्वपूर्ण देन रही है)। एडवर्ड मुंक ही एक कलाकार थे, जिन्होंने इस दीवार को पहली बार तोड़ा था। यह कम आश्चर्य और महत्त्व की बात नहीं कि किसी अन्य स्कैंडेनेवियाई कलाकार ने उनका साथ नहीं दिया। मुंक (जो नार्वे के थे) आज भी अपनी परम्परा में बिलकुल अकेले हैं।

कोपनहेगन की कला-गैलरियों में घूमते हुए अकसर एक बहुत पुरानी अरसे से दबी-बुझी इच्छा जाग जाती थी। कहीं पढ़ा था, या शायद

किसी से सुना था कि एक बार दिलाक्रॉय ने जॉर्ज साँद और शोपाँ का चित्र बनाया था। एक दिन जब जॉर्ज साँद दिलाक्रॉय से मिलने गईं, तो उनके स्टूडियो में अचानक उनकी नज़र इस चित्र पर पड़ गई। न जाने क्यों शोपाँ के संग अपने चित्र को देखकर उन्हें बुरी तरह झुँझलाहट हुई और ग़ुस्से में उन्होंने चित्र को दो हिस्सों में फाड़ दिया। एक में उनका अपना चित्र था, दूसरे में शोपाँ का। कहते हैं, इस चित्र का एक भाग ड्रेस्डन की आर्ट-गैलरी में है और दूसरा कोपनहेगन में। ड्रेस्डन जाने का अभी तक अवसर नहीं मिला, कोपनहेगन में दिलाक्रॉय के कुछ चित्र अवश्य देखने को मिले किन्तु जिसकी तलाश थी, वह कहीं दिखाई नहीं दिया।

लेकिन जब किसी चीज़ की ख़ास तलाश न की जाए और उम्मीद बिलकुल न हो, वह ज़रूर अप्रत्याशित रूप से रास्ते पर पड़ी मिल जाती है। यही मेरे संग हुआ जब शहर की एक छोटी-सी गैलरी में मुझे अचानक जापानी कलाकार कितो के चित्र दिखाई दे गए। कितो एक लम्बे अरसे से पेरिस में रहते हैं। पेरिस के 'म्यूज़ियम ऑव मॉडर्न आर्ट' में उनके एक-दो चित्र देखकर मैं बहुत प्रभावित हुआ था। कभी आशा न की थी कि कोपनहेगन में उनके चित्रों की प्रदर्शनी देखने का संयोग हाथ लगेगा। किन्तु इससे अधिक आश्चर्य तब हुआ, जब गैलरी से सटे एक छोटे-से गोदाम में कुछ चित्रों का खुला गट्ठर दिखाई दिया। सबसे पहला चित्र, जिस पर निगाह पड़ी—ज़रा अनुमान कीजिए, हमारे रज़ा साहब का था। गोदाम में खड़ी एक महिला शायद मेरी उत्सुकता भाँप गईं, "क्या आप रज़ा को जानते हैं?" उन्होंने फ्रेंच उच्चारण में अँगरेज़ी के शब्दों का उच्चारण करते हुए पूछा। मैंने मुस्कराकर सिर हिलाया। देर तक उनसे बातचीत होती रही। पता चला कि वह, पेरिस में जिस गैलरी से रज़ा और कितो का सम्बन्ध है, उसके मालिक की पुत्री हैं। उन दिनों कितो के चित्रों की प्रदर्शनी कोपनहेगन में आयोजित करने आई

थीं। कुछ दिनों बाद इसी गैलरी में पेरिस के चन्द युवा चित्रकारों की प्रदर्शनी का उद्घाटन होनेवाला था। इसी सिलसिले में रज़ा के चित्र भी अपने संग लाई थीं। बाद में उन्होंने बताया कि वह हुसेन, राम, पदमसी इत्यादि को व्यक्तिगत रूप से जानती हैं।

गैलरी से बाहर निकला, तो लगा जैसे दुनिया सचमुच बहुत छोटी हो गई है!

हमारा अन्तिम दिन...

गुलफॉस का डेक यात्रियों से भरा है। रूमाल हिलाए जा रहे हैं और बन्दरगाह का तट धुँधला पड़ता जा रहा है। डेक से एंगुई की आख़िरी झलक दिखाई देती है। वही महीन, खोयी-सी मुस्कराहट और उदास आँखें...रात की बची-खुची मैली धुंध से कोपनहेगन का उनींदा शहर धीरे-धीरे जाग रहा है। सुबह का रंग, बहुत ही फीका और म्लान। बन्दरगाह पर चारों ओर जहाज़ों के मस्तूल और हवा में सिर उठाए विशालकाय क्रेन दिखाई देते हैं।

केवल एक लालसा है, केबिन में जाकर सो जाने की, जब तक हम बीच समुद्र में न पहुँच जाएँ। कल रात हम बहुत देर तक जागते रहे थे। यहाँ रात नहीं होती, शाम और सुबह के दो धुँधले बिन्दुओं के बीच रात का महज़ हल्का-सा भ्रम होता है—जैसे एक झीना-सा सफ़ेद परदा हो, जो रात होते ही गिर जाता है और सुबह होने पर फिर उठ जाता है। मुश्किल से दो-तीन घंटे सोना हो सका। केबिन डोलता रहा था और नींद के टूटे हिचकोलों के बीच पिछली रात की स्मृतियाँ एक अन्तहीन दायरे में घूमती रही थीं।

कौन-सी 'बार' थी या 'नाइट-क्लब', अब कुछ भी ठीक से स्पष्ट नहीं। याद करने पर हवा में घूमते हुए लट्टू, 'रॉक-एन-रोल' की ज्वरग्रस्त बाढ़ में डगमगाते, हाँफते, पसीने में लथपथ चेहरे, पगली चीख़ें और बेहोश, बेमानी हँसी के ठहाके याद आते हैं। वह कोपनहेगन में हमारी आख़िरी रात थी। "मैं अकसर अपने यात्री मित्रों को आख़िरी रात के लिए यहाँ लाता हूँ।"—एंगुई ने कहा था। वह हमें घसीट लाया था और देर रात तक हम 'एकुआ-विते' (वाटर ऑव लाइफ़) पीते रहे थे। मैंने उसे पहली बार चखा था और लगा था जैसे आग की एक जली लकीर गले और पेट के बीच खिंच गई हो। थोर्गियेर ने मुझे गिलास देते हुए कहा कि जिसने एकुआ-विते को नहीं पिया, वह शायद कभी स्कैंडेनेवियाई चरित्र के उलझाव को नहीं समझ सकता। "उत्तरी देशों का गुह्यतम रहस्य इसमें छिपा है..." हम 'बार' में बैठे थे, उससे सटा 'डांसिंग हॉल' था, जहाँ डेन लड़कियाँ, यात्री अमरीकी सैनिक, वेश्याओं के दलाल, 'स्ट्रीट-वॉकर्ज़' वे सब थे—जिनके लिए हर रात 'आख़िरी रात' के अधीर, हताश, जादुई, सम्मोहन से भरी होती है। 'बार' का दरवाज़ा बार-बार खुलता था, लड़के-लड़कियों के गुच्छे आते थे—कुछ देर पीने के बाद वे ठिठके-से खड़े रहते थे, और फिर भीड़ का नया रेला उन्हें पीछे अज्ञात कोनों में धकेल देता था। बार में बैठे लोग उनकी ओर से तटस्थ थे, एक बहुत ही बूढ़ा आदमी हवा में भावहीन आँखों से देखता हुआ मुस्करा रहा था। हमारी मेज़ के पास दूसरी मेज़ पर एक लड़की सो रही थी और उसका साथी बार-बार उसके बिखरे अस्त-व्यस्त बालों को चूम लेता था।

यह एक तसवीर है...और इसके कई रंग हैं, नुक़्ते, अलग और अकेले—उन्हें कोशिश करने पर भी समेट नहीं पाता। फिर भी आश्चर्य होता है कि हम बराबर बैकेट के बारे में देर तक बहस करते रहे थे। बात शायद 'वेटिंग फ़ॉर गोदो' से शुरू हुई थी—आज के युग का सबसे

महत्त्वपूर्ण नाटक...शायद एंगुई ने कहा था। "मुझे ही देखो—दिन-भर स्टीमशिप कम्पनी में काम करता हूँ। शाम को बैकेट पढ़ता हूँ...जब पीता नहीं। बड़ी सान्त्वना मिलती है। मैं छह महीने कोपनहेगन रहता हूँ, छह महीने रिक्याविक में, किन्तु स्थिरता कहीं भी नहीं मिलती। सिर्फ़ जब अकेले कमरे में बैकेट के संग अपने को पाता हूँ...या यहाँ...तब लगता है कि मैं एक 'पर्गेटरी' (आध्यात्मिक अपराधियों के दंड-भोग की जगह) के भीतर से गुज़र रहा हूँ और यह विचार कि यह 'पर्गेटरी' है और मैं अपनी इच्छा से इसके बीच से गुज़र रहा हूँ—मुझे अजीब-सी तसल्ली देता है।

और मैं 'एकुआ-विते' पीता हुआ एंगुई के चेहरे की ओर देख रहा हूँ। हल्का-सा विस्मय होता है। एक असाधारण-सी समानता दिखाई देती है, उसमें और बैकेट के चरित्रों में...एक रूखा-सा परिहास, व्यंग्य में लिपटी करुणा, अन्तहीन थकान...और कोपनहेगन।

सोचता हूँ क्या बर्लिन से कोपनहेगन की यात्रा एक दूसरे स्तर पर ब्रेख्त से बैकेट तक की यात्रा ही तो नहीं है?

थोर्गियेर कहीं से फूलों का गुच्छा ले आए हैं..."बैकेट के लिए यह गुलदस्ता..." उन्होंने मुस्कराते हुए फूलों का गुच्छा एंगुई के सामने सरका दिया। एंगुई ने उनमें से एक सबसे ख़ूबसूरत फूल तोड़कर मुझे दे दिया। यह आश्चर्य की बात थी—इतनी रात थोर्गियेर कहाँ से ये फूल चुरा लाए! किन्तु प्राग में मैंने ऐसा कई बार देखा था। जब थोर्गियेर बहुत पी लेते हैं, तो कुछ क्षणों के लिए अचानक ग़ायब हो जाते हैं। वापिस लौटने पर उनके हाथों में हमेशा फूलों का गुच्छा होता है—चाहे दिन हो या आधी रात।

थोर्गियेर के हाथ में एक आइसलैंडी अख़बार भी है; शायद कोई बहुत दिलचस्प लेख छपा है। एंगुई के लिए वह अख़बार से लेखवाला हिस्सा बहुत सतर्कता से फाड़ने लगे। वह काँपते हाथों से बहुत धीरे-धीरे

लेख को अख़बार से अलग कर रहे हैं, मैं और एंगुई बहुत ध्यान से उनके छोटे, सुडौल हाथों को देख रहे हैं। और तब उस क्षण अचानक एक लड़की लड़खड़ाते क़दमों से हमारी मेज़ के सामने आ खड़ी हुई। आँखों के नीचे स्याह गढ़े, बहुत ही छोटा माथा, होंठों पर हल्की-सी लिपस्टिक, और शराब की तेज़ गन्ध! वह कुछ देर तक चुपचाप थोर्गियेर को देखती रही, फिर नीचे झुककर कहा, "क्यों, क्या टॉयलेट जाने का इरादा है?" थोर्गियेर के हाथ सहसा अख़बार पर ठिठक गए। दूसरी मेज़ से हँसी का ठहाका सुनाई दिया। किन्तु लड़की ने उस ओर कोई ध्यान नहीं दिया। उसकी आँखें अचानक मेज़ पर रखे फूल पर जा टिकी थीं।

लड़खड़ाते पैरों पर वह ज़्यादा देर तक खड़ी न रह सकी—पास पड़ी ख़ाली कुर्सी पर बैठते हुए उसने मेरी ओर देखा :

"हिन्दुस्तानी हो?"

मैंने सिर हिला दिया।

"क्या यह फूल मुझे दे सकते हो?"

मैंने फूल उसके आगे बढ़ा दिया।

"इस तरह नहीं..." उसने सिर हिलाया।

"फिर?" मैंने प्रश्न-भरी दृष्टि से उसकी ओर देखा।

"मेरे बालों में लगा सकते हो?...जैसे हिन्दुस्तानी लड़कियाँ लगाती हैं।"

इस बार मेरी आँखें उसके चेहरे पर उठ आईं—बहुत ही पीले गाल, तिकोना चेहरा, माथे पर पसीने की बूँदें—क्षण-भर के लिए भ्रम हुआ मानो वह सीधे सार्त्र के किसी उपन्यास से बाहर निकलकर वहाँ आ गई हो।

"...जैसे हिन्दुस्तानी लड़कियाँ लगाती हैं।"

जब तक मैं उन छोटे बालों में फूल को फँसाने की कोशिश करता रहा, वह मेरे गिलास से 'एकुआ-विते' पीती रही। उसका अमरीकी साथी

बहुत ही ऊबे भाव से मेज़ के सामने खड़ा प्रतीक्षा करता रहा।

उसके बाद वहाँ ज़्यादा देर बैठना नहीं हो सका। सुबह जहाज़ सात बजे रवाना होनेवाला था। रात बीत चली थी और नींद आँखों में भर चली थी। हम बाहर चले आए।

बाहर, हम ठिठके-से खड़े रहे। ऊपर आकाश था, चमकीला हरा, जैसा पहले कभी न देखा, और जून महीने की हवा उतनी ही हल्की और पगली, जैसे शुरू मार्च में दिल्ली की हवा। सुबह की धुँधली, आधी रोशनी में कोपनहेगन की सड़कों पर आख़िरी बार चलते हुए एक बहुत ही ज़बरदस्त इच्छा हुई...वापिस लौट जाने की—वापिस, प्राग या दिल्ली—कहीं भी!

कभी-कभी सोचता हूँ, यात्रिक का सुख सब कोई जानते हैं, दुख अपने में अकेला छिपा रहता है।

और अब जहाज़ का डेक है...सूना और उजाड़। समुद्र की अधीर लहरें पल-छिन ऊँची होती जा रही हैं। तट के पीछे कोपनहेगन फीकी-मैली धुंध में डूब गया है।

सबकुछ पीछे रह गया है, सिर्फ़ समुद्री पक्षियों का झुंड अब भी जहाज़ के संग-संग उड़ता चला आ रहा है।

उत्तरी रोशनियों की ओर

दिन और रात...

कित्ता पानी? कित्ता? हाथ फैल जाते हैं, और नन्हे-से आलिंगन में समूचा, अन्तहीन समुद्र सिमट आता है। मुद्दत पहले घर की छत पर मछलियों का खेल खेलते हुए क्या कभी सोचा था कि एक दिन सचमुच लहरें हमारे सिर पर से गुज़र जाएँगी और हम, जो अब बड़े हो गए हैं, बच्चों से डरते, ठिठुरते हुए डेक पर बैठे रहेंगे?

या लेटे रहेंगे, कम्बलों में सिकुड़े हुए बंडलों से—लंच की घंटी बजेगी तो भी, 'डिनर' की पुकार होगी तो भी! बिना हिले-डुले, भूखे-प्यासे तपस्वियों-से, अधसोए, अधजागे...

रात और दिन...

दो दिन तक समुद्र-पक्षी बराबर हमारे जहाज़ के पीछे उड़ते रहे, धूप और आँधी में, दिन-रात। जब जहाज़ के 'किचन' से बावर्ची पुरानी बासी रोटी के टुकड़े, फलों के छिलके या बची-खुची गोश्त की तरकारी

बाहर फेंकता, तो वे उन पर उतावले-से होकर टूट पड़ते, समुद्र में गोते लगाते हुए उन्हें निगल लेते और फिर उड़ने लगते, उस घड़ी की आशा में जब बारह या तेरह घंटे बाद बावर्ची फिर अपना सिर 'किचन' की खिड़की से बाहर निकालेगा।

किसने कहा था कभी समुद्र-पक्षी के 'रोमैंटिक' सौन्दर्य के बारे में? छह दिन का सागर-पथ है, कोपनहेगन से आइसलैंड तक। हर दिन को गिनना पड़ता है, समय का हिसाब रखने के लिए। और समय है जिसने अपने को दिन और रात के पहियों से मुक्त करके फैला दिया है, समुद्र की अबाध नीलिमा पर। लम्बे होते हुए दिन, सफ़ेद रातों-तले चीख़ती लहरें, पानी के बीच धरती पाने की बिलखती प्यास...

उदासी, चक्कर, थकान, इन सबसे मुठभेड़ बाद में हुई। पहले दिन सबके चेहरे पर ताज़गी, उल्लास और ललक, भोजन के प्रति उत्साह, आधे पढ़े हुए उपन्यासों को ख़त्म करने की उमंग, नये मित्र बनाने का जोश—सबकुछ था। डेक की कुर्सियाँ भरी रहतीं, लड़कियों के बालों पर बँधे लाल, नीले, हरे, स्कार्फ़ हवा में उड़ते रहते, जहाज़ के कामों में प्रेमियों के जोड़े समुद्र पर तिरते हुए सपनों में खोए रहते। जब कभी मौसम अच्छा होता, सब अपने-अपने कम्बलों में लिपटे हुए धूप सेंकते बैठ जाते। विभिन्न देशों के यात्री वहाँ जमा थे—स्विस, जर्मन, स्वीड, डेन और अकेला एक भारतीय! डेक के ऊपर 'बार' थी, फ़र्स्ट-क्लास के सामने। अकसर रात्रि के भोजन के बाद जब डेक पर हवा तेज़ हो जाती और कम्बलों के बावजूद दाँत कटकटाने लगते, यात्रियों के छोटे-छोटे गुच्छे 'बार' में जा बैठते। बन्द खिड़कियों के परे समुद्र की अधीर, बेचैन चीख़ें गूँजती रहतीं, मानो किसी बनैले जन्तु को पिंजड़े में बन्द कर दिया हो और वह हाँफता, बदहवास-सा होकर बाहर निकल आने के लिए छटपटा रहा हो...चिड़ियाघर में बन्द क्या कभी सिंह को देखा है, उसकी क्षुब्ध, असहाय विक्षिप्त घुटन को!

किन्तु उस ओर कोई ध्यान नहीं देता। कुछ लमहों के लिए डेनिश बीयर या फ्रेंच कोन्याक पीते हुए हम भूल जाते कि हम असीम अँधेरे के एक छोटे-से टुकड़े पर तिर रहे हैं, कि हमारे नीचे एक नीली, रहस्यमय जादुई दुनिया बसी है, हमारे संग-संग रेंग रही है—क्षुब्ध, अशान्त और निस्तब्ध। इस दुनिया का आभास उसी समय होता जब कोई अल्हड़-सी लहर पूरी निर्ममता से हमारे जहाज़ को धकेल देती और अचानक हमारे सामने मेज़ पर रखा बीयर का गिलास लुढ़कता हुआ नीचे गिर पड़ता, और तब 'बार' में हर मेज़ पर अपने-अपने गिलासों को बचाने की बचकानी-सी भगदड़ मच जाती।

किन्तु समुद्र का यह नशा और उल्लास ज़्यादा दिनों तक नहीं टिका रह सका। उत्तरी-सागर के खुले, नग्न विस्तार में पहुँचते ही हमारे जहाज़ को अचानक प्रागैतिहासिक काल की बनैली, आदिम लहरों ने लपेट लिया। जान पड़ता था जैसे कोई अदृश्य दानव हमारे 'गुलफॉस' को एक नन्हे-से खिलौने की मानिन्द ऊपर-नीचे उछाल रहा हो। डेक पर दो क़दम चलते हुए लगता था जैसे हम एक छोटे-से भूकम्प के भीतर से गुज़र रहे हैं। जहाज़ अब ऊपर-नीचे न डोलता हुआ दाएँ-बाएँ हिचकोले खा रहा था। डेक पर पानी के चहबच्चे लग जाते थे और अब वहाँ बैठना ख़तरे से ख़ाली नहीं था। जहाज़ के बीचोबीच एक चौड़ा-सा चबूतरा था जो अपेक्षाकृत अधिक सूखा और सुरक्षित रहता था। डेक से खदेड़े जाने के बाद हमने बचाव का दूसरा मोर्चा यहीं पर गाड़ लिया था।

इस बीच कई परिचित मित्रों से धीरे-धीरे साथ छूटता गया। पहले दिन के जाने-पहचाने साथी अब बहुत कम डेक या भोजन-कक्ष में दिखाई देते थे और हम मन-ही-मन अनुमान लगा लेते थे कि वे 'मृत्यु-शय्या' (मज़ाक़ में हमने 'सी-सिकनेस' को मृत्यु-शय्या की संज्ञा दे रखी थी) के शिकार हो गए हैं। ऐसा भी होता था कि किसी शाम 'बार' में हम किसी हृष्ट-पुष्ट व्यक्ति से हँस-खुलकर गपशप कर रहे होते और दूसरे

दिन वह सज्जन ऐसे ग़ायब हो जाते कि अगले चौबीस घंटों तक उनके दर्शन ही न होते। दोबारा मिलने पर उनका पीला, ज़र्द चेहरा देखते ही हम भाँप जाते कि वह बेचारे 'तहख़ाने' से वापिस लौटे हैं।

तहख़ाना...यह नाम हमने अपने सेकेंड-क्लास के सामूहिक केबिन को दे रखा था। हमारे लिए अलग-अलग केबिन नहीं थे, सब मिल-जुलकर एक संग बैरकनुमा कमरे में सोते थे। एक बिस्तर के ऊपर दूसरा बिस्तर लगा था, बीच में सब लोगों का सामान और इर्द-गिर्द बहुत ही मद्धिम बत्तियाँ, जैसे 'फ़ाइटिंग-लाइन' के पीछे कोई छोटा-सा अस्पताल हो! इस अँधेरे, लम्बे, सीलन-भरे 'तहख़ाने' में घुसते ही सिर चकराने लगता था—इससे छुटकारा पाने के लिए ही हम रात-दिन डेक पर डटे रहते थे, जिसे हमने 'फ़ाइटिंग-लाइन' का नाम दे रखा था।

लीथ की बन्दरगाह पहुँचने से पहले जहाज़ के यात्री ख़ुद-ब-ख़ुद तीन वर्गों में बँट चुके थे :

1. वे यात्री जिनके लिए समुद्र का होना-न-होना बराबर था। वे अकसर आराम से अपने-अपने बिस्तरों पर सोते रहते और जब ऊब जाते तो 'बार' में बैठकर बीयर पीते, आइसलैंड का नक़्शा देखते या 'राइटिंग-टेबल' पर चिट्ठियाँ लिखते। वे सुबह-शाम यथासमय (या समय से पहले ही) 'लंच' और 'डिनर' लेने 'डाइनिंग-रूम' जाते थे और मुस्कराते हुए तुष्ट भाव से वापिस लौटते थे। हम सब उन्हें ईर्ष्या की दृष्टि से देखते थे—इसके अलावा शायद हम कुछ कर भी नहीं सकते थे।
2. डेकवासी, जो चारों ओर शत्रुओं से घिरे थे। केबिन में जाते ही जिनका सिर चकराने लगता था, भोजन-कक्ष में भोजन को देखते ही मितली आने लगती थी और 'बार' में बैठकर

मद्य-पदार्थों के सेवन के प्रति जिनके मन में गहरी सात्त्विक-निरासक्ति उत्पन्न हो चुकी थी। मृत्यु-शय्या से अपने को मुक्त रखने के लिए जिन्होंने डेक का सहारा पकड़ रखा था। रात-दिन कड़कड़ाती सर्दी में ठिठुरते अपने-अपने स्लीपिंग-बैग या कम्बलों में साँस लेती गठरिया-से वे डेक के चबूतरे पर पड़े रहते थे—'डिफ़ेन्स-लाइन' के सिपाही। मैं इसी मंडली के संग आख़ीर तक घिसटता रहा।

3. और अन्त में मृत्यु-शय्यावासी, जो डेक के कष्टों से घबराकर अपने गरम बिस्तरों पर लेटने का मोह संवरण न कर सके और फिर वहीं के हो रहे। तहख़ाने के बिस्तरों पर उन्हें लेटे देखकर अकसर युद्ध में घायल सैनिकों का स्मरण हो आता, जो डेक की 'डिफ़ेन्स-लाइन' पर क्षत-विक्षत होने के कारण जहाज़ के डॉक्टर द्वारा यहाँ भेज दिये गए हों।

तीसरे दिन सुबह बदली और कुहरे के परदे पर ज़मीन की धुँधली-सी रूपरेखा दृष्टिगोचर हुई और गो हम बहुत पस्त और थके थे, लीथ बन्दरगाह का नाम सुनते ही डूबे और टूटे हौसलों को वापिस लौटने में ज़्यादा देर नहीं लगी। हमारे जहाज़ को यहाँ पाँच-सात घंटे विश्राम लेना था और इस दौरान कोई भी जहाज़ पर रहने के लिए उत्सुक नहीं था। कुछ घड़ियों के लिए हम अँधेरे तहख़ाने, डेक की सर्दी और जहाज़-सम्बन्धी हर चीज़ से छुटकारा पाने के लिए उतावले-से हो उठे थे।

ज़मीन, दुकानें, लोगों की परिचित आवाज़ें और पुराने गिरजे—लगा जैसे हम एक लम्बी मुद्दत के बाद सभ्यता की दुनिया में वापिस लौट आए हैं। यद्यपि हम जहाज़ से उतरकर ठोस धरती पर चलने लगे थे, हमें देर तक यही महसूस होता रहा जैसे हम शराबियों की मानिन्द किसी डोलती, डगमगाती चीज़ पर चल रहे हों। समुद्र अब भी हमारे संग था।

मन में पहले से यह भ्रम था—हालाँकि इस भ्रम का कोई विशेष आधार रहा हो, याद नहीं आता—कि बन्दरगाह से एडिनबोरो जाने में काफ़ी देर लगेगी, किन्तु जब बस ने सिर्फ़ आधा घंटे में हमें शहर के बीचोबीच लाकर छोड़ दिया तो हमें काफ़ी आश्चर्य हुआ और कुछ-कुछ निराशा भी। सबसे पहले चाय पी, चाय और टोस्ट—और तब पहली बार पूरी वास्तविकता से एहसास हुआ कि हम इंग्लैंड में हैं...इंग्लैंड न सही, स्कॉटलैंड में, किन्तु हर चीज़ बार-बार लन्दन के बीते दिनों का स्मरण करा जाती थी। डबलडेकर लाल बसें, एल और ड्राफ्ट के बीयर-घर, घरों के दरवाज़े के सामने रखी दूध की बोतलें, 'गार्डियन' और 'टाइम्स', 'प्लेयर्स प्लीज' के विज्ञापन, हैम्बर्गर और हॉट डॉग और पेलीकन सीरीज़ की पुस्तकें, जिन्हें देखे अरसा गुज़र चुका था...

और कुहरा!

किन्तु रफ़्ता-रफ़्ता कुहरा उठने लगा था और हम खुलती, फीकी धूप की हल्की खुमारी में भीड़ के संग-संग घिसटते जा रहे थे। पहली बार पूरी शिद्दत से महसूस हुआ कि धरती, महज़ ठोस धरती पर चलने का भी अपना अलग सुख है। वह पैरों के नीचे काँपेगी नहीं, हिले-डुलेगी नहीं, यह ख़याल मन को अजीब सान्त्वना-सी देता है। यदि हमें उस समय कोई यह कहता कि हम ज़िन्दगी-भर धरती पर ही चलते रहे थे तो हमें कुछ वैसा ही विस्मय होता जैसा मोलियर के 'जंटिल मैन' को यह जानकर हुआ था कि वह जीवन-भर 'गद्य' में बातचीत करता रहा है।

ऊँचा-नीचा शहर एडिनबोरो, प्रिन्सेज़ स्ट्रीट पर चलते हुए आम स्कॉटिश लोग, पहाड़ी लोगों-से सहज और ख़ुशमिज़ाज। लगता है अँगरेज़ों की अभिजात औपचारिकता इन्हें नहीं छू गई है। सड़क के बीचोबीच ठठाकर हँसते हैं और अचानक याद हो आती है रॉबर्ट बर्न्स की। प्रिन्सेज़ स्ट्रीट के सामने ही एक छोटे-से बाग़ में बर्न्स का स्मारक है और उनकी मूर्ति के सामने स्मरण हो आते हैं मुद्दत पहले पढ़े उनके गीत, उनकी कविताएँ। कितना-कुछ जो हम स्कॉट जाति के बारे में जानते-बूझते हैं : जीने और मरने की भूखी हठीली चाह, हर अन्याय के विरुद्ध सुलगता विद्रोह, एक खुरदरी उच्छृंखल-सी अराजकता, ग़रीबी और गर्व, दूर पहाड़ियों की पुकार और शहरी पबों की पियक्कड़ चीख़ें—यह सब, और इसके अलावा बहुत-कुछ भी बर्न्स के गीतों से निकलकर हमारे संग-संग चलता है, एडिनबोरो की गलियों में।

शायद यह है—और ऐसा मैं सोचता हूँ, कि हम यात्री किसी भी जगह पहली बार नहीं जाते; हम सिर्फ़ लौट-लौट आते हैं उन्हीं स्थानों को फिर से देखने के लिए, जिसे कभी, किसी अजाने क्षण में हमने अपने घर के कमरे में खोज लिया था। क्या यह कभी सम्भव है कि हम ओसलो में घूमते रहें और अचानक गली के नुक्कड़ पर इब्सन के किसी पात्र से भेंट न हो जाए! या पहली बार आइफल-टॉवर के सामने फैली पेरिस की छतों को देखकर हमें 'अपने' पेरिस की याद न हो आए जिसे हमने बाल्ज़ाक के उपन्यासों और रजिस्ताँ की कविताओं से चुराकर ख़ास अपनी निजी अल्बम में चिपका लिया था।

ये ख़याल बादलों की तरह बह आते हैं, स्कॉटमेमोरियल की पहाड़ी पर, जिसकी ढलान पर हम लेटे हैं। थोर्गियेर ने कुछ फ़ोटो लिये हैं। हल्की-हल्की रुई में भरी आवाज़ें। सामने फैला है एडिनबोरो और उसके परे मेघाच्छन्न आकाश। फ़ोर्ट की ऊँची बुर्जियों पर परिन्दों का झुंड उड़ा जाता है। नीचे खड़े हैं बुझी-बुझी मैली धूप में शहर के मकान,

कोयले और गर्द में सनी नंगी दीवारें, ऊँची-नीची छतें, चिमनियाँ, बरामदों में सूखते, हवा में फड़फड़ाते कपड़े। शहर वही है किन्तु पहाड़ी की चोटी से देखने पर बिलकुल बदल गया है, जैसे हम उसकी फ़ोटो का 'नेगेटिव' देख रहे हों।

किन्तु आँखें शहर की चिमनियों के परे फिसल जाती हैं—उस ओर जहाँ धरती का आँचल भीग रहा है नीली स्याही में। एक गीली बैंगनी रंग, फीकी धूप में घुलता, फैलता। उत्तर की ओर जहाँ एक अदृश्य बिन्दु पर आइसलैंड टिका है—नीली चट्टानें जहाँ मोम-सी बनकर धूप में पिघल रही हैं और बादल हैं, जो थिएटर के परदों-से हवा में टँगे हैं, जिन्हें हमारा जहाज़ एक-एक करके उठाता हुआ आगे बढ़ता जाएगा।

हम धूप में ऊँघने लगे हैं। हवा चलती है और अजीब कोमल-सी सरसराहट होती है कानों के पास। घास, तितलियाँ—या महज़ हवा। थोर्गियेर दूरबीन से बन्दरगाह की ओर देख रहे हैं। सोते हुए भी मुझे लहरों का स्वर सुनाई देता है...जैसे कोई रो रहा है। लेकिन मैं जानता हूँ, यहाँ कोई नहीं है—सिर्फ़ हवा में सरसराती घास है और ऊपर बादल हैं और समुद्र बहुत दूर है...अचानक थोर्गियेर मेरा कन्धा हिलाते हैं, "देखो...उस तरफ़", वह उँगली से इशारा करते हैं और दूरबीन मेरे हाथ में पकड़ा देते हैं। एक नन्हा-सा सफ़ेद धब्बा दूरबीन के शीशे पर सिमट आया है—गुलफ़ॉस! हमारा जहाज़। दूर से वह कितना अरक्षित और असहाय-सा दिखाई देता है!

"अब हमें चलना चाहिए।" थोर्गियेर ने जम्हाई लेते हुए कहा। सोने की ज़बरदस्त इच्छा होती है, घास पर भूल जाने की इच्छा होती है कि हमें फिर डेक की 'डिफ़ेन्स-लाइन' में जाना होगा। लेकिन हम नीचे उतरते जाते हैं, दोपहर की लम्बी छायाओं के संग..."बीच यात्रा में मुहब्बत से बचना चाहिए" एक पुरानी चीनी कविता की पंक्ति याद आती है।

समय कम और सीमित है। शाम को चार बजे तक जहाज़ पर पहुँच जाना होगा—इतना समय नहीं कि जहाज़ पर भोजन करने के बाद वापिस शहर लौटा जा सके। हम चाय पीकर ही सन्तुष्ट हो गए हैं। 'फ़ोर्ट' और 'आर्ट गैलरी' के बीच चुनाव करना ही होगा, दोनों को देखने का समय नहीं है। निर्णय करने में ज़्यादा ऊहापोह नहीं करनी पड़ी। हमारे पाँव एडिनबोरो आर्ट गैलरी के चौड़े दरवाज़ों की तरफ़ बढ़ जाते हैं।

कितने कम याद रह पाते हैं चित्र, दीवार पर टँगे फ़्रेमों में बन्द खून और पसीने में लिथड़े स्वप्न। और हम हैं कि हर क़दम पर सदियों को पार करते जाते हैं। संग रह जाता है केवल एक आभास—रंगों और आकृतियों से उत्पन्न हुई किन्तु उससे अलग एक स्मृति। शून्यता को काटती एक उड़ान, एक चीख़। बन्द सदियों की कुछ चाभियाँ, जिन्हें हम अपने संग ले आते हैं और बाद में खोलते हैं; अकेले में, अपने ही अकेलेपन को।

जब कभी एडिनबोरो की 'आर्ट गैलरी' के बारे में सोचता हूँ, आँखों के सामने घूम जाते हैं तितियान के चित्र...लगता है, जैसे मानव-आत्मा अपने सब बन्धनों को तोड़कर सुनहरे असीम आलोक के ज्वलन्त रंगों में फैल गई है। तितियान के देवदूत असीम दूरियाँ लाँघते हुए एक ऐसे मांसल आनन्द को खींच लाते हैं जिसमें रहस्यमय अथवा अशरीरी कुछ भी नहीं है, धरती के ऊपर उड़ते हुए भी जो धरती की गन्ध और आत्मीयता को नहीं छोड़ पाते और बरबस मुझे बैरन्सन के शब्द याद हो आते हैं : "पुनर्जागरण की सच्ची पवित्र सन्तानें, ज़िन्दगी के भय और ओछेपन से सर्वथा मुक्त।" गैलरी में मेरे प्रिय चित्रकारों—रैम्ब्राँ, हालास और स्टील के भी चित्र हैं, किन्तु इतने कम कि भूख नहीं मिटा पाते। सिर्फ़ एक एलग्रेको। सबसे ज़्यादा आश्चर्य मुझे उस समय हुआ जब अचानक गैलरी के एक अलग छोटे-से कक्ष में सिर्फ़ पूसाँ के चित्र

दिखाई दिये—'सेवेन सेक्रामेंट्स' का पूरा सेट। नि:सन्देह कोई भी गैलरी फ्रेंच कलाकार की इन अद्वितीय, अमर कृतियों पर गर्व कर सकती है। दीवार के एक कोने में बैलिनी के वे उद्‌गार उद्धृत किये गए हैं जो उन्होंने 'सेवन सेक्रामेंट्स' को पहले-पहल देखकर प्रगट किये थे। काश, मैं उन शब्दों को अपनी नोटबुक में लिख पाता!

उस रात पहली बार जहाज़ के विभिन्न 'वर्ग' आपस में घुल-मिल गए और हम देर तक 'बार' में बैठकर बीयर पीते रहे...बिना किसी डर या आशंका के—मानो हम प्राग के ही किसी 'पब' में बैठे हों। समुद्र पिछले दिनों की अपेक्षा कुछ अधिक स्थिर था, किन्तु यह स्थिरता ज़्यादा देर तक नहीं टिकेगी, यह हम जानते थे। शायद इसी कारण अनेक यात्री 'मृत्यु-शय्या' पर जाने से पहले मुक्ति के इन चन्द लमहों को खुले और अकुंठित मन से जी लेना चाहते थे।

लीथ छोड़ने के बाद डेक पर अनेक चेहरे दिखाई देने लगे हैं। इंग्लैंड से अनेक नये यात्री जहाज़ पर आए हैं, केवल अँगरेज़ ही नहीं, विभिन्न देशों के लोग। 'बार' की मेज़ पर दो स्विस लड़कियों से परिचय हुआ। उन्हें केवल यह चिन्ता सता रही थी कि आइसलैंड में अच्छा दूध मिलेगा या नहीं, "दूध नहीं मिला, तो ज़्यादा दिन मैं नहीं रह सकूँगी।" "दूध के बारे में मुझे नहीं मालूम, लेकिन दुर्भाग्यवश बीयर पर पाबन्दी है।" मैंने कहा। बीयर से उन्हें ख़ास लगाव नहीं था, अत: इस समाचार से उन्हें कोई विशेष दुख नहीं हुआ। बाद में पता चला, उनकी आर्थिक स्थिति ज़्यादा अच्छी नहीं है (क्या हमसे ज़्यादा ख़राब? मैंने मन-ही-मन सोचा) और वे 'हिचहाइकिंग'—द्वारा ही आइसलैंड का भ्रमण करेंगी।

उस रात के बाद हमने उन्हें आइसलैंड पहुँचने तक नहीं देखा....टॉमस मान के सेनेटोरियम के मरीज़ों की भाँति इस जहाज़ पर जाने-पहचाने लोग अचानक ग़ायब हो जाते हैं और फिर उनके बारे में बातचीत करना 'बैड-टेस्ट' माना जाता है।

लीथ की बन्दरगाह से पुरातत्त्वशास्त्र और भूगर्भशास्त्र के अनेक अँगरेज़ छात्र-छात्राएँ जहाज़ पर दिखाई देते हैं। उनका अपना एक अलग झुंड है और वे हमेशा एक संग घूमते हैं। किन्तु हमारे सबसे आत्मीय और दिलचस्प मित्र कुछ 'पेसिफ़िस्ट' युवक-युवतियाँ हैं जो आइसलैंड में लूले-लँगड़े बच्चों की शिक्षा के लिए विशेष स्कूल का निर्माण करने जा रहे हैं। उनमें से एक ने बातचीत करते हुए मुझे बताया कि यद्यपि वे एक ही संस्था के सदस्य हैं, उनमें से हर व्यक्ति को हर समस्या पर अपने स्वाधीन विचार रखने का अधिकार है। उनमें से कुछ लोग आणविक—निःशस्त्रीकरण कमेटी (अध्यक्ष : बर्ट्रेंड रसेल) के समर्थक हैं। एक बुद्धिजीवी-से दिखनेवाले युवक ने, जिनकी लम्बी ऊबड़-खाबड़ दाढ़ी है और जो हमेशा नीली जीन्स पहने रहते हैं (जिसकी जेबों में किताबें भरी रहती हैं...बीटनिक कवि? मैं सोचता हूँ), मुझे देखते ही तपाक से हाथ मिलाया है, "मैंने आपको कहीं देखा है—क्या आप एल्डर मास्टन-मार्च में तो नहीं थे?"

"नहीं, उन दिनों मैं इंग्लैंड में नहीं था—लेकिन शायद आपने मुझे ट्रिफ़ाल्गार-स्क्वॉयर में देखा होगा, कभी-कभी मैं वहाँ जाया करता था।" काफ़ी देर तक हम लन्दन के बारे में बातचीत करते रहे। वह भी मेरी ही तरह 'डेक-वासी' थे। अकसर बहसों के दौरान (वह एकतरफ़ा निःशस्त्रीकरण के समर्थक थे) मैं चुपचाप उनके तर्क सुना करता था।

बीच के इन दिनों में देर रात तक डेक पर लम्बी और कभी-कभी उत्तेजनापूर्ण बहसें हुआ करती थीं...लगभग सभी 'डेक-वासी' इनमें भाग लेते थे। एकतरफ़ा निःशस्त्रीकरण (जो सबसे ज़्यादा 'जलता प्रश्न' था)

से लेकर आइख़मैन के मुक़दमे तक...न प्रश्नों की कमी थी, न समय का अभाव। हमें काफ़ी ऊँचे स्वर में बोलना पड़ता था ताकि हमारी आवाज़ लहरों से ऊपर उठ सके।

हमारा जहाज़ अटलांटिक सागर के बीच आ चुका था। जितना ही अधिक वह उत्तर की ओर सरकता जाता था, रातें ज़्यादा सफ़ेद होती जाती थीं। एक असीम उजाला। रात और दिन की सीमा-रेखा दिन-पर-दिन धुँधली होती जा रही थी। अकसर हम आधी रात तक अपने-अपने स्लीपिंग बेड में लिपटे डेक पर लेटे रहा करते थे। 'बार' की बत्ती बुझ जाती थी, फ़र्स्ट क्लास के केबिन अँधेरे में डूब जाते थे और चारों ओर एक घना, गहरा सन्नाटा घिर आता था—सिर्फ़ लहरें थीं जो कभी चुप नहीं होती थीं किन्तु अब हम उनकी ओर से निरासक्त हो चले थे। हम लेटे रहते, और धीरे-धीरे तारों से आकाश भरने लगता। जुलाई का नीरव उजला आकाश। आकाश और बहुत पुराना अतीत। हर एक की अलग स्मृतियाँ। और हम डेक पर लेटे हुए एक-दूसरे की साँस सुनते रहते... नींद नहीं आती थी। तब अचानक कोई धीमे, बहुत धीमे स्वर में गाने लगता था। कोई जर्मन, फ्रेंच या अँगरेज़ी गीत। कोई लोकप्रिय धुन और धीरे-धीरे दूसरी आवाज़ें पहली आवाज़ के संग मिलने लगतीं। या कभी 'इंटरनेशनल ब्रिगेड' का कोई प्रयाण-गीत जो मुद्दत पहले स्पेनिश गृह-युद्ध के ज़माने में गाया जाता था या 'टॉम ब्राउन्स बॉडी लाइज़ ए मोल्डरिंग इन द ग्रेव'—या फिर अवान्ती पोपोलो जिसे गाते समय समूचा जहाज़ गूँजने लगता या कभी-कभी बहुत पुराना जहाज़ियों का गीत—जो हमें हमेशा उदास कर देता—'माई बौनी इज़ ओवर द ओशन, माई बौनी इज़ ओवर द सी—ब्रिंग बैक, ओ ब्रिंग बैक माई बौनी टु मी'... (मेरा यार सागर में है, मेरा यार समुद्र में है—बुला दो, ओ मेरे यार को बुला दो...)

ऐसी ही एक रात थी जब बर्ट से मेरी मुलाक़ात हुई थी। पहली

बार जब मैंने उसे देखा था, तो वह डेक पर राधाकृष्णन् की पुस्तक 'हिन्दू व्यू ऑव लाइफ़' पढ़ रही थी। मैंने उसे कभी अपने केबिन में जाते नहीं देखा था। मुझे लगता है कि वह रात के समय भी डेक पर सोती थी। वह पैसिफ़िस्ट संस्था की ओर से आइसलैंड जा रही थी। उसे यह जानकर काफ़ी आश्चर्य हुआ था कि मैं प्राग से आ रहा हूँ—"क्या यह कम्युनिस्ट देश नहीं है?" उसने मुझसे सिगरेट माँगी, दियासलाई जलाते समय मैंने क्षण-भर के लिए उसके गम्भीर चेहरे को देखा था। कुछ देर तक हम चुपचाप सिगरेट पीते रहे।

"कितने अरसे से आप पैसिफ़िस्ट संस्था में काम कर रही हैं?"

"दो साल पहले घर छोड़ा था...तब से मैं वापिस नहीं गई।"

"आपको यह काम भाता है?"

एक क्षण तक वह चुप रही।

"मैंने कभी नहीं सोचा...इस प्रश्न के बारे में। जो भी थोड़ा-बहुत कर सकती हूँ, करती हूँ। फिर भी बहुत कम...उससे बहुत कम जितनी ज़रूरत है, जितना कर सकती हूँ।"

डेक लगभग ख़ाली हो गया है...ऊपर फ़र्स्ट-क्लास के किसी केबिन में ग्रामोफ़ोन पर कोई रिकॉर्ड बजा रहा है—कभी-कभी लहरों के बीच इक्के-दुक्के सोते हुए यात्रियों की साँस सुनाई दे जाती है।

"काफ़ी लम्बा अरसा है—दो वर्ष।"

"ज़्यादा लम्बा नहीं, यदि उम्र लम्बी हो।" उसने हँसते हुए कहा, "लेकिन मुझे कभी अपने निर्णय पर ख़ेद नहीं हुआ। दो साल पहले मैं कुछ भी नहीं समझती थी। महज़ दिन-रात एक फ़िज़ूल-सी बेचैनी महसूस करती थी और अब..." वह क्षण-भर रुकी मानो शब्दों को टटोल रही हो, "और अब कभी-कभी लगता है जैसे मैं अपनी तरफ़ से ज़िन्दगी को मानी दे सकी हूँ..."

"अपनी तरफ़ से?"

"हाँ, क्योंकि सूक्ष्म अर्थ में मुझे अपने काम से ज़्यादा सुकून नहीं मिलता।"

उसकी आवाज़ हल्के से सिहर गई।

"पिछले साल मैं अल्जीरिया गई थी—सिर्फ़ चन्द हफ़्तों के लिए। गाँव के गाँव तबाह हो गए हैं वहाँ...हज़ारों आदमी बिना घर-बार के, सड़कों पर भूखे और बीमार बच्चे। 'मानव-उत्पीड़न'—पहली बार मुझे इस शब्द के सही मानी पता चले...उससे पहले मैं सिर्फ़ अख़बारों में पढ़ती थी, अल्जीरियाई शरणार्थियों के बारे में। तुमने भी पढ़ा होगा... लेकिन जब तक हम आँखों से नहीं देखते, कभी नहीं जानते... इतना भयानक!"

लम्बी देर तक हम चुपचाप लहरों की आवाज़ सुनते रहे।

"...और हम जो उनकी सहायता के लिए गए थे, उनकी पीड़ा के सामने बिलकुल निस्सहाय थे...कभी-कभी सोचती हूँ, क्या हम कुछ भी नहीं कर सकते? 'लौह आवरण' के पीछे लोग क्या सोचते हैं...आप तो जानते होंगे?"

"लौह-आवरण के पीछे..." मैं कुछ चौंक-सा जाता हूँ।

"शायद आपको आपत्ति है इस शब्द पर," उसने कुछ ख़ेद-भरे स्वर में कहा।

"नहीं, इससे कोई ख़ास फ़र्क़ नहीं पड़ता।"

आकाश की ओर निहारते हुए अचानक प्राग की याद हो आती है। फ़र्क़ पड़ता है...मेरे लिए...और नहीं भी...

"अगले वर्ष मेरा भारत जाने का इरादा है...आजकल मैं 'हिन्दू व्यू ऑव लाइफ़' पढ़ रही हूँ..."

"क्या सोचती हैं आप इसके बारे में?"

"बहुत आकर्षक। आपका दर्शन अद्भुत है। कभी-कभी सोचती

हूँ, आज के संकट का हल आपके देश में मिल सकता है।"

मैं चुप रहता हूँ।

"आप शायद ऐसा नहीं सोचते?"

"मुझे आपकी बात याद आती है...जब तक हम आँखों से नहीं देखते, कभी नहीं जान पाते..."

उस रात बात आगे नहीं बढ़ी। वह डेक पर ही सो गई थी।

'बार' से सीढ़ियाँ नीचे उतरती हैं, डेक पर। मैं सबसे ऊँची सीढ़ी पर बैठा हूँ और उन छायाओं को देख रहा हूँ जो डेक के इर्द-गिर्द मँडरा रही हैं।

समय का बोध बहुत पहले ख़त्म हो चुका है। रात सूरज के संग-संग चलती है और अँधेरे के कण इतने महीन हैं कि मुट्ठी में आते ही उँगलियों से फिसल जाते हैं और दिन का उजाला रात को धकेलता नहीं, उसे केवल एक उदास, गुलाबी रंग में भर देता है और समुद्र है, जो हमेशा संग है, एक विराट् रहस्य की मानिन्द—तटस्थ, उतना ही जितना समय, जिसके अब कोई मानी नहीं रह गए हैं...

लेकिन घड़ी की सुइयाँ अब भी घूमती हैं...पुरानी आदत से मजबूर। अब साढ़े ग्यारह बजे हैं, मैं सबसे ऊँची सीढ़ी पर बैठा हूँ और रोशनी इतनी है कि लिख सकता हूँ, वैसा लिखना नहीं जो कभी हम अँधेरे में लिखते हैं और पढ़ नहीं पाते...मैं पढ़ता हूँ, जो कुछ देर पहले लिखा था।

लिखा है :

भोजन के बाद हम डेक पर बैठे थे, हर रोज़ की तरह। अचानक देखता हूँ, लड़के-लड़कियों का एक छोटा-सा गुच्छा डेक के जँगले

के पास सरक आया है। वे अत्यन्त उत्तेजित और उत्सुक दिखाई देते हैं। वे अपनी-अपनी दूरबीन से समुद्र के पश्चिमी छोर की ओर देख रहे हैं—उस ओर जहाँ समुद्र का धूमिल छोर आकाश में खो गया है। मैं 'स्लीपिंगबेड' से उठकर जँगले के पास चला आया हूँ...मुझे अभी तक उनकी उत्सुकता और उत्तेजना का कारण नहीं मालूम हो सका है, किन्तु फिर भी उनकी निगाहों का अनुकरण करती हुई मेरी आँखें उस बिन्दु पर जा रुकी हैं, जहाँ सबकी आँखें टिकी हैं।

समुद्र के छोर पर क्षितिज के संग-संग एक बहुत ही हल्की, मटमैली-सी रेखा दिखाई देती है। भूमि? अचानक विश्वास नहीं हो पाता। वह एक बहुत फीका-सा धब्बा है, बहुत ही नरम और छुई-मुई-सा, जो बादल भी हो सकता है। एक बार दिखाई दिया और फिर अचानक आकाश और समुद्र के अन्तहीन फैलाव में खो गया...लेकिन उसका खोना महज़ निगाहों का भटकाव था। कुछ क्षणों बाद वह फिर उभर आया था, और इस बार वह इतना नरम और धुँधला नहीं था। अब तक जो धूमिल रेखा जान पड़ती थी, वह अब एक ठोस पथरीली सफ़ेदी में बदल गई थी...बादलों से कहीं अधिक ठोस। सहसा हम सबकी साँस जैसे रुक-सी गई, हम अनायास चुप हो गए थे और हमारी भूखी निगाहें बीच का अन्तराल निगलते हुए स्तम्भित-सी ठिठक गई थीं, एक सुदूर बिन्दु पर।

और तब सबके हाथ अनायास एक ही दिशा में उठ गए...समुद्र के छोर पर एक विराट्, सफ़ेद-सी चीज़ धीरे-धीरे ऊपर उभर रही थी... जैसे समुद्र की अन्तहीन गहराइयों को चीरती हुई कोई जलपरी ऊपर आ रही हो—स्तब्ध, सफ़ेद निरावृत!

आइसलैंड का पहला ग्लेशियर :

सब अपने-अपने कैमरों के लिए केबिनों में भाग रहे थे। समुद्र के परे, जल पर तिरते धूप के द्वीपों परे, एक धनुषाकार रेखा फैल

रही थी—नंगे, निरावृत उरोजों की भाँति सफ़ेद और सुडौल, मीर दल स्योकुल—मीर दल का ग्लेशियर। ग्लेशियर की चौड़ी दरारों के बीच रुई के गोलों-से बादलों के गुच्छे सिमट आए थे और ऊपर फैला था—जून का आकाश। तब रात के दस बजे होंगे किन्तु ग्लेशियर की बर्फ़ उस समय भी सूरज की महीन, पीली धूप में चिलमिला रही थी...

सोचता हूँ...न जाने उन 'वाइकिंग्स' ने क्या सोचा होगा, हज़ार वर्ष पहले ऐसी ही शाम ग्लेशियर को अचानक आँखों के सामने पाकर? आतंक और आलोक में लिपटी हिम-शिलाएँ, लहरों के हहराते कर्ण-भेदी क्रन्दन के ऊपर एक रहस्यमय, सफ़ेद शान्ति...सोचा होगा, वे समय और 'स्पेस' के अन्तिम छोर पर आ पहुँचे हैं।

कुछ देर बाद एक दूसरा ग्लेशियर दिखाई देता है—एइया फियात्ल यो कुत्ल, पर्वत-द्वीपों का ग्लेशियर। ये पर्वत आसपास के प्रदेशों में बिलकुल अकेले हैं, तभी इन्हें पर्वत-द्वीप कहा जाता है। इन पर्वतों का एक खंड किले की दीवार-सा समुद्र के आर-पार खड़ा है। कुछ निकट आने पर आश्चर्य होता है...इसी दीवार के बीचोबीच एक चौड़ा सूराख़ दिखाई देता है...सदियों से समुद्र की लहरों के अनवरत प्रहार से चट्टान बीचोबीच कट गई है। पहाड़ी का नाम है—दीर होलेव, पर्वतद्वार (दीर=दरवाज़ा, होल=पहाड़ी)।

सबके चेहरों पर एक अजीब-सी चमक और ताज़गी दौड़ आई है—एकदम पुनर्जीवन। पिछले दिनों की थकान और उनींदापन, अकेलेपन और अकुलाहट का कहीं छोटा-सा चिह्न भी दिखाई नहीं देता। केबिन ख़ाली पड़े हैं और 'मृत्यु-शय्याएँ' उजाड़। डेक पर मेला-सा लग गया है...पुराने खोए हुए चेहरे फिर से दिखाई देते हैं। "आइसलैंड अब दूर नहीं है" इस एक वाक्य को अलग-अलग शब्दों में दोहराया जाता है—कुछ ऐसे गर्व और गौरव के संग, मानो हम एलिज़ाबेथ-काल के साहसी, समुद्री 'एडवेंचरर' हों जिन्होंने बीहड़ जोखिमों का सामना करते

हुए किसी नये देश को खोज निकाला है!

और अब आधी रात है—हवा का वेग अचानक बहुत कम हो गया है। डूबती रोशनी में सबकुछ डूब रहा है। यह जहाज़ पर आख़िरी रात है, रात भी नहीं, महज़ चन्द घंटे...हम देर तक 'बार' में बैठे रहे थे—थोर्गियेर ने आइसलैंडी कवि स्टेनर की कुछ कविताएँ सुनाई थीं—ग्लेशियर के बारे में, बर्फ़ और टिमकती उत्तरी रोशनियों के बारे में। स्टेनर...कितनी बार प्राग के पबों में बैठकर थोर्गियेर से उनकी कविताएँ सुनी हैं।

किन्तु मैं 'बार' में अधिक देर तक नहीं ठहर सका। कम्बल लपेटकर मैं नीचे सीढ़ियों पर बैठ गया हूँ। डेक अब वीरान हो गया है। कभी किसी कोने से जहाज़ का कोई कर्मचारी सीटी बजाता हुआ निकल जाता है...अँधेरी छाया-सा। ऊपर 'बार' में कोई गिटार बजा रहा है...अँधेरे में भटकती अकेले गिटार की धुन। फ़र्स्ट क्लास के केबिन से एक अधेड़ व्यक्ति नीचे उतरे हैं, आप-ही-आप कुछ बुड़बुड़ा रहे हैं। जान पड़ता है, बहुत पी ली है। जान पड़ता है इस रात लगभग सब यात्री बीयर में डूबे हैं—न जाने फिर कब नसीब हो। सीढ़ियों के पास आकर उनके लड़खड़ाते पाँव सहसा ठिठक गए। एक क्षण तक वह मुझे घूरते रहे—काफ़ी विस्मय और कौतूहल से। फिर थिएटराना अन्दाज़ में दूर धूमिल पड़ते ग्लेशियर की ओर हाथ फैलाकर गुर्राए...

"भाया?"

"भाया।" मैंने सम्मति में सिर हिलाया।

"आप क्या ग्रीनलैंड से आए हैं?"

मैं हँसने लगा।

न जाने आज तक कितने लोगों ने मुझे कितनी जातियों का सदस्य बनाने का गौरव प्रदान किया है—मंगोल, तिब्बती, कोरियाई, जिप्सी... किन्तु कोई मुझे एस्किमो भी समझ लेगा, इसकी कल्पना कभी नहीं की थी।

"हिन्दुस्तानी?" उन्होंने तनिक सन्दिग्ध दृष्टि से मेरी ओर देखा। फिर मेरे बहुत निकट आकर धीमे, गोपनीय स्वर में बोले, "आप जानते हैं, 'वाइकिंग्स' हज़ारों साल पहले यहाँ आए और आधे तो रास्ते में ही ख़त्म हो गए!" कुछ देर तक वह रहस्य-भरी निगाहों से मेरी ओर देखते रहे—शायद यह जानने के लिए कि मैं सचमुच भयभीत हो गया हूँ या नहीं...फिर जेब से बोतल निकाली, एक लम्बा घूँट लिया और डगमगाते, लड़खड़ाते क़दमों से आगे बढ़ गए।

तारे, लहरें, काँपता हुआ डेक...और मध्य रात्रि का भुतैला आलोक! दूर से रोशनियों का झुरमुट दिखाई देता है। हमारे जहाज़ की गति बहुत धीमी पड़ गई है। थोर्गियेर से मालूम हुआ कि हम वेस्टमेन आइसलैंड्स के पास से गुज़र रहे हैं। बाईं ओर छोटे-छोटे 'लिलिपुटियन' मकानों की बस्ती दिखाई देती है। धरती के नन्हे-से अंश पर चारों ओर छितरी हुई छतें; पीली, धूमिल रोशनी में झिलमिलाती दीवारें, अकेली वीरान बस्ती, जिसके चारों ओर समुद्र के अलावा कुछ भी नहीं है...

और लम्बी भीमकाय चट्टानें।

धुंध की जामुनी चादर—जो इतनी झीनी और पतली है कि उसके पीछे हर चीज़ मायावी-सी जान पड़ती है...लहरों में भीगती, डूबती और सरसराती-सी—एक अयथार्थ लोक की धुंध।

चट्टानों के शिखरों पर घास के कुछ टुकड़े हैं—जिन पर सागर-पक्षियों का झुंड चक्कर काट रहा है—उनकी छाया नंगी चट्टानों पर मँडराती है और ग़ायब हो जाती है; रात के धुँधले आलोक में उनके फड़फड़ाते डैने जैसे किसी बहुत पुराने दुःस्वप्न के स्मृति-अंश हों। मध्य रात्रि की डूबती धूप में डबडबाए द्वीप...एक ज़बरदस्त चाह। सबकुछ एक स्वप्निल, अशरीरी छायालोक में लिपटा जान पड़ता है लेकिन देखो तो कुछ भी स्वप्निल नहीं, कुछ भी अशरीरी नहीं—अपने अनुभव पर ही अविश्वास होता है...क्या हम छू सकते हैं (पकड़कर रख सकते हैं?)

उसको जो कभी दिबुसी की सिम्फनी 'सागर' में छलछला आया था, स्वरों का फेनिल आलोक, फड़फड़ाहट (दिल की, पंखों की?), क्रन्दन, अपने निजत्व की सीमाओं को तोड़ता एक मदमाता ज्वार।

और एक अजीब-सी चाह, जिसका कोई तुक और अर्थ नहीं।

एक चाह, उस सीमा तक, जहाँ मृत्यु है।

और फिर कुछ भी नहीं। परिन्दे हैं जो चट्टानों के ऊपर उड़ते हैं...लहरों की चीत्कार के ऊपर, समूचे समुद्र को चुनौती देते हुए।

सोचता हूँ, ऐसे ही किसी अकेले और उदास, बहुत अकेले और उदास क्षण में गोर्की ने तूफ़ानी पेत्रल को देखा होगा।

और तब अचानक मैं चौंक जाता हूँ। सूर्योदय। बिलकुल अचानक, बिना किसी आहट के। हवा में, आकाश में एक बहुत नरम और स्निग्ध आलोक फैल जाता है...धुंध घुल रही है और दूर से रिक्याविक की बहुत धूमिल-सी रूपरेखा समुद्र के ऊपर उभरती-सी दिखाई देती है।

एक क्षण के लिए विश्वास नहीं होता। सोचता हूँ क्या यह वही सूरज है जो अभी-अभी डूबा था?

रिक्याविक की आउटर हार्बर...सुबह। हल्की-हल्की बारिश हो रही है, छोटी-छोटी बूँदें डेक पर टप-टप गिरती हैं। समुद्र बिलकुल शान्त है जैसे उसका सब गुस्सा, सब क्षोभ घुल गया है। सब लोग अपने बिस्तर-बक्सों को डेक पर ले आए हैं। हर कोई अपनी नोटबुक में एक-दूसरे का पता लिख रहा है—न जाने फिर कब मिलना हो।

दूर...सुबह की धुंध के ऊपर रिक्याविक की लाल, नीली, हरी छतें दिखाई देती हैं। लगता है यह शहर दुनिया के अन्तिम छोर पर बसा है, जिसके परे कुछ भी नहीं है—समय और शून्य की सीमा पर। थोर्गियेर ने उँगली से अपना घर दिखाया है...नेशनल थिएटर के पास। सागर-पक्षियों ने हमारा संग फिर पकड़ लिया है...समुद्र से कुछ ऊपर

जहाज़ के संग-संग उड़ते हैं, सफ़ेद स्वप्नों-से, उनके पंख फड़फड़ाते हैं, हवा और बारिश में।

शहर की छतों के परे पहाड़ हैं, समुद्र को पेटी से बाँधे हुए। और उनके बीच कहीं-कहीं बर्फ़ के टुकड़े दिखाई दे जाते हैं...बर्फ़, जो अभी तक नहीं पिघली है। पहाड़, समुद्र के इतने पास और समुद्र, जहाँ इतनी स्मृतियाँ दबी हैं—'सागा'-ग्रन्थों-सी पुरानी और कालातीत।

मैं डेक पर खड़ा हूँ...अचानक मुझे एक आइसलैंडी कविता की पंक्तियाँ याद हो आती हैं।

दूर...समूचा शहर बारिश में भीग रहा है।

सफ़ेद रातें और हवा

हर शहर के दो चेहरे (या शायद ज़्यादा?) होते हैं, एक वह जो किसी 'पिक्चर-पोस्टकार्ड' या 'गाइड बुक' में देखा जा सकता है—एक 'स्टैंडर्ड' चेहरा, जो सबके लिए एक-सा है; दूसरा उसका अपना निजी, जो दुलहिन के चेहरे-सा घूँघट के पीछे छिपा रहता है। उसका सुख, उसका अवसाद, उसके अलग-अलग 'मूड', बदली के दिन अलग और जब धूप हो तो बिलकुल अलग; हर बार जब घूँघट उठता है, लगता है, जैसे चेहरा कुछ बदल गया है, जैसे वह बिलकुल वह नहीं, जो पहले देखा था।

क्योंकि दरअसल अजनबी शहरों की यात्रा एक क़िस्म का बहता पानी है, जिस प्रकार एक यूनानी दार्शनिक के कथनानुसार एक ही दरिया में दो व्यक्ति नहीं नहाते, हालाँकि दरिया वही रहता है, उसी तरह दो अलग-अलग यात्री एक ही शहर में नहीं आते, हालाँकि शहर वही रहता है।

इसीलिए कभी-कभी सोचता हूँ, जितने भी 'पिक्चर-पोस्टकार्ड'

अलग-अलग शहरों से मैंने अपने दोस्तों को भेजे हैं, उन्हें वापिस मँगा लूँ—कम-से-कम वे कार्ड तो अवश्य ही, जिन पर रिक्याविक की मुहर लगी है, क्योंकि यदि आप इस उपमा की अनुमति दें तो रिक्याविक का शहर उस प्रेमिका की मानिन्द है, जिसकी सही पहचान चेहरे में न होकर समूची देह, और उसके अलग-अलग अंगों में छिपी रहती है।

उलझन और भी बढ़ जाती है, जब हर क़दम पर अन्तर्विरोधों का सामना करना पड़े। आइसलैंड की इस राजधानी का नाम है रिक्याविक—'धुएँ का शहर'। नार्वे से जब पहले-पहल 'वाइकिंग्स' यहाँ आए थे, तो गरम पानी के झरनों से उठते हुए धुएँ को देखकर उन्होंने इस शहर का नामकरण किया था। लेकिन सच पूछा जाए, तो शहर का धुएँ से दूर का सम्बन्ध भी नहीं। यूरोप के किसी नगर में मैंने हवा इतनी साफ़, हल्की और सफ़ेद (यदि हवा को 'सफ़ेद' कहा जा सके) नहीं देखी। शायद इसलिए कि यहाँ के निवासी कोयले का प्रयोग बिलकुल नहीं करते, न खाना पकाने के लिए, न कमरों को गरम रखने के लिए। गरम पानी के झरनों से समूचे शहर को बिजली बैठे-बैठाए मिल जाती है। आप अनुमान लगाएँ ऐसे शहर में एक भारतवासी के सुख का, जो ज़िन्दगी-भर धुएँ में ही रहकर अन्त में धुएँ में ही लीन हो जाता है।

नाम की चर्चा हो रही है, तो आइसलैंड का ही नाम लीजिए। इतना भ्रामक नाम शायद किसी दूसरे देश का नहीं। रिक्याविक के बाहर जाते ही चारों ओर हल्की धूप में उमगती हरियाली को देखकर कभी-कभी मन में भ्रम होने लगता है कि कहीं हम ग़लत देश में तो नहीं आ गए। मेरे आइसलैंडी मित्रों का कहना है कि जाड़े के दिनों में भी कुछ उत्तरी भागों को छोड़कर बर्फ़ ज़्यादा नहीं पड़ती और रिक्याविक तो कभी-कभी बर्फ़ से बिलकुल अछूता रह जाता है। सुना है, एक बार अँगरेज़ी कवि (अब अमरीकी) ऑडेन ने सुझाव दिया था कि आइसलैंड का नाम ग्रीनलैंड और ग्रीनलैंड का नाम आइसलैंड कर देना चाहिए। ऑडेन के

जीवन-दर्शन में मुझे ज़्यादा भरोसा नहीं, किन्तु उनके इस सुझाव से मैं पूर्णतया सहमत हूँ। कम-से-कम इससे आइसलैंडी 'टूरिस्ट ब्यूरो' को काफ़ी तसल्ली मिलेगी, जो पिछले वर्षों से इस बात को लेकर काफ़ी परेशान हैं कि आइसलैंड का नाम बेवजह सैलानियों को आतंकित कर देता है।

रिक्याविक का कोई विशेष व्यक्तित्व या स्वभाव है—जैसा हम पेरिस या प्राग के बारे में कह सकते हैं—इसमें मुझे सन्देह है। आख़ीर तक मैं निश्चय नहीं कर सका कि मैं रिक्याविक का कौन-सा ख़ास चेहरा चुनकर वापिस लौटूँगा? वह—जिसका हर दिन-रात समुद्र की लहरों में घुलता रहता है, या जहाज़ों, मछली पकड़ने की नौकाओं और बासी-खट्टी गन्ध से घिरे बन्दरगाह, या एक पहाड़ी क़स्बा, जो मध्यरात्रि के जामुनी आलोक में उनींदा-सा पड़ा रहता है अथवा छोटे-छोटे रंग-बिरंगे मकानों का लिलिपुटियन नगर, वॉल्ट डिसनी का परी-देश! रिक्याविक शायद यह सबकुछ है, फिर भी जब मैं आँखें मूँदकर याद करता हूँ, तो इनमें से कोई भी चीज़ सामने नहीं आती। याद आती है सिर्फ़ रिक्याविक की हवा।

सच मानिए, आइसलैंड आने से पहले मुझे नहीं मालूम था कि हवा का असली जादू क्या होता है।

और मौसम? हमारे शास्त्रों में नारी-चरित्र के बारे में जो कटूक्तियाँ लिखी गई हैं, वे सही न भी हों किन्तु उन्हें रिक्याविक के पल-छिन बदलते मौसम पर लागू करने में मुझे कोई ख़ास हिचक न होगी। रिक्याविक की जलवायु के बारे में शायद किसी बहुत खट्टे-मिज़ाज सैलानी ने कहा होगा : "यहाँ कोई जलवायु नहीं, मौसम-ही-मौसम है।"

इन अन्तर्विरोधों के जाल से निकलकर जब हम बाहर आते हैं, तो आँखें बरबस आकर्षित हो जाती हैं सड़क पर चलते लोगों की ओर। मैंने रिक्याविक में शायद ही ऐसा कोई पुरुष देखा, जिसे एकटक देखता

न रह गया हूँ। एक ही स्थान पर इतने सुन्दर लोग किसी अन्य नगर में देखना दुर्लभ है। क़द उनका इतना लम्बा है कि हम भारतीय उनके सामने बिलकुल बौने लगते हैं। आश्चर्य नहीं, आइसलैंड की यात्रा के दौरान मेरा 'हीन-भाव' इतनी भयंकर स्थिति में पहुँच गया था! उनकी तुलना में शायद स्वीड ही ठहर सकते हैं या शायद वे भी नहीं। किन्तु आश्चर्य इतना उनके ऊँचे क़द में नहीं, जितना इसमें होता है कि इतने आकाशचुम्बी क़द के लोग इतने विनम्र, शालीन और चुप्पे हो सकते हैं। शरमीले इतने कि अपने बारे में एक भी शब्द कहने में उन्हें अजीब-सी उलझन महसूस होती है, अँगरेज़ जाति की 'अंडर-स्टेटमेंट' की प्रथा विश्वविख्यात है, किन्तु वहाँ जो शिष्टाचार का महज़ एक 'मैनरिज़्म' प्रतीत होता है, आइसलैंड में वह सहज, निश्छल प्रकृति का अंग है। यह शायद बहुत कम लोगों को मालूम है कि कोलम्बस से पाँच सौ वर्ष पहले एक आइसलैंडी वाइकिंग एरिकसॉन ने अमरीका को खोजा था और शायद अपनी शालीनतावश किसी को अपनी खोज के बारे में उसने कुछ नहीं कहा। यह बात दूसरी है कि इस तथ्य को मरोड़कर ऑस्कर वाइल्ड ने कहा था—अब समझ में आता है कि एरिकसॉन ने अमरीका को खोजा...और क्यों उसके बारे में चुप रहा!

बहुत सम्भव है, उनके इस चुप्पेपन को आत्म-केन्द्रीयता या अहम्-भाव समझ लिया जाए, लेकिन मेरा ख़याल है, अहम्-भाव से पीड़ित व्यक्ति बहुत कम आत्मीय हो पाता है। और कोई भी विदेशी, जिसे आइसलैंडियों के निकट-सम्पर्क में आने का अवसर मिला है, इस आत्मीयता से अछूता नहीं रह पाता। यह सच है, वे बहुत खुले ढंग से आत्मीयता का प्रदर्शन नहीं करते—कोई भी चीज़ वे खुले, प्रत्यक्ष ढंग से व्यक्त करते हैं, मुझे सन्देह है। कदाचित् उनके निकट आने से पहले उनके चरित्र की अनेक ग्रन्थियों और गाँठों का सामना करना पड़े। एक सूखी, तिक्त-सी व्यंग्यात्मकता, अनमनापन, एक ख़ास सनक तक पहुँचा हुआ

आत्मनिषेध, और—शायद सबसे दुरूह चीज़—एक अजीब-सा अवसाद, जो अँगरेज़ी शब्द 'मेलन्कली' से ज़्यादा निकट है, किन्तु सही-सही शायद वह भी नहीं। यह अवसाद भावुकता या आत्मदया से बिलकुल अछूता है। बहुत पी लेने के बाद नशे में धुत्त होने के बावजूद—और आइसलैंडी दुनिया में सबसे ज़्यादा पीते हैं—मैंने कभी उन्हें अन्य देशों के पियक्कड़ों की तरह भावुक होते नहीं देखा।

सोचता हूँ, पिछले हज़ार वर्षों से जो देश आसपास की दुनिया से अलग सिर्फ़ समुद्र, ग्लेशियरों और ज्वालामुखी पर्वतों से घिरा रहा है, उसकी वीरानी और ख़ामोशी की छाया यदि उनके निवासियों के भीतर कहीं छिपी रहे, तो क्या आश्चर्य की बात होगी?

किन्तु यहाँ मैं सिर्फ़ पुरुषों की चर्चा कर रहा हूँ, आइसलैंडी स्त्रियों की बात बिलकुल अलहदा है। क्या आपने कभी सचमुच, सही मानी में स्वाधीन स्त्री को देखा है? स्वाधीन—बराबरी के वोट या आर्थिक स्वतंत्रता के स्तम्भों के सहारे नहीं बल्कि सहज और अनायास रूप से। यह अनुभव अपने में नितान्त अद्भुत है, एक चमत्कार से कम नहीं—मैं आपको विश्वास दिलाता हूँ। उन्हें शायद बहुत सुन्दर न कहा जा सके, लेकिन उनमें एक अजीब उच्छलता है और वे परम्परागत 'नैतिकता' से बिलकुल अदूषित हैं—निपट ग्रन्थिहीन और कुंठारहित। पुरुष और स्त्री के बीच इतना सहज और ग्रन्थिहीन सम्बन्ध शायद दूसरे देशों में 'अनैतिकता' की पराकाष्ठा माने जाएँगे, किन्तु आइसलैंड में वे बहते पानी की तरह नैसर्गिक हैं—न कोई कृत्रिम अवरोध है और न मैलापन। नैतिकता जीवन पर थोपी नहीं गई, वह जीवन-क्रिया का अदृश्य अंग है। हर व्यक्ति—स्त्री और पुरुष—स्वयं अपने लिए जवाबदेह है, और अन्ततोगत्वा यही जवाबदेही नैतिकता को अर्थ देती है। शायद आपको आश्चर्य हो कि आइसलैंड में अवैध बच्चों की संख्या दुनिया में सबसे अधिक है। किन्तु इससे अधिक आश्चर्य मुझे इसमें होता है कि 'अवैध'

की कुंठा या अपराध भावना न ऐसे बच्चों में, न उनकी माताओं में दिखाई देती है। जब एक आइसलैंडी स्त्री माँ बनती है, तो उसके मित्र और पड़ोसी उसे बधाई देने आते हैं—वह विवाहित है या नहीं—यह प्रश्न उन्हें कभी परेशान नहीं करता। अहम् चीज़ यह है कि पड़ोस में अमुक स्त्री माँ बनी है, अन्य प्रश्न निरे अप्रासंगिक हैं।

ऊपर से सनकी दिखनेवाले, ये लोग जीवन के कुछ तथ्यों के प्रति कितने 'नॉर्मल' हो सकते हैं, कम-से-कम अपने को 'सहिष्णु' कहनेवाले हम भारतीय उनसे काफ़ी कुछ सीख सकते हैं।

आइसलैंड यूरोप में अकेला देश है, जिसकी अपनी कोई सेना नहीं। वैसे भी एक देश के लिए जिसकी जनसंख्या दिल्ली के एक इलाक़े करोलबाग़ की आबादी की भी चौथाई हो (आइसलैंड की जनसंख्या एक लाख सत्तर हज़ार है), अलग से एक सेना रखना काफ़ी अर्थहीन है। आइसलैंड-निवासियों के लिए सेना और सैनिक अनुशासन हमेशा परिहास का विषय रहे हैं। कई चीज़ें हैं, जिनकी कल्पना मैं कभी नहीं कर सकता—आइसलैंडी को फ़ौजी पोशाक में 'मार्च' करते हुए देखना उन चीज़ों में एक है। तोपों और बन्दूक़ों से कभी उन्हें अपने देश की रक्षा करने की आवश्यकता नहीं पड़ी। शायद इसी कारण जब अमरीकी सेनाओं ने उनकी 'रक्षा' के लिए अड्डे स्थापित किये, तो किसी आइसलैंडी को उनकी उपयोगिता पर ज़्यादा विश्वास नहीं हुआ। इन सन्दर्भ में मुझे लैक्सनेस का एक वाक्य याद आता है : "मुझे अमरीकी हमेशा बहुत अच्छे लगते हैं—यदि उनसे फ़ौजी पोशाक में अपने देश की धरती पर न मिलना पड़े!"

मेरा विचार है, अहिंसा का मूल्य केवल हिंसा की तुलना में महत्त्वपूर्ण दीखता है; जहाँ हिंसा का प्रयोग न हुआ हो—जैसा आइसलैंड के स्वाधीनता संघर्ष में—वहाँ अहिंसा एक नैतिक मान्यता न होकर सहज विश्वास के संग जुड़ी है। यही कारण है कि यद्यपि आइसलैंड

का स्वतंत्रता-संघर्ष इतिहास में सबसे लम्बा 'सत्याग्रह' रहा है, शायद ही कोई आइसलैंडी इस सम्बन्ध में डींग मारता हुआ दिखाई देगा। मुझे कभी-कभी आश्चर्य होता है कि न तॉल्स्तॉय ने और न गांधी जी ने इस तथ्य की ओर कभी ध्यान दिया, हालाँकि दोनों के जीवन-काल में यह संघर्ष जारी था। उन्नीसवीं सदी में आइसलैंड के अनेक विद्वान और लेखक (जिनमें अकसर बूढ़े किसान और भिक्षु भी शामिल होते थे) डेनमार्क जाते थे। अस्त्र-शस्त्रों के स्थान पर उनके हाथ में केवल कुछ काव्य-ग्रन्थ और नीति-विधान की पुस्तकें हुआ करती थीं। डेनमार्क के राज-दरबार में बड़े धैर्य से तथ्यों और तर्कों के सहारे वे आइसलैंड की स्वतंत्रता के पक्ष में भाषण देते थे। कहते हैं, इन लम्बे भाषणों से छुटकारा पाने के लिए अन्त में डेनमार्क सम्राट् ने आइसलैंड को स्वतंत्रता देने का निश्चय कर लिया था!

आज भी आइसलैंड की मछली पकड़ने की समुद्री सीमा का इंग्लैंड के जहाज़ों-द्वारा उल्लंघन किया जाता है।[1] तोपों और बन्दूक़ों से लैस ये अँगरेज़ मछुए आइसलैंड के निःशस्त्र पहरेदारों के सम्मुख उनके ही समुद्र में मछली पकड़ते हैं। आइसलैंड की समूची आर्थिक व्यवस्था मछली के व्यापार पर आधारित है। पिछले कई वर्षों से वे अन्तर्राष्ट्रीय विधान-सभाओं में अपने अधिकारों के लिए बहस कर रहे हैं। सोचता हूँ, जिस जाति ने सिर्फ़ बहस करके अपनी स्वतंत्रता प्राप्त की, उसके लिए कुछ भी करना असम्भव नहीं। वैसे अपने में यह काफ़ी हास्यास्पद चीज़ जान पड़ती है, कि दुनिया का सबसे विराट् साम्राज्यवादी देश एक ऐसे देश के तट पर आक्रमणकारी सेनाएँ भेजे, जो न केवल दुनिया में सबसे छोटा है, बल्कि जिसकी अपनी कोई सेना नहीं।

---

1. आइसलैंड की यह न्यायोचित माँग रही है कि उसके तट के बाहर मील के घेरे में किसी दूसरी जाति को मछली पकड़ने का अधिकार नहीं होना चाहिए। इंग्लैंड आज तक यह माँग अस्वीकार करता है।

मेरे एक आइसलैंडी मित्र ने मुझे बताया कि आइसलैंड में पिछले तीस या चालीस वर्षों से चोरी या डाके की एक भी घटना नहीं हुई और किसी व्यक्ति की हत्या तो अब प्रागैतिहासिक चीज़ बनकर रह गई है। मैंने उनसे इसका कारण पूछा। वह कुछ देर सोचते रहे। फिर कहा, "कारण बहुत हैं, किन्तु शायद सबसे बड़ा कारण आइसलैंड की आबादी है।"

"आबादी?" मुझे तनिक आश्चर्य हुआ, "चोरी और डाके का आबादी से क्या सम्बन्ध?"

"देखिए..." उन्होंने धैर्यपूर्वक मुझे समझाते हुए कहा, "हमारे देश की आबादी इतनी कम है कि आपको मुश्किल से कोई ऐसा आइसलैंडी मिलेगा, जो किसी दूसरे आइसलैंडी को प्रत्यक्ष या परोक्ष रूप से न जानता हो। उनके बीच कोई पुराना रिश्ता आसानी से निकाला जा सकता है। अब ज़रा कल्पना कीजिए, कोई व्यक्ति जॉन बन्दूक़ लेकर रिक्याविक के किसी बैंक में डाका डालने जाता है। उसकी स्थिति कितनी संकोचपूर्ण हो जाएगी, जब वह बैंक में चारों ओर बरसों से जाने-पहचाने चेहरे देखेगा, जिनमें शायद उसके ज़िगरी दोस्त और सम्बन्धी भी शामिल हैं! आश्चर्य नहीं यदि ख़ज़ानची महोदय हँसकर कहें, "अरे भाई जॉन, यह बैंक में बन्दूक़ लेकर क्या कर रहे हो? क्या आज सुबह से ही चढ़ा ली है?"

मेरे मित्र कुछ देर तक ख़ामोश रहे, फिर धीरे-से बोले, "आपको नहीं मालूम, इससे कभी-कभी काफ़ी दुविधापूर्ण स्थितियाँ उत्पन्न हो जाती हैं। चोर-डाकुओं के लिए ही नहीं, साधारण शान्तिप्रिय नागरिकों के लिए भी। रिक्याविक को ही लीजिए। यहाँ शायद ही ऐसा कोई व्यक्ति हो, जिसके व्यक्तिगत जीवन की छोटी-से-छोटी तफ़सील से दूसरा व्यक्ति परिचित न हो। वह शाम को कहाँ जाता है; किस लड़की के प्रेमपाश में बँधा है; आजकल कौन-सी पुस्तक पढ़ रहा है; जब वह दिन के समय

दफ़्तर में होता है, तो उसकी पत्नी किस रेस्तराँ में जाकर कॉफ़ी पीती है, इत्यादि छोटी-बड़ी बातें सब लोगों को मालूम रहती हैं। अभी हाल में एक प्रोफ़ेसर महोदय ने अख़बार में खुला पत्र लिखा है, जिसमें उन्होंने ख़ेद प्रगट किया कि अमुक दिन थिएटर में दस मिनिट देर से आने पर जो उनके सम्बन्ध में अफ़वाहें उड़ी थीं, वे ग़लत हैं। फिर उन्होंने विस्तार से इस चीज़ का स्पष्टीकरण किया कि वह उस दिन थिएटर में विलम्ब से क्यों पहुँचे थे।

किन्तु ज़्यादातर इन व्यक्तिगत भेदों को लोग घरेलू राज़ की भाँति अपने तक ही सीमित रखते हैं। दिलचस्पी इससे आगे नहीं जाती और एक-दूसरे की ज़िन्दगी में शायद ही कोई दख़ल देता है। दरअसल रिक्याविक की सड़कों पर चलते हुए अकसर महसूस होता है कि हम किसी एक बड़े परिवार के बीच चले आए हों, जहाँ हर क़दम पर लोग एक-दूसरे से हाथ मिलाते हैं, कुछ देर बातचीत करते हैं और फिर आगे बढ़ जाते हैं। एक बार अपने मित्र थोर्गियेर के संग सड़क पर चलते हुए—और वह सड़क ज़्यादा लम्बी नहीं थी—हमें तीन बार रुकना पड़ा। पहली बार 'नेशनल थिएटर' की एक प्रसिद्ध अभिनेत्री से भेंट हुई जो साग-सब्ज़ी ख़रीदकर घर वापिस लौट रही थीं। दो क़दम आगे चलकर एक बहुत ही प्रसिद्ध 'अबॉगार्द' युवा कवि के दर्शन हुए, जो अभी कुछ दिन पहले पागलख़ाने से छूटकर आए थे। कुछ और आगे चलकर प्रगतिशील आइसलैंडी पत्रिका 'संस्कृति और भाषा' के सम्पादक सिग्फूस दादालॉन से मुलाक़ात हुई, जो शायद आज आइसलैंड में सबसे योग्य आलोचक हैं। फ्रांस में सात वर्ष गुज़ारकर वह अभी पिछले वर्ष आइसलैंड लौटे थे। और उसके एकदम बाद मेरी आँखें सड़क पार करते हुए एक वृद्ध पुरुष पर टिक गईं, जिनकी वेशभूषा इतनी निराली और अद्‌भुत थी कि देर तक मैं निश्चय नहीं कर सका कि यह सरकस के कोई खिलाड़ी हैं या भूत-प्रेतों को झाड़ने-फूँकनेवाले कोई ओझा! बाद में थोर्गियेर से

मालूम हुआ कि वह और कोई नहीं, जोहान्स कियरवाल थे—आइसलैंड के सबसे महान् चित्रकार। दो दिन पहले 'नेशनल-गैलरी' में मुझे उनके चित्र औरों की तुलना में इतने विशिष्ट और असाधारण लगे थे कि याद रखने के लिए मैंने उनका नाम अपनी नोटबुक में दर्ज कर लिया था। तब नहीं मालूम था, इतने आकस्मिक ढंग से सड़क पर उनसे भेंट हो जाएगी!

अब आप ही बताइए, दस मिनिट के अरसे में एक छोटी-सी सड़क को पार करते हुए जहाँ इतनी महान् आत्माओं से ख़ुद-ब-ख़ुद (टेलीफ़ोन पर समय लिए बिना) मुलाक़ात हो जाए, उस शहर को आप क्या कहेंगे?

"आइसलैंड से? ख़ुदा रहम करे, लोग भी न जाने कैसे-कैसे अजीब स्थानों में रहते हैं!" यूरोप में कुछ आइसलैंडी छात्रों को देखकर एक बूढ़े जर्मन ने हैरत में आकर कहा था। आश्चर्य नहीं, सबसे पहले आयरिश भिक्षुओं ने इस वीरान और सूने द्वीप में अपना घर बसाया था। शान्ति और अकेलेपन की खोज में भटकते हुए वे यहाँ आए थे और यहीं बस गए थे। शायद उन्होंने ही इस देश के एकाकीपन और अलगाव को देखकर उसे 'हरमिट ऑव एटलांटिक' की उपाधि दी थी—समूचे यूरोप की भगदड़ से अलग-थलग एक 'संन्यासी देश।' फिर नॉर्वेजियन आए, आक्रमण करने नहीं, आश्रय लेने—स्वाधीन जीवन की खोज में। कुछ अजीब मिलाप हुआ होगा आइसलैंड की धरती पर—भिक्षुओं और स्वातंत्र्य-प्रिय शरणार्थियों में। सोचता हूँ, यह शायद आकस्मिक नहीं कि आज भी आइसलैंडियों के रक्त में भिक्षुत्व और विद्रोह-भावना, दोनों तत्त्व बराबर से एक संग दिखाई देते हैं।

आइसलैंड के इतिहास का ज्ञान मेरा अधिक गहरा नहीं, किन्तु मुझे अकसर इन नॉर्वेजियन शरणार्थियों पर काफ़ी विस्मय होता है, जो हज़ार वर्ष पहले सामन्तवादी उत्पीड़न से छुटकारा पाने के लिए अपना घर-बार

त्यागकर दुनिया के इस सुदूर कोने में आकर बस गए थे। निस्सन्देह वे यूरोप के सबसे पहले प्रजातंत्रवादी लोग थे...और गो यह सच है कि आज इंग्लैंड को सब ओर से 'पार्लामेंट की माँ' स्वीकृत कर लिया गया है, सही बात यह है कि पार्लामेंट की 'दादी-माँ' के दर्शन के लिए हमें आइसलैंड की सदियों पुरानी चट्टानों और घाटियों के बीच ही रास्ता टटोलना होगा।

'टटोलना' शब्द इसलिए इस्तेमाल कर रहा हूँ, क्योंकि जहाँ यूरोप की सबसे पहली पार्लामेंट की नींव डाली गई थी, वहाँ आज हमें सिर्फ़ पत्थरों, गुफाओं और घास के मैदानों के अलावा कुछ भी दिखाई नहीं देता। यह स्थान—नाम है थिंगविलियर ('प्रथम लोकतंत्र')—रिक्याविक से ज़्यादा दूर नहीं, 'टूरिस्ट बस' से सिर्फ़ दो घंटे का रास्ता है। निपट सूनी उजाड़ धरती, जहाँ दूर-दूर तक एक भी बस्ती दिखाई नहीं देती। सिर्फ़ चट्टानों की एक लम्बी अन्तहीन श्रृंखला दूर तक फैलती गई है, जो पहली नज़र में किसी बहुत पुराने क़िले की कटी-फटी दीवार-सी मालूम देती है। बाद में हमें पता चला कि सदियों पहले यहाँ समतल भूमि थी। फिर अचानक ज्वालामुखी के विस्फोटन के परिणामस्वरूप बीच की धरती भीतर धँसती गई और ये लम्बी चट्टानें पुरानी धरती के भग्नावशेष हैं। चट्टानों के नीचे घास के लम्बे मैदान हैं और आसपास अनेक बड़े सुडौल पत्थर बिखरे हैं, जिन्हें कभी अस्थायी खेमों के लिए इस्तेमाल किया जाता होगा। इन पत्थरों के अलावा कहीं भी कोई खँडहर नहीं, पुराने गौरव का ज़रा-सा भी चिह्न नहीं।

दूर, घास के मैदानों के परे ओक्सारा नदी बहती है। एक हल्का सिरसता-सा स्वर, और मौन। समूची घाटी एक असीम, कालातीत मौन में लिपटी जान पड़ती है।

"आइसलैंड का यह सबसे गौरवपूर्ण तीर्थ-स्थान है..." हमारे 'गाइड' ने कहा। हर देश के अपने तीर्थ-स्थान, अपने पावन स्मारक

होते हैं...मैं सोचता हूँ...किसी-न-किसी रूप में उनका धर्म, ईश्वर, देवी-देवताओं से सम्बन्ध होता है...शायद इसी में उनकी पवित्रता निहित है। और एक यह 'तीर्थ-स्थान' है, थिंगविलियर, जिसकी पवित्रता किसी धर्म से नहीं जुड़ी—जो महज़ इसलिए पुनीत है कि पहली बार यहाँ मनुष्य ने स्वाधीनता को धर्म (सिर्फ़ 'अधिकार' नहीं) माना था। किन्तु आज यहाँ हवा में सरसराती घास और धूप में सोए पत्थरों के अलावा कहने को एक भग्नावशेष भी नहीं, जिसकी परिक्रमा करके हम तीर्थयात्री अपने को कृतार्थ कर पाते।

लावा की सूखी, कटी-फटी दरारों के बीच पारे-सा पानी झिलमिलाता है। ऐसी ही एक बावड़ी का नाम है 'निकुलासारगया', जिसका जल इतना गहरा और पारदर्शी है कि यदि हम उसमें सिक्का या ढेला फेंकें, तो वह एक चमचमाते जादुई मोती-सा बावड़ी की अतल गहराइयों में लुढ़कता जाता है। और ऊपर, पानी के तल पर आसपास घिरी काली चट्टानों की छाया काँपती है। लगता है, हम दबे पाँव किसी 'सुर्रियालिस्ट लैंडस्केप' में चले आए हों...असलियत में नहीं, सिर्फ़ 'कैनवस' के भीतर, जहाँ हर रंग दूसरे रंग को पकड़कर बदल जाता है, बदल जाता है और फिर भी वही रहता है, जो पहले था, जहाँ पुराने पत्थरों से टकराती हवा है और लावा की बेडौल आकृतियाँ निस्पन्द, साँस रोके खड़ी हैं। लगता है, कम-से-कम उस एक लमहे के लिए बीते हुए हज़ार वर्ष बीच की दूरी लाँघकर चुपचाप हमारे पास सरक आए हों।

हाँ, यह सच है। हज़ार वर्ष पहले गर्मियों की सफ़ेद, उजली रातों में यहाँ 'एल्थिंग' (आइसलैंडी पार्लामेंट) की बैठक लगती थी। ओक्सारा नदी के किनारे घास के मैदानों में एल्थिंग के सदस्यों के लिए खेमे गाड़े जाते थे। खुली हवा में, आकाश तले, नियम-क़ानूनों पर बहस होती थी, हर समस्या को न्याय की कसौटी पर जाँचा-परखा जाता था। 'न्याय' में उनका विश्वास यूनानियों की तरह अटूट था—और

यूनानियों की ही भाँति वे मानव और नियति के बीच अँधेरी, टेढ़ी-मेढ़ी भूल-भुलैया में रास्ता खोजते थे—लेकिन यह समानता इससे आगे नहीं जाती, प्राचीन आइसलैंडियों को यूनानियों की तरह देवी-देवताओं की कभी ज़रूरत महसूस नहीं हुई, अपने को वे नियति के सम्मुख बिलकुल अकेला पाते थे। यह आश्चर्यजनक चीज़ है कि मध्यकालीन यूरोप के 'अँधेरे युग' में, जब जीवन और कला का कोई अंश धर्म से अछूता नहीं था, आइसलैंड का महान् साहित्य अपने में शुद्ध रूप से 'सेक्युलर' बना रहा। आइसलैंड के पौराणिक सागा-ग्रन्थों में दैवी अथवा अतिमानवीय शक्तियों का कहीं उल्लेख नहीं मिलता। उनके लिए 'नियति' एक ख़ास मानवीय चीज़ थी और एक 'ट्रैजिक' नियति इसमें निहित नहीं थी कि मनुष्य दैवी शक्ति के हाथों में असहाय कठपुतली है, बल्कि इसमें, कि वह स्वाधीन होने के बावजूद अपनी निजी प्रकृति के आगे विवश है।

इस दृष्टि से यह कहना शायद बहुत ग़लत न होगा कि सागा-ग्रन्थों के अज्ञात लेखक शायद दुनिया के सबसे पहले अस्तित्ववादी थे।

जो भी हो, इस दिलचस्प प्रश्न को साहित्य-आलोचकों के हाथों में छोड़कर हमने थिंगविलियर से बिदा ली। काली चट्टानों की दुर्ग-दीवार देर तक हमारी 'टूरिस्ट-बस' के संग चलती रही। दीवार ख़त्म होते ही सामने दूर-दूर तक सिर्फ़ ऊसर धरती, या छोटे-छोटे टीले और मिट्टी के दूह दिखाई देते हैं—या धूप में झिलमिलाती घास, जिसका रंग पल-छिन बदलता रहता है। कभी-कभी तो लगता है जैसे हमारी आँखों से छिपी कहीं रंग-बिरंगी 'फुटलाइट्स' लगी हों जो सामने फैले 'मंच' को सतरंगी रोशनियों में हर पल नहला जाती हैं। हमारे 'गाइड' महोदय (जिनका अँगरेज़ी का 'एक्सेंट' अल्मोड़ा के कुमाऊँ क्लर्कों से बहुत मिलता-जुलता है) बार-बार हमारी ख़ुशक़िस्मती की दाद देते हैं। कहते हैं, पिछले पाँच वर्षों से उन्होंने इतना साफ़ और सुन्दर दिन नहीं

देखा। यात्रियों को ख़ुश करने का शायद यह उनका अपना तरीक़ा हो, किन्तु इससे हमारी ख़ुशी और ख़ुशक़िस्मती में कोई अन्तर नहीं पड़ता। हवा सचमुच धुले काँच की तरह पारदर्शी है—इतनी साफ़ और हल्की, कि उसे जेब में ठूँसकर दिल्ली ले जाने को मन करता है! दुख इतना ही है कि आसपास कहीं भी एक पेड़, हवा में सरसराता एक भी पत्ता नहीं दिखाई देता—चारों ओर वनहीन नंगी धरती का फैलाव। जन्म से मैं पहाड़ी हूँ, वृक्षों के बिना मुझे हमेशा एक अजीब-सी रिक्तता का आभास होता है। किन्तु जंगल नहीं है, इस अभाव की पूर्ति मानो आसपास फैला अत्यन्त मांसल—लगभग मन:स्पर्शी वायुमंडल कर देता है। धरती—खुली और अबाध धरती की रूपरेखा इतनी कोमल और सुडौल हो सकती है, इसकी कल्पना कभी नहीं की थी। पेड़ों का होना, यह अपना एक सुख है, लेकिन इस सुख से मैं परिचित हूँ। उनके न होने से जो एक विशाल हल्कापन, चाकू की-सी चमकीली धार-सी हवा में तिरते रंग, दूरी को निकट से देखने का मायावी चमत्कार—यह एक अलग अनुभूति थी, जिसका परिचय पहले कभी न मिला। और इसीलिए मैं कहता हूँ कि हर यात्री को अपनी झोली खोलकर यात्रा करनी चाहिए, जो न मिले उसका दुख न करके जो मिले उसे समेटकर ही अपने भाग्य की सराहना करनी चाहिए। क्योंकि यह तो मैं अपने अनुभव से जानता हूँ कि सुख का अभाव कभी दुख का कारण नहीं बनता, उलटे एक नये, अपरिचित सुख को जन्म देता है।

उत्तर की ओर बढ़ते हुए हमें दूर क्षितिज-रेखा पर झिलमिलाते लैग्योदूल ग्लेशियर की झलक मिल जाती थी—बर्फ़ की स्निग्ध सफ़ेदी, जैसे कोई नरम सफ़ेद बालोंवाली बिल्ली औंधे मुँह लेटी धूप सेंक रही हो। इस बीच हमारे 'गाइड' महोदय की कवित्व-प्रेरणा पूरी तरह से जग उठी थी...और जब सड़क के एक मोड़ पर आकर हमें अचानक एक नये 'ग्लेशियर' के दर्शन हुए, तो वह अपने उत्साह को अधिक नहीं

रोक सके। "देखिए...यह हौफ़्सयोदुल ग्लेशियर है...यहाँ से सैकड़ों मील दूर! इतनी दूरी से इस ग्लेशियर को देख पाना दुर्लभ है, लेकिन आप भाग्यवान् यात्री हैं, सूर्य भगवान् बराबर आपके पक्ष में चल रहे हैं।" और मैं सोचता हूँ, देखने और सुनने में कितना भारी अन्तर है। कितनी बार सुना था, आइसलैंड ग्लेशियरों का देश है, किन्तु जब कभी नीले आकाश तले सफ़ेद रुई से पिरामिड दिखाई दे जाते हैं, अटल, शान्त, समय के घेरे के बाहर, तब केवल एक इच्छा होती है, अपनी उम्र और बुजुर्गियत, अपने अतीत, अपने झूठे-सच्चे अनुभवों और अभावों की पोटली बस में ही छोड़कर नीचे उतर जाएँ, और इस धरती के ही हो रहें।

इस बीच हमें कहीं भी, कोई बस्ती, कोई गाँव, कोई घर दिखाई नहीं दिया। लगता था जैसे हम एक अन्तहीन, विशाल 'वेस्टलैंड' में आ पहुँचे हैं, जहाँ किसी भी जीवित प्राणी के दर्शन दुर्लभ हैं। धरती का सूना विस्तार और महज़ ख़ाली हवा। दूर छोटे-छोटे पर्वतों की रूपरेखा दिखाई दे जाती थी। कहीं-कहीं झाड़-झंखाड़ और उनके बीच गरम पानी के सोतों से उठता हुआ धुआँ, उबलते पानी के गेयसिर। और तब मुझे पहली बार पता चला कि अन्तर्राष्ट्रीय शब्द 'गेयसिर' की उत्पत्ति आइसलैंड के हाउकादालुर गेयसिर से हुई है, जिसका जल फूटने पर कम-से-कम 380 फ़ीट ऊँचा जाता है।

किन्तु चाहे मौसम की दृष्टि से हम 'भाग्यवान्' रहे हों, गेयसिर ने हम पर कोई कृपा नहीं की। वह बहुत ही 'मूडी' स्वभाव के गेयसिर जान पड़ते थे—कब चारों ओर से उदासीन होकर सोते रहेंगे और कब अचानक चौंककर दीवाली के 'अनार' की तरह फूट पड़ेंगे, कोई नहीं जानता। हमारे 'गाइड' महोदय लगभग एक घंटे तक उबलते जल में साबुन घोलते रहे (कहते हैं, साबुन से गेयसिर को उत्तेजना मिलती है) लेकिन वह मोहमाया से मुक्त निरासक्त योगी की तरह अपनी जगह से

टस से मस नहीं हुए। हमारी निराशा को कम करने के लिए 'गाइड' महोदय ने हमें सान्त्वना देते हुए कहा कि डेनमार्क के बादशाह तीन दिनों तक ख़ेमे गाड़कर प्रतीक्षा करते रहते थे किन्तु गेयसिर भगवान् उन्हें दर्शन नहीं देते थे। सबसे ख़ेदपूर्ण घटना तो अभी दो-तीन वर्ष पहले हुई जब सोवियत संघ की संस्कृति-मंत्री तीन घंटों की विफल प्रतीक्षा के बाद लौट गईं, और उनके लौटने के पाँच मिनिट बाद ही गेयसिर की आकाशचुम्बी धार फूट पड़ी!

ऐसे हैं ये गेयसिर महाशय, बादशाह सलामत हों या सोवियत मंत्री—किसी के बीच भेद नहीं करते।

इस दौरान धीरे-धीरे आकाश के अलग-अलग कोनों में बादलों के धब्बे सिमट आए थे। कभी-कभी हल्की-सी बूँदाबाँदी हो जाती थी। सर्दी अचानक बढ़ गई थी और जब हम आइसलैंड के सबसे सुन्दर झरने 'गुलफ़ॉस' (स्वर्ण-प्रपात) को देखने बस से बाहर निकले, तो हम सबकी देह रह-रहकर सिहर जाती थी।

सामने दिखाई दी हवीता नदी। पत्थरों और चट्टानों के बीच लुढ़कते हुए पानी के कुंडल। नंगी शिलाओं पर भँवर बनाता फ़ेनिल झाग...और ऊँची ढलान से गिरती धार की बूँदें। एक ख़ास कोण से देखने पर हवा में छितरती ये बूँदें इन्द्र-धनुषी रंगों का जाल बुनती-सी दिखाई देती हैं। आज गुलफ़ॉस को याद करता हूँ, तो सिर्फ़ उनकी आवाज़ बार-बार लौट आती है। गिरते पानी की आवाज़ और शार्क मछली। चौंकिये नहीं, गुलफ़ॉस के झरने में शार्क नहीं हैं! किन्तु यदि आप चाहें, तो वहाँ के डाक बँगले के 'वेटर' एक अत्यन्त स्वादिष्ट 'डेलीकेसी' के रूप में आपको शार्क मछली का मांस दे सकते हैं। आठ-नौ महीने तक शार्क के मांस को धूप में सुखाया जाता है, या कभी-कभी उसे गोबर के भीतर रख दिया जाता है, उस समय तक...जब तक यह सड़ने न लगे। फिर उसे कड़वी शराब के संग मिलाकर खाया जाता है!

बीहड़ रास्ता—कहीं-कहीं बहुत तंग और छोटे पुलों पर हिचकोले खाते हुए हमारी लॉरी को घिसटना पड़ता था। कई बार ऐसा जान पड़ा कि मोटर रोड को बीच में ही नाले-परनालों ने ग्रस लिया है—बीच नाले की धार में आकर बस के पहिए अड़ जाते थे। जूते-मोज़ों को उतार और पतलूनों के पाँवचे चढ़ाकर हम पानी के भीतर घुस पड़ते थे। बस को आगे धकेलते हुए जान पड़ता था जैसे पानी की बर्फ़ीली धार काँच के टुकड़ों-सी हमारे नंगे पैरों को छील रही है। खाँसती, खँखारती लॉरी आगे बढ़ती थी और हम हाथों से नीले, सिकुड़े पैरों को सेंकते हुए खिड़की के बाहर देखने लगते थे—बाहर जहाँ दिन की मन्द पड़ती हुई रोशनी अँधेरे को महज़ छू-भर लेती थी, लेकिन वास्तव में अँधेरा कहीं नहीं था। सिर्फ़ रोशनी की ही नरम, पीली-सी छाया थी जो दिन के आलोक पर पतले छिलके-सी उतर आई थी।

हम धीरे-धीरे एक ऐसे भुतैले प्रदेश में आ पहुँचे थे जो मध्यकालीन कैथोलिक यूरोप में 'अभिशप्त आत्माओं का डेरा' के नाम से प्रसिद्ध था। कभी-कभी हम नीचे उतरकर ज्वालामुखी पर्वतों के क्रेटरों की परिक्रमा करने निकल पड़ते थे। बुझे हुए क्रेटर, जो लम्बी, डूँगी और आग में झुलसी हुई कढ़ाई से दिखाई देते थे। उनके इर्द-गिर्द लाल बजरी की ईंटों-सा लावा बिखरा था। यदि दुनिया के एक-तिहाई लावा पर 'मेड इन आइसलैंड' का लेबल चिपका दिया जाए, तो वह महज़ अतिशयोक्ति नहीं मानी जाएगी। इन पंक्तियों को लिखते समय भी मेरी मेज़ पर लावा के ये लाल टुकड़े रखे हैं, जो आइसलैंड के स्मारक रूप में मैं अपने संग ले आया था।

किन्तु सबसे रोमांचकारी दृश्य वह था, जब मोटर रोड के अगले मोड़ पर हमें अचानक दूर, भूरे सुनसान मैदानों के परे एक विशाल हिमाच्छादित दैत्य-मस्तक के दर्शन हुए। बर्फ़ से ढकी पहाड़ी का इतना बीभत्स और इतना मायावी रूप एक ही समय में एक संग बहुत कम

देखने को मिलता है। जान पड़ता था जैसे धरती के बीचोबीच पिरामिड के नीचे दबी 'ममी' का ढक्कन ऊपर उठ आया है, बर्फ़ के सफ़ेद बालों से लिपटा हुआ, जो किसी भी क्षण बच्चों के लट्टू-सा घूमता हुआ हवा में ग़ायब हो जाएगा। जब मैं इस तरह की विकृत और बेतुकी उपमाओं में डूबा था, तभी मुझे अपने 'गाइड' महोदय के शब्द सुनाई दिये, "देखिए, अपने सिर से बादलों की टोपी उतारकर हैकला आपका स्वागत करने के लिए प्रस्तुत दिखाई देता है।"

हैकला...जिसके इर्द-गिर्द दुनिया-भर की अभिशप्त आत्माएँ रासलीला करती हैं!

क्या कोई अनुमान कर पाएगा कि चारों ओर बर्फ़ से ढके इस गोल पहाड़ के नीचे सदियों से ज्वालामुखी धधकता रहा है, बर्फ़ के नीचे अग्नि लपलपाती ज्वाला। अन्तिम बार हैकला का विस्फोटन सन् 1947 में हुआ था और पूरे एक वर्ष तक वह लावा उगलता रहा था। कहते हैं, विस्फोटन के समय उसके भीतर से राख़ और गैस एक लाख फ़ीट ऊँची मीनार की तरह आकाश चीरती हुई ऊपर उड़ी थी। किन्तु उस शाम, जब हम उसके पास से गुज़रे, कोई भी कहने लायक़ अनहोनी दुर्घटना नहीं हुई। सिमट आया था सिर्फ़ एक निर्भेद्य मौन। और उसके एकाकी, हिमाच्छादित शिखर पर उड़ रहे थे रुई के गालों-से छुई-मुई बादल। हम जीती-जागती अभिशप्त सैलानी आत्माओं के प्रति वह निपट उदासीन दिखाई देता था।

हमें पता नहीं चला, कब अचानक बारिश ने हमें पकड़ लिया। हम जो दिन-भर सूर्य के संग-संग यात्रा करते रहे थे, एकाएक घटाटोप आकाश-तले घिर-से गए। और तब हमारे 'गाइड' महोदय ने 'सनसनीखेज़' स्वर में घोषणा की—"ज़रा खिड़की के बाहर होके देखिए...मेरा ख़याल है, शायद बर्फ़ गिर रही है!" जून के महीने में बर्फ़! दिन-भर की इस विचित्र यात्रा के बाद हमारी तर्क-शक्ति इतनी शिथिल और मृतप्राय हो

चुकी थी, कि हम किसी भी चमत्कार पर विश्वास करने के लिए तत्पर थे। जब बर्फ़ के नीचे ज्वालामुखी वास कर सकता है, तो जून के महीने में बर्फ़ गिरे, इसमें आश्चर्य क्या?

किन्तु इससे पेश्तर कि हम खिड़की के बाहर सिर निकालकर किसी निश्चय पर पहुँच पाते, धूप दोबारा निकल आई थी। हमारी आँखें अनायास एक सूनी बस्ती के छोर पर उठ आईं। एक पक्की इमारत खड़ी थी, सीधी-सादी—लेकिन सब घरों से अलग। पास ही गरम पानी के चश्मे से सफ़ेद धुआँ उठ रहा था। इर्द-गिर्द ऊबड़-खाबड़ धरती थी और उसके परे हल्की धूप में झिलमिलाती बारिश में धुली पहाड़ियाँ। इन सबके बीच वह ऊँची, आधुनिक इमारत बीसवीं सदी की संस्कृति का अन्तिम अवशेष-सा जान पड़ती थी।

मालूम हुआ—विश्वविख्यात आइसलैंडी लेखक हालदॉर लैक्सनेस यहीं रहते हैं।

सोचता हूँ, बरसों पहले पढ़े 'इंडिपेंडेंट पीपुल' के पन्नों के बारे में, जिन्होंने पहली बार मेरा ध्यान इस अजाने देश की ओर आकर्षित किया था।

बस आगे बढ़ गई। बादलों की ओट से एक बहुत ही कोमल आलोक निचुड़ता हुआ बह रहा था। खुली हवा में बारिश की बूँदें अब भी टपक रही थीं...शाम की धूप में चमचमाती सूइयों-सी, सुनहरी गीली धरती को छेदती हुई...और आकाश, जून का आकाश जैसे इन सबके प्रति तटस्थ था...धूप और बारिश और हवा सबके प्रति उदासीन, न किसी से घिरा हुआ, न किसी को घेरता हुआ, सम्पूर्ण रूप से निर्वैयक्तिक और मुक्त—जो सिर्फ़ आइसलैंड का ही आकाश हो सकता है।

आइसलैंड के अतीत का कोई साक्षी नहीं—न ऐतिहासिक स्मारक, न पुराने गिरजे, एक खँडहर भी नहीं। यदि एक क्षण के लिए हम उसकी पांडुलिपियों को छोड़ दें, तो समूचा अतीत हाथों से छूट जाएगा। बावजूद

इसके कि रिक्याविक की नींव सैकड़ों वर्ष पुरानी है, आज वह यूरोप का सबसे नया और कम उम्रवाला नगर दिखाई देता है। निस्सन्देह शहर के हर कोने और चौराहे पर बहुत ही आधुनिक और आकर्षक मूर्तियाँ दिखाई दे जाती हैं, किन्तु उनका अतीत से उतना ही सम्बन्ध है, जितना आधुनिक आइसलैंडी कविता का 'एद्दा' से। रिक्याविक में अनेक नये गिरजों का निर्माण हो रहा है, और यह आपके लिए एक विरोधाभास बना रहेगा कि दुनिया के सबसे ग़ैरधार्मिक लोग गिरजों का निर्माण करने में सबसे गहरी दिलचस्पी लेते हैं।

जान पड़ता है, पुराने आइसलैंडियों को वास्तुकला में ज़्यादा दिलचस्पी नहीं थी, किन्तु इसके बावजूद रिक्याविक के राष्ट्रीय संग्रहालय में कुछ ऐसी मूर्तियाँ और कलात्मक अवशेष मिल जाते हैं, जिनसे पुराने आइसलैंडी गिरजों के गौरव का अनुमान लगाया जा सकता है। यह अपने में अत्यन्त दिलचस्प प्रश्न है कि ग्यारहवीं-बारहवीं शताब्दियों में यूरोप की रोमॅन्स्क और गोथिक कला ने उत्तरी देशों को किस सीमा तक प्रभावित किया; संग्रहालय में सुरक्षित सेंट पीटर की काष्ठ-मूर्ति की अनुपम भव्यता देखकर अचानक मेरा ध्यान इस समस्या की ओर आकृष्ट हुआ था। वैसे मेरे विचार में उत्तरी देशों के निवासियों की सुघड़ता और कलात्मक-बोध का परिचय उनके जहाज़ों, विशेषकर वाइकिंग-जहाज़ों, पर मंडित ड्रैगन-मस्तकों को देखकर मिलता है, उतना शायद किसी और चीज़ से नहीं। ये वाइकिंग-जहाज़ ओस्लो के विशेष म्यूज़ियम में सुरक्षित हैं। रिक्याविक के संग्रहालय में एक स्मरणीय चीज़ गिरजे का (1606 ई.) 'वेदी-द्वार' है, जो ह्वेल-मछली की हड्डी को काट-तराशकर निर्मित किया गया है। दरवाज़े के ऊपर-नीचे दो लम्बे 'पेनल' हैं, जिन पर बाइबिल कथाएँ चित्रित हैं और चार अलग-अलग कलात्मक स्तम्भ इन दोनों 'पेनल' को एक-दूसरे से जोड़ते हैं।

सीमित साधनों और भौगोलिक अलगाव के बावजूद आइसलैंडियों

का मूर्ति-कला के प्रति जो लगाव रहा है वह विस्मयकारी है। रिक्याविक में उन्नीसवीं शताब्दी के मूर्तिकार आइनर योहोन्सोन की कृतियों का एक अलग संग्रहालय है और यद्यपि उनकी अत्यधिक रोमैंटिक शैली मुझे अधिक रुचिकर नहीं जान पड़ी, उनकी मूर्तियों में उत्तरी देशों की पौराणिक गाथाओं का अद्‌भुत चित्रण मिलता है। आज भी 'प्लास्टिक' कलाओं के क्षेत्र में मूर्ति-कला जिस हद तक आइसलैंड का प्रतिनिधित्व करती है, उतनी शायद चित्रकला नहीं (वैसे यह मेरी निजी राय है, मेरे आइसलैंडी मित्र शायद इससे सहमत नहीं होंगे)। आधुनिक आइसलैंडी चित्रकार इतने 'आधुनिक' हैं कि उन्हें खोजने के लिए आइसलैंड जाना आवश्यक नहीं (सिर्फ़ कियरवाल को छोड़कर, जिन्हें आइसलैंड के बाहर खोजना असम्भव है) किन्तु आइसलैंडी मूर्तिकला का अपना विशिष्ट व्यक्तित्व है—आइसलैंडी साहित्य की मानिन्द—और उसकी उपेक्षा करना असम्भव है।

इन पंक्तियों को लिखते समय मुझे बरबस आधुनिक आइसलैंडी मूर्तिकार आस्मुन्दुर स्वेनसॉन का ध्यान हो आता है। मुझे उनके घर में ही उनसे मिलने का अवसर मिला था। उनसे भेंट करने के पूर्व रिक्याविक के चौराहों और वाटिकाओं में उनकी मूर्तियों को विस्मय और कौतूहल से देख चुका था। शायद मेरी उत्सुकता को भाँपकर ही मेरे मित्र थोर्गियेर ने मुझे उनसे मिलाने की ज़िम्मेदारी ले ली थी।

दूर से ही उनका घर पहचान लिया जा सकता है। समुद्र के किनारे पर एक साफ़-सुथरे ढंग की वास्तुकला का नमूना। बाद में पता चला कि उन्होंने स्वयं अपने हाथों से अपने इस घर को बनाया था। सामने छोटी-सी वाटिका थी, जहाँ अलग-अलग कोनों में उनकी मूर्तियाँ खड़ी थीं। भीतर घुसते ही आभास होता था मानो हम किसी 'ओपन-एयर' प्रदर्शनी में चले आए हों।

घर से सटा उनका स्टूडियो है—यदि एक लम्बे बैरकनुमा तहख़ाने

को स्टूडियो का नाम दिया जा सके। जब हम उनके पास पहुँचे, तो वह छेनी और हथौड़ा लिये एक अधूरी मूर्ति पर झुके थे। एक क्षण के लिए मेरी आँखें उनके हाथों पर टिक गईं—चौड़े और खुरदरे, एक किसान के हाथों की तरह पुराने और अनुभवपूर्ण। हमारी आहट सुनकर उन्होंने सिर उठाया—एक बहुत ही भोला और कौतूहलपूर्ण चेहरा हमारी ओर देखता हुआ मुस्करा रहा था, मानो हम भी (मेरे संग थोर्गियेर भी थे) आसपास बिखरी उनकी मूर्तियों के ही हिस्से हों!

उनकी पत्नी ने हमारा उनसे परिचय करवाया। पहले वह कुछ झिझके, मानो समझ न पा रहे हों, हमसे क्या बातचीत की जाए। फिर सहसा जैसे उन्हें हमारे आने का उद्‌देश्य समझ में आ गया हो। उन्होंने अपने स्टूडियो में रखी मूर्तियों पर एक नज़र डाली, कुछ वैसे ही जैसे एक सफल निर्देशक अपने 'ऑरकेस्ट्रा' को देखता हो, फिर चुपचाप हमें हाल में किया हुआ काम दिखाने लगे।

इस जगह विस्तार से उनके काम की चर्चा करना असम्भव है। किन्तु इस क्षेत्र में उनके कुछ प्रयोग मुझे अत्यन्त दिलचस्प और असाधारण जान पड़े। पश्चिमी यूरोप के आधुनिक मूर्तिकारों की 'एब्स्ट्रैक्ट' कला से उनकी कृतियों का—'एब्स्ट्रैक्ट' होने के बावजूद—कहीं मेल नहीं बैठता था। समूचा स्टूडियो जैसे अनेक जीवन्त बिम्बों का अपने में एक सम्पूर्ण और अर्थपूर्ण जगत् था। उनकी कृतियों में मुझे अजीब-सी 'आवेगपूर्ण शान्ति' की उपलब्धि हुई। एक कलात्मक अनुभूति की सम्पूर्णता नहीं—जो हम अधिकतर पश्चिम के आधुनिक कलाकारों में पाते हैं बल्कि सम्पूर्णता की अनुभूति का कलात्मक आग्रह, जो अमूर्त और आकृति, दोनों में केवल सही विधान को खोजता है। 'मेरी अपनी इमेज' उन्होंने बाद में हमसे कहा, "एक बहुत ही 'एब्स्ट्रैक्ट' अनुभूति से आरम्भ हो सकती है, किन्तु उसकी परिणति एक रूपायित आकृति में नहीं होगी, यह मैं कैसे कह सकता हूँ। उसी तरह जैसे कभी-कभी एक

बहुत जानी-पहचानी वस्तु की अभिव्यक्ति एक बहुत ही अमूर्त विधान में ही हो सकेगी, इसकी पूर्व धारणा शुरू में नहीं हो पाती।"

अपनी एक 'एब्स्ट्रैक्ट' मूर्ति 'विद्युत' के सामने खड़े होकर उन्होंने हमसे कहा, "कुछ वर्ष पहले जब हमारे इलाक़े में बिजली पहले-पहल आई, तो ख़ुशी की झोंक में मैंने इसे बनाना शुरू किया था।"

शब्द बहुत साधारण है किन्तु स्वेनसॉन की समूची कला का रहस्य शायद इनमें छिपा है।

बाद में काफ़ी देर तक आधुनिक कला के सम्बन्ध में चर्चा होती रही। उन्होंने बताया कि सन् '30 के आसपास वह कला-अध्ययन के लिए फ्रांस गए थे। उनकी मूर्तियों की प्रदर्शनियाँ स्कैंडेनेविया के लगभग सब देशों में हो चुकी हैं। आजकल आइसलैंडी सरकार उनके सम्बन्ध में एक फ़िल्म बनाने की योजना पर विचार कर रही है, जिसमें उनके कलाविकास के विभिन्न चरणों को चित्रित किया जाएगा।

अपनी कला के पीछे उनका कोई विशेष सिद्धान्त रहा हो, याद नहीं पड़ता। उम्र शायद साठ से ऊपर थी, किन्तु नये प्रयोगों की दृष्टि से वह आइसलैंडी के सबसे युवा कलाकार जान पड़ते थे। आधुनिकता उनके लिए इस उम्र में भी वैसे ही सहज और अनिवार्य थी, जैसे हवा में साँस लेना। "लोग मेरे स्टूडियो में आते हैं। अकसर मेरी तथाकथित अमूर्त मूर्तियों को देखकर उन्हें परेशानी महसूस होती है। मैं उन्हें क्या कहूँ? चुप रहना ही बेहतर है, वे मुझे अत्याधुनिक समझते हैं और मैं हूँ, जो आज तक 'आधुनिकता' का अर्थ नहीं समझ पाया। मैं अपने को सिर्फ़ 'तकनीकी युग का कलाकार मानता हूँ'।" वह कुछ देर तक अपने ख़यालों में खोए रहे, फिर अचानक हँसकर बोले, "यही लोग जो मेरे स्टूडियो में अमूर्त मूर्तियों को देखकर नाराज़ होते हैं, जाने से पहले मुझसे पूछते हैं, क्या मैं टेलीफ़ोन करके उनके लिए टैक्सी मँगवा सकता हूँ! मुझे काफ़ी दिक़्क़त महसूस होती है—लेकिन उतनी नहीं, जितनी उन्हें

मेरी कला समझने में। आख़ीर दोनों ही तो—टेलीफ़ोन और मेरी मूर्तियाँ तकनीकी-युग की उपज हैं। क्यों उन्हें एक की ज़रूरत महसूस होती है और दूसरे की नहीं?"

उनसे बिदा लेने के बाद भी देर तक मुझे उनका अन्तिम वाक्य याद आता रहा। उन्होंने आधुनिक कला के सौन्दर्य या सन्तुलन या सिद्धान्तों की मीमांसा नहीं की, सिर्फ़ उसकी 'ज़रूरत' पर ज़ोर दिया था। और इन अज्ञात आइसलैंडी कलाकार से मिलने के बाद मुझे महसूस हुआ कि आधुनिकता—यदि वह सिर्फ़ एक ख़ाली शब्द नहीं, आसपास की हर चीज़ को ऐसे अन्दाज़ से देखने और परखने की क्रिया है, जो हमसे पहले किसी भी पीढ़ी के पास नहीं था—सिर्फ़ 'देखना-परखना' ही काफ़ी नहीं, उसके लिए एक बिलकुल नये सिरे से जीना ज़रूरी है—एक ऐसे स्तर पर, जहाँ हर निगाह एक खोज है और हर खोज अपने में एक छोटी-सी 'साहसिकता'।

पिकासो का एक वाक्य याद आता है—जो कलाकार आईने में देखे बिना अपनी स्वयं की तसवीर नहीं बना सकता, वह भला आईने में देखकर ही अपनी स्वयं की तसवीर बना सकेगा, इसकी क्या गारंटी है? 'आधुनिकता' पर यही चीज़ बहुत ठीक उतरती है—जो व्यक्ति कला के आईने से बाहर आधुनिकता को नहीं पहचान पाता, वह उसके भीतर उसे परख सकेगा, मुझे इसमें सन्देह है।

शायद यह कोई बहुत नई बात नहीं, किन्तु आइसलैंड के इस वृद्ध मूर्तिकार से मिलने से पूर्व मैंने इस तथ्य को कभी इतनी ईमानदारी से महसूस नहीं किया था।

कोपनहेगन की एक 'पब' में मैंने आइसलैंडी शराब को एक ऐसी विचित्र बोतल में बिकते देखा था, जिसकी शक्ल एक किताब की तरह थी—उस किताबनुमा बोतल पर चिपके लेबल पर लिखा था—स्पिरिट ऑव आइसलैंड।

आइसलैंड की आत्मा का बेहतर प्रतीक शायद और कहीं ढूँढ़ पाना असम्भव है।

और यह इसलिए नहीं कि इस देश में शराब के बाद सबसे ज़्यादा माँग पुस्तकों की है, न इसलिए ही कि जनसंख्या के अनुपात में (रिक्याविक की आबादी सिर्फ़ 75,000 है) यूरोप के अन्य देशों की अपेक्षा यहाँ सबसे ज़्यादा पत्रिकाएँ और पुस्तकें छपती हैं। इन आँकड़ों पर हम यदि एक क्षण के लिए ध्यान न भी दें, तो भी एक साधारण आइसलैंडी के मन में 'लिखे शब्द' के प्रति जो सहज श्रद्धा का भाव है, वह एक विदेशी के लिए हमेशा विस्मय की चीज़ रहा है। साहित्य के प्रति यह लगाव केवल बुद्धिजीवियों तक ही सीमित नहीं है, एक इंजीनियर से लेकर मछली पकड़नेवाले बूढ़े तक अपने देश के हर लेखक और कवि के भूत और भविष्य में कुछ इस तरह दिलचस्पी लेते हैं, जितना हमारे देश के युवक-युवतियाँ फ़िल्मी सितारों की ज़िन्दगी में।

उन दिनों जब मैं आइसलैंड में था, पुस्तकों की पांडुलिपियों को डेनमार्क से वापिस लौटाने के प्रश्न ने इन शान्तिप्रिय लोगों को काफ़ी व्यग्र और उत्तेजित कर रखा था। राजनीति के अलावा महज़ शुद्ध साहित्य और पुस्तकों के प्रश्न को लेकर भी सड़कों और चौराहों पर प्रदर्शन और विरोध-सभाएँ हो सकती हैं, यूरोप में इसका अनुभव पहली बार हुआ। यदि किसी आइसलैंडी को, जो स्वभावतः अत्यन्त विनम्र और धैर्यशील होता है, मैंने कभी उत्तेजित होते देखा, तो सिर्फ़ उस प्रश्न पर।

कोपनहेगन के संग्रहालय में मुझे हज़ारों वर्ष पुराने सागा-ग्रन्थों की इन पांडुलिपियों को देखने और छूने का सौभाग्य मिला था।[1] यूरोप की इतनी छोटी जाति विश्व का इतना महान् साहित्य—जो बीथोवन के संगीत और शेक्सपियर के नाटकों की ही तरह शाश्वत है—का सृजन

1. जिसके लिए मैं भी लैक्सनेस का आभारी हूँ।

कर सकेगी, यह प्रश्न आज भी अनेक लोगों के लिए रहस्य बना है। "जब आपके प्रधानमंत्री ने मुझसे यह प्रश्न पूछा, तो सिर्फ़ हँसने के अलावा मैं कोई उत्तर नहीं दे सका।" लैक्सनेस ने बातचीत के दौरान यह मुझे बताया था।

साहित्य की इन अमूल्य निधियों के रचयिता अज्ञात हैं—आज तक इनके लेखकों का नाम मालूम नहीं हो सका है। ग़रीब किसानों ने (बारहवीं-तेरहवीं शताब्दी में) इन्हें अपने झोंपड़ों में बैठकर लिखा था। पीढ़ी-दर पीढ़ी सर्दी की लम्बी शामों में इन्हें पढ़ा और सुना जाता था। दरअसल सागा-ग्रन्थों की शैली कुछ ऐसी है, जिसका पूरा रसास्वादन चुपचाप अकेले पढ़ने की अपेक्षा बहुत लोगों के बीच बैठकर सुनने में अधिक मिलता है। पुराने समय में सागा-पाठ अतिथि-सत्कार का मुख्य अंग माना जाता था। खाना-पीना समाप्त कर लेने के उपरान्त गृहस्वामी बड़े आदर से अतिथि को अपने पुस्तकालय में ले जाता था और फिर बहुत विनम्र भाव से पूछता था, "आप कौन-सा सागा सुनना पसन्द करेंगे?" इस जगह मैं एक आइसलैंडी भिक्षु का कथन उद्धृत करने का लोभ संवरण नहीं कर पा रहा, जो उसने 'सागा-पाठ' की प्रशंसा में सदियों पहले लिखा था—

"सागा-ग्रन्थों को पढ़ने से घड़ी-दो-घड़ी मन बहलाया जा सकता है, जबकि अन्य मनोरंजनों की व्यवस्था करना काफ़ी कठिन है। कुछ बहुत महँगे हैं और कुछ ऐसे हैं, जिनका पूरा लुत्फ़ बहुत-से लोगों के योग बिना नहीं उठाया जा सकता। कुछ केवल बहुत कम समय के लिए और बहुत कम लोगों को उपलब्ध हो सकते हैं और कुछ ऐसे हैं, जिनके संग प्राणों पर ख़तरा बना रहता है। किन्तु सागा या कविता का आनन्द बिना किसी ख़र्च या ख़तरे के उठाया जा सकता है। सिर्फ़ एक व्यक्ति कम-से-कम अथवा ज़्यादा-से-ज़्यादा लोगों का मनोरंजन कर सकता है। बड़ी बात यह है कि इसका आनन्द किसी भी समय प्राप्त

किया जा सकता है, रात हो या दिन, प्रकाश हो या अँधेरा।"

मुझे एक और दिन स्मरण हो आता है। रिक्याविक के एक प्रोफ़ेसर मित्र की गाड़ी में हम आइसलैंड के पश्चिमी भाग की यात्रा कर रहे थे। शाम घिरने पर हमें कॉफ़ी पीने की इच्छा हुई, किन्तु दूर-दूर तक ऊसर धरती और सूनी पहाड़ियों के अलावा कुछ भी दिखाई नहीं देता था। हमारे प्रोफ़ेसर मित्र ने अचानक गाड़ी एक छोटी-सी झोंपड़ीनुमा 'कॉटेज' के सामने रोक दी। इन वीरान के बीच कोई जीवित आत्मा वास कर सकती है, विश्वास नहीं हुआ। "आपको यहाँ कॉफ़ी ही नहीं, केक भी मिलेंगे।" उन्होंने मुस्कराते हुए कहा। मालूम हुआ, इस झोंपड़ी में उनके एक रिश्तेदार रहते हैं, अपने परिवार सहित [खिए, क्या मैंने झूठ कहा था, हर आइसलैंडी को कहीं-न-कहीं अपना रिश्तेदार ज़रूर मिल जाता है।] भेड़ें पालना और थोड़ी-बहुत खेती-बारी करना—यही उनके रिश्तेदारों का धन्धा था।

सभ्यता से कोसों दूर, निपट अकेलेपन में, कोई परिवार जीवनयापन कर सकता है, यह कम आश्चर्य की बात नहीं थी। किन्तु असली विस्मय तो उस झोंपड़ी में पाँव रखने के बाद हुआ। एक क्षण के लिए भ्रम हुआ मानो हम किसी 'मेट्रोपॉलिटन' नगर के एक अत्यन्त सुसंस्कृत 'बुद्धिजीवी' के घर आ पहुँचे हैं। पहला कमरा पुस्तकों से ठसाठस भरा था। बैठक में कुछ और पुस्तकें थीं। (जो शायद पहले कमरे में नहीं समा पाई थीं) और दीवार पर दिखाई दीं, अत्यन्त सुरुचिसम्पन्न आधुनिक चित्रों की अनुकृतियाँ।

स्मरण रहे, यह एक बहुत ही साधारण किसान का घर था।

कुछ देर बाद एक वृद्धा हमारे लिए कॉफ़ी और केक लाईं। परिचय हुआ। यह जानकर कि मैं भारतीय हूँ, उनकी आँखें सहसा चमक उठीं। कॉफ़ी का प्याला मेज़ पर ही छोड़कर वह एक छोटी-सी लड़की की तरह भागती हुई पहले कमरे में गईं और अपने संग एक बहुत पुरानी

किताब—जिसकी जिल्द बिलकुल ज़र्द और भुरभुरी हो चुकी थी—ले आईं। "यह मेरी बहुत प्रिय पुस्तक है। कभी एक भारतीय को आँखों से देखने का अवसर मिलेगा, मैंने कभी स्वप्न में भी नहीं सोचा था।"

पुस्तक आइसलैंडी भाषा में थी, 'श्रद्धांजलि' का अनुवाद।

कुछ देर बाद उनके पति खेत से लौटे। एक बहुत ही पका हुआ, झुर्रियों-भरा किसान का चेहरा। बेहद हँसमुख और विनोद-प्रिय। हाथ मिलाया। श्रम और मिट्टी की गन्ध में लिपटा अ-बुद्धिजीवी हाथ।

देर तक मैं उस हाथ और अलमारी में चुनी हुई किताबों को देखता रहा।

और तब अनायास याद हो आई एक और रात, जो मैंने मध्य फ्रांस के एक किसान परिवार में गुज़ारी थी। कितना भारी अन्तर था इन दो ग्रामीण परिवारों में! पेरिस की मेट्रोपॉलिटन संस्कृति से सब परिचित हैं, किन्तु पेरिस से सौ-दो सौ मील की दूरी पर एक ग्रामीण परिवार संस्कृति से इतना अछूता रह सकता है, यह कितने लोग जानते हैं?

और मेरे लिए यह एक महत्त्वपूर्ण अन्तर है—आइसलैंड और यूरोप के अन्य 'संस्कृति-सम्पन्न' देशों में। आइसलैंड में (और कदाचित् न्यूनाधिक मात्रा में, अन्य स्कैंडेनेवियाई देशों में भी) संस्कृति का अर्थ ही 'लोक-संस्कृति' है—दैनिक रहन-सहन में सहज रूप से रची हुई मेहँदी की मानिन्द। किसी भी समय वह किसी वर्ग-विशेष की सम्पत्ति नहीं रहा और सबसे बड़ी बात यह कि किताबों की अलमारी और आधुनिक चित्र महज़ घर के 'फ़र्नीचर' का अंग न होकर अपने में स्वतंत्र 'स्वान्तःसुखाय' वस्तुएँ भी हो सकती हैं, किसान के घर में उतनी ही अनिवार्य जितनी एक शहरी 'बुद्धिजीवी' के 'फ़्लैट' में।

यात्रा के दिन शेष हो चले हैं।

उत्तर जाने की साध मन में दबाए मैं 'ईगल्स-हिल' की घास पर लेटा रहता हूँ। भारतीय 'रोप-ट्रिक' की विद्या आती तो रिक्याविक की

सड़कों पर पैसे बटोरकर सीधा आकुईरेरी की ओर भाग खड़ा होता और उसके परे ग्रीनलैंड भी। उम्र नहीं रही 'हिच-हाइकिंग' करने की, वरना छाती पर 'इंडियन' की तख़्ती लटकाकर बीच चौराहे में खड़ा होने से ऐसा कौन संगदिल होगा जो 'लिफ़्ट' नहीं देगा!

और सामने समुद्र है, कविता की लय की तरह रिक्याविक से जुड़ा हुआ—जो है, इसलिए कोई ध्यान नहीं देता, किन्तु जिसका न होना ध्यान के परे है...ईगल्स-हिल...रफ़्ता-रफ़्ता रात झुक आती है।

सफ़ेद रातों में शराबियों की डगमगाती छायाएँ। सामने बन्दरगाह है। देर रात तक नाविकों के पियक्कड़ गानों की आवाज़ हवा में तिरती आती है।

रिक्याविक की हवा में...और मध्यरात्रि की धूप। नीचे, पहाड़ी के नीचे 'स्कोल गाथा' है—रिक्याविक की बेला रोड। सिर्फ़ जमुना की जगह समुद्र ने घेर ली है। हममें कुछ हैं कि हर नगर में अपना नगर खोज लेते हैं।

चेहरे, शहर, नाम।

दूर, मध्यरात्रि के ख़ामोश उजलेपन में एक कटे-फटे किनारेवाला परदा लटक आया है, 'एशिया' पहाड़। अजीब नाम है। पहाड़ के नीचे समुद्र की लहरें उठती हैं, सफ़ेद रात में मदमस्त साँपों-सी अपने फ़न को बार-बार चट्टानों से टकराती हुईं, और फिर लौट आती हैं—पुरानी स्मृतियों की तरह।

नाम, चेहरे...

किसी पुराने चर्च की झुकी छत, दीवार पर दगे गोलियों के निशान, या फिर किसी पहचाने परिन्दे की फड़फड़ाहट, या यह भी नहीं, सिर्फ़ यात्रा का एक सिलसिला...

'ईगल्स-हिल' की घास पर मैं लेटा रहता हूँ।

चीड़ों पर चाँदनी

लिदीत्से : एक संस्मरण

वह भी एक दिन था, जब सिर्फ़ नाम सुना था।

स्कूल से लौटते हुए अचानक पाँव एक पोस्टर के सामने रुक गए थे। पोस्टर कुछ अजीब, अलग-सा रहा होगा—तभी बरसों बाद उसकी धुँधली याद आज भी बसी है। काग़ज़ का एक कोना दीवार से उखड़ गया था और बार-बार हवा में फड़फड़ा उठता था। दूसरे कोने पर लाल स्याही में लिखा था—लिदीत्से विल लिव।

उन दिनों में मैं बहुत छोटा था—स्कूल का एक छात्र। नक़्शे पर चेकोस्लोवाकिया का नाम देखकर जो दो-तीन नाम बरबस आँखों के सामने घूम जाते थे—वे थे मासारिक, कॉरेल चैपेक और अख़बार की एक तसवीर—प्राग की सड़कों पर मार्च करते हुए जर्मन सैनिक। उस दिन गली के चौराहे पर पोस्टर के सामने खड़ा-खड़ा मैं कुछ चकित-सा हो आया था—यह एक नया नाम था, लिदीत्से!

घर लौटकर मैंने अपनी पुरानी एटलस खोली और चेकोस्लोवाकिया

के नक़्शे पर उत्सुकता से ढूँढ़ने लगा, अपने इस नये शहर का नाम। किन्तु सिर्फ़ निराशा हाथ लगी। कहीं भी नाम न था। तब नहीं मालूम था कि नक़्शे पर इन गाँवों, बस्तियों के नाम नहीं होते, जहाँ मुश्किल से सौ-दो सौ आदमी रहते हैं।

इतना ही छोटा-सा क़स्बा था—लिदीत्से।

मैंने खिन्न-भाव से एटलस बन्द कर दी। किन्तु फिर भी मैं भूल नहीं सका। उस रात सोने से पहले वह पोस्टर देर तक मन के एक कोने पर फड़फड़ाता रहा लाल स्याही में टेढ़े-मेढ़े अक्षर—लिदीत्से विल लिव!

बीच में कितने दिन बीत गए!

फिर यह भी एक दिन है। मैं अपनी आँखों से उस अजीब गाँव को देख आया हूँ, जिसका नाम उस दिन नक़्शे पर नहीं मिला था।

हम अभी-अभी अपनी बस से नीचे उतरे हैं। यूरोप के अलग-अलग देशों के युवक-युवतियाँ संग हैं—इटली, जर्मनी, रूस, फ्रांस—सब स्लाव भाषाओं के छात्र! पिछले चन्द दिनों से हम एक ही होस्टल में रह रहे हैं—एक-दूसरे को धीरे-धीरे पहचानने लगे हैं। हमारे संग फिलॉलॉजिकल फ़ैकल्टी के डीन भी हैं—डॉ. फ्रीड।

अकसर सोचता हूँ, कौन-सा सही तरीक़ा है, किसी देश के जातीय गुण जानने का! शायद बहुत छोटी-छोटी बातों से—जिनका कोई विशेष महत्त्व नहीं है, जिन्हें बहुत आसानी से नज़रअन्दाज़ किया जा सकता है। किन्तु इन्हीं नगण्य घटनाओं के बीच कुछ मूक, अदृश्य संकेत मिल जाते हैं। चेक लोगों के संग रहते अरसा हो आया—बीयर-पब्ज़ में शराब पीते हुए, साहित्यिक मसलों पर बहस करते हुए, उन्हें अलग-अलग पहलुओं से देखने का अवसर मिला है। किन्तु आज भी जब कोई मुझसे उनके सम्बन्ध में मेरी राय पूछता है, तो अनायास मुझे वह दिन याद आ जाता है।

पहले हमेशा यही होता था। जब कभी हम कोई स्थान या स्मारक

देखने जाते थे, डॉ. फ्रीड हमें बस में ही उस स्थान का ऐतिहासिक अथवा कलात्मक महत्त्व समझा देते थे। किन्तु न जाने क्यों इस बार ऐसा कुछ नहीं हुआ। हमारी बस लिदीत्से के पास पहुँच गई है, किन्तु डॉ. फ्रीड वैसे ही कुछ आगे की सीट पर बैठे हैं। इन्होंने लिदीत्से के सम्बन्ध में हमसे एक शब्द भी नहीं कहा।

वैसे कहने को बहुत कहा था। जिस क़स्बे को नात्सियों ने रात की चन्द घड़ियों में ही राख और ईंटों के ढेर में बदल डाला था, जिसके विनाश की ख़बर बिजली-सी दुनिया के हर कोने में फैल गई थी, उसके सम्बन्ध में कुछ भी कहने के लिए शब्दों की कमी नहीं है। यूरोप का कोई अन्य देश होता तो शायद हम एक जोशीला, फ़ासिस्ट-विरोधी भाषण सुनते। किन्तु डॉ. फ्रीड गुमसुम, अपनी खोई-सी अधमुँदी आँखों से बस की खिड़की के बाहर देखते रहे।

बाद में महसूस हुआ, उनका मौन कितना सही था—एक दृष्टि से वह इस मरी हुई बस्ती के मौन का ही प्रतीक था। जो कुछ उस दिन हमने देखा, अपने में ही अपने लिए जो अर्थ ग्रहण किया, उसे किसी भी राजनीतिक टिप्पणी में व्यक्त करना असम्भव है।

यह मुझे आज भी महसूस हो रहा है, जब मैं यह सबकुछ लिख रहा हूँ।

सामने छोटी-सी घाटी फैली है। बीच में ऊबड़-खाबड़ ज़मीन और मिट्टी के ढूह हैं। कहीं-कहीं समतल धरती पर घास के टुकड़े दिखाई दे जाते हैं। दूर छोर पर छोटी-छोटी पहाड़ियाँ अगस्त की नरम धूप में ढकी हैं। एक घनी विचित्र-सी शान्ति चारों ओर फैली है। कभी-कभी हवा चलने से मिट्टी उड़ने लगती है, पेड़ों के पत्ते चुपचाप सरसरा उठते हैं।

लगता है, धरती का यह अंश सदियों से इसी तरह धूप में अलसाया, उनींदा-सा सो रहा है...

इसी घाटी की गोद में लिदीत्से का गाँव है—या कहें, कभी था। आज वह नहीं है।

जो बचा रह गया है, वह नहीं है, जो हमेशा से था—संस्कृति से पहले, फ़ासिज़्म से पहले, धूप में झिलमिलाते पुराने पत्थर, हवा में काँपती घास, उनींदी-सी पहाड़ियाँ।

क्षण-भर के लिए विश्वास नहीं होता कि किसी ऐसे ही दिन, ऐसी ही शान्त घड़ी में, यह ख़ामोश घाटी, घाटी के ऊपर सिमटा लिदीत्से का नीला आकाश, फ़ौजी बूटों और बन्दूक़ों के बीच घिर गया होगा।

10 जून, 1942...उस दिन प्राग से कुछ मिलिटरी-ट्रकें लिदीत्से आई थीं। यह गाँव प्राग से ज़्यादा दूर नहीं है—मुश्किल से बीस-पचीस मील के फ़ासले पर। कुछ दिन पहले एक बड़े जर्मन अफ़सर को किसी ने गोली से मार डाला था—चारों ओर तनाव और आतंक का वातावरण दूषित हवा-सा फैलने लगा था। चेकोस्लोवाकिया के हर शहर और गाँव में इश्तिहार चिपकाए गए थे कि जो कोई 'हत्यारे' का अता-पता सरकार को देगा, उसे दस हज़ार क्राउन इनाम में दिये जाएँगे। किन्तु बहुत छानबीन, तलाशियों और धमकियों के बावजूद फ़ासिस्ट हत्या के सम्बन्ध में कोई ठोस सबूत हासिल नहीं कर सके।

तब सन्देह हुआ लिदीत्से पर।

फ़ैक्टरी-मज़दूरों का यह गाँव था—औरतें खेतों में काम करती थीं, आदमी क्लादनोव और प्राग के कारख़ानों में काम करने जाते थे—सुबह जाते थे, दिन ढलते वापिस लौट आते थे।

बहुत साधारण-सा गाँव, बहुत साधारण-से लोग। आश्चर्य नहीं कि उस दिन मुझे अपनी स्कूल-एटलस में उसका नाम नहीं मिला था। दुनिया की बात अलग रही, चेकोस्लोवाकिया में ही कितने लोग थे, जो उन दिनों लिदीत्से के बारे में कुछ भी नहीं जानते थे।

धीरे-धीरे यह सन्देह पक्का होता गया कि 'हत्यारा' लिदीत्से में ही

कहीं छिपा है। किन्तु गेस्टापो-पुलिस न उसे पहचानती थी, न यह जानती थी, कि उसने किस घर में आश्रय लिया है। लिदीत्से के हर व्यक्ति से—बूढ़े से लेकर बच्चे तक से—पूछताछ की गई, डराया-धमकाया गया; किन्तु सबका एक ही उत्तर था—वे कुछ भी नहीं जानते।

किन्तु यह सच नहीं था, और फ़ासिस्ट अच्छी तरह जानते थे कि यह सच नहीं है। वे सिर्फ़ यह नहीं जानते थे कि 'सत्य' और सत्य में भी अन्तर हो सकता है। लिदीत्से के साधारण लोगों का सत्य उनके सत्य से बिलकुल अलग था।

यह एक विकट समस्या थी...किन्तु समस्या का समाधान बहुत सरल ढंग से किया गया। यदि लिदीत्से के हर बालिग व्यक्ति को—जो सोलह वर्ष से ऊपर है—ख़त्म कर दिया जाए, तो वह 'हत्यारा' भी, जो उनके बीच में कहीं छिपा था, जीवित नहीं रह सकेगा।

"आनेवाली पीढ़ियाँ कभी नहीं जानेंगी कि इस धरती पर किसी ऐसे गाँव का अस्तित्व था, जिसने जर्मन राज्य के शत्रु को आश्रय दिया था।" यह जर्मन हाई-कमांड के एक घोषणा-पत्र की कुछ पंक्तियाँ हैं। आज भी यह घोषणा-पत्र लिदीत्से के म्यूज़ियम में सुरक्षित है।

10 जून, 1942...उस दिन प्राग से कुछ मिलिटरी-ट्रकें लिदीत्से आई थीं। वह छुट्टी का दिन था—ऐसा ही शान्तिमय दिन, जैसा आज है। ट्रकों की आवाज़ से वह उनींदा गाँव सहसा चौंक-सा उठा। बच्चे खिड़कियों से बाहर झाँकने लगे।

पलक मारते ही सारी बस्ती जर्मन सिपाहियों से घिर गई।

कहते हैं उस रात दूर-दूर से जलते हुए लिदीत्से की लपटें दिखाई देती थीं।

वह अन्तिम दिन था...

किन्तु आज जब हम अपनी बस से बाहर आए, हमें देखनेवाला कोई नहीं था। घाटी अब भी है, और आकाश है, और धूप वैसी ही

नरम और नशीली जैसे अठारह वर्ष पहले उस दिन रही होगी। क्या यह सचमुच सच है कि इस क्षण हम अकेले हैं, कि हमें देखनेवाला कोई भी नहीं? लगता है, इस सूनी घाटी में, मरे हुए गाँव के बीच, अब भी कुछ शेष रह गया है, जो अब भी जीता है, जो इस क्षण भी हमें देख रहा है, किन्तु जिसे हम नहीं देख पाते।

जो देख पाते हैं, वह है सिर्फ़ टूटी दीवारों का मलबा, जली हुई ईंटों का ढेर, सूने ख़ामोश पत्थर। चलते-चलते अचानक पाँव मलबे के ढेर के सामने रुक गए। एक छोटा-सा बोर्ड दिखाई दिया—प्राइमरी स्कूल। पहली बार उस दिन डॉ. फ्रीड का स्वर सुनाई दिया। "स्कूल के सारे बच्चों को जर्मनी के विभिन्न कॉन्सनट्रेशन-कैम्पों में भेज दिया गया था...इनमें से अनेक ऐसे हैं जिनका पता आज तक नहीं लग सका। और यह... " डॉ. फ्रीड क्षण-भर के लिए रुके, फिर धीरे-से कहा, "यह स्कूल की इमारत है...वेल, ऐज़ यू सी, इट इज़ ऑल दैट इज़ लेफ़्ट ऑव इट।"

स्कूल से आगे एक छोटी-सी पगडंडी खेतों के बीच ऊपर की ओर चली गई है। हल्की-सी चढ़ाई पार करते ही दूर-दूर तक लीपा और बर्बा के पेड़ दिखाई देते हैं—घने और छायादार। यहीं अन्तिम सिरे पर कभी गाँव का चर्च था, जिसका अब कोई चिह्न शेष नहीं रह गया है। किन्तु गिरजे का चर्चयार्ड अब भी है—चारों ओर टूटे, पुराने लकड़ी के जँगले से घिरा हुआ। जब कभी हवा चलती है, पेड़ों के पत्ते एक क़ब्र से उड़कर दूसरी क़ब्र पर जा लुढ़कते हैं। टूटे चर्च के ख़ामोश पत्थर और वर्षों पुरानी क़ब्रें—दोनों ही एक-दूसरे के पास आ सिमटे हैं, दोनों के ही बीच एक अजीब-सी समानता है। अब यहाँ कोई नहीं आता, सिवाय उस सूनी, सँकरी पगडंडी के, जो आज भी पुरानी परम्परा का पालन करती हुई, खेतों के बीच रास्ता बनाती, गाँव की स्मृतियों को सिमिट्री तक पहुँचा लाती है।

कुछ आगे चलकर हमारी आँखें तनिक आश्चर्य से एक छोटी-सी इमारत पर टिक गईं। इस उजड़ी वीरान बस्ती में, जहाँ हर छोटे-बड़े घर को चुन-चुनकर नष्ट कर दिया गया है, दीवारों और छत से घिरी एक पूरी साबुत इमारत को देख पाना सचमुच एक आश्चर्यजनक घटना थी। पास आने पर पता चला कि यह लिदीत्से म्यूज़ियम है, जिसे युद्ध के बाद निर्मित किया गया था। लिदीत्से की हर छोटी-बड़ी चीज़, जो बाक़ी रह गई थी, जिसे देखकर हम उन दिनों की कल्पना कर पाते हैं, जब इस बस्ती पर फ़ासिज़्म की छाया नहीं पड़ी थी, इस म्यूज़ियम में संगृहीत है। बच्चों के पैराम्बुलेटर और अधजली गुड़ियाएँ, खिड़कियों के झीने परदे, शराब की बोतल, शेव का सामान...एक रेशमी स्कार्फ़! दूसरे कोने में एक फ़ोटो टँगी है—बच्चों की उत्सुक हँसती आँखें हमें देख रही हैं। लिदीत्से के छात्र-छात्राओं की यह अन्तिम फ़ोटो है। कॉन्सनट्रेशन कैम्पों में भेजे जाने से कुछ महीने पहले नये वर्ष पर लिया गया था। पीछे की ओर एक अलमारी में लिदीत्से के उन सब युवकों के पासपोर्ट और पासपोर्ट पर लगे फ़ोटो रखे हैं, जो कभी जीवित थे, और अब नहीं हैं...

म्यूज़ियम की अलग दीवार पर अख़बारों के कुछ कटिंग लगे हैं...ब्राजील की एक नन्ही लड़की की फ़ोटो, जिसकी माँ ने उसका नाम 'लिदीत्से' रखा था, फ्रेंच 'रसिस्ताँ' कवियों की कुछ कविताएँ, लन्दन के ट्रिफ़ाल्गर स्क्वायर में एक विराट् फ़ासिस्ट-विरोधी प्रदर्शन, जिसमें एक लड़की ने प्लेकार्ड पकड़ रखा है...प्लेकार्ड पर लिखा है—लिदीत्से विल लिव। अचानक मुझे बरसों पहले की एक शाम याद आ जाती है...

म्यूज़ियम की 'विज़िटर्ज़-बुक' पर अपना और अपने देश का नाम लिखकर हम बाहर आ गए। दोपहर बीत चली थी। चर्चयार्ड के पास लगे वृक्षों की छायाएँ शाम की मिटती धूप में फैलने लगी थीं। हवा का वेग अचानक तेज़ हो गया। नीचे ढलान पर उतरते हुए घास और पत्तों की सरसराहट सुनाई पड़ती थी।

हम बस्ती के बीच एक छोटे-से खुले मैदान में आ गए हैं। घास और फूलों से घिरा यह स्थान दूर से ही दिखाई दे जाता है। चारों ओर झाड़ियाँ और सिपरस के पेड़ लगे हैं। बीच में लाल बजरी का एक छोटा-सा रास्ता है, जो आगे एक लम्बे पत्थर के स्तूप के पास जाकर ख़त्म हो जाता है।

स्तूप के नीचे नये-पुराने फूलों की मालाएँ पड़ी हैं—यह लिदीत्से का स्मारक है—बस्ती के मृत प्राणियों की सामूहिक क़ब्र। स्तूप के ऊपर लकड़ी का क्रॉस लगा है—बहुत लम्बा नहीं, किन्तु लगता है, जैसे लिदीत्से का समूचा आकाश उस पर झुक आया है। क्रॉस के इर्द-गिर्द काँटेदार जाली लगी है—बॉब्र्ड वायर...सदियों से मानवीय-यातना का शाश्वत प्रतीक।

हमारे गिरोह से एक जर्मन लड़की कुछ फूल लिये आगे बढ़ती है और चुपचाप उन्हें क्रॉस के नीचे उन सब फूलों के संग रख देती है, जिनमें अलग-अलग देशों की गन्ध बसी है।

जाने से पहले हम कुछ लमहों के लिए चुपचाप समाधि के सामने खड़े रहे हैं। आसपास कहीं कोई स्वर नहीं है—एक विचित्र-सी अशरीरी निस्तब्धता हमें अपने में जकड़ लेती है। लगता है, यहाँ आकर हम समय के अन्तिम छोर पर पहुँच गए हैं।

सोचता हूँ, क्या अर्थ है हमारे लिए लिदीत्से का? हम—जो दुनिया के दूर-सुदूर देशों से यहाँ आए हैं? हम सबने—अलग-अलग शहरों में अरसा पहले लिदीत्से का नाम सुना था—अपने-अपने ढंग से उसके सम्बन्ध में सोचा था। किन्तु इस क्षण लगता है, एक उड़ती हुई धुँधली अनुभूति हम सबको छू गई है—ऐसा कुछ, जो जब कभी महसूस होता है, हम हठात् चौंक-से जाते हैं, एक अजीब-सी छाया, जो जब सरसराती-सी हमें छूती हुई निकल जाती है, हमें लगता है, जैसे हमारे भीतर एक अँधेरा खोखल-सा खुल गया है...

क्या यह मृत्यु की छाया है, जिसे हमने लिदीत्से की वीरान बस्ती में इतने नज़दीक से स्पर्श किया है? किन्तु अगस्त के इस दिन—जब चारों ओर घनी और शान्त धूप फैली है, दूर पहाड़ियों पर अलसाए-से इक्के-दुक्के बादल बिखर आए हैं। ऐसी शान्त सुनहरी घड़ी में मृत्यु बहुत दूर की चीज़ लगती है, उसके बारे में कुछ भी सोचना असम्भव-सा प्रतीत होता है।

यूरोप के शहरों में घूमते हुए मुझे अकसर यह महसूस हुआ है कि इन लोगों के बीच मैं महज़ 'आउटसाइडर' हूँ—एक बाहर का आदमी। यूरोप के लिए फ़ासिज़्म जो अर्थ रहा है, क्या मैं उसे कभी सही-सही समझ सकूँगा, महसूस कर पाऊँगा? आज वह उसकी आत्मा का एक हिस्सा है—पूरे अर्थ में एक 'पाप', जो सिर्फ़ अतीत की विरासत ही नहीं है, किन्तु जिसे हर व्यक्ति कमोबेश अपने में लिये जीता है।

और तब लिदीत्से के खँडहरों के बीच भटकते हुए मुझे पहली बार अपने लिए 'आउटसाइडर' शब्द अजीब-सा बेमानी लगा है। टूटी हुई दीवारों के मलबे के नीचे हम सबकी आत्मा का एक अंश दब गया है...क्योंकि जिस सदी में हम जीते हैं, हममें से हर व्यक्ति उसका गवाह है, और गवाह होने के नाते जवाबदेह भी...

शायद मैं ग़लत हूँ, किन्तु लिदीत्से से वापिस लौट आने के बाद मैं इस पर विश्वास करना चाहूँगा।

बर्त राम्का : एक शाम

हम अभी-अभी लौटे हैं। उस शाम से—जो कुछ बीत गई है, कुछ बीतने को है—एक झीना-सा नाता जुड़ पाया है। पेश्तर इसके कि वह टूट जाए, सब लमहों को अँधेरे में बिखेर दे, इसे अपने मौन में समेट ले, क्योंकि न जाने कब गली के किसी कोने में यह मौन भी अजनबी-सा हो जाए।

वैसे भी यहाँ बहुत-से कोने हैं—चाँदनी रात में छिपे हुए, फीके, उजले, ख़ामोश 'माला-स्त्राना' की सदियों पुरानी, टेढ़ी-मेढ़ी गलियों में चलते हुए पाँव ख़ुद-ब-ख़ुद धीमे हो जाते हैं। लगता है, रात के सन्नाटे में इस पुराने शहर की हर ईंट हमारे क़दमों की गवाह है। उनकी पीली, ज़र्द आँखों पर जब हमारी छाया पड़ जाती है, तो कहीं कुछ सिहर-सा जाता है, मानो बीते समय की कोई परत धीमे-से खुल गई हो।

यह प्राग की एक चाँदनी रात है। कभी-कभी बारिश भी हो जाती है, लेकिन ज़्यादा नहीं महज़ बूँदा-बाँदी। चाँदनी के धब्बे पानी में भीगी

मैली दीवारों पर बिखर आए हैं। कभी कोई शराबी लड़खड़ाते क़दमों से बीयर-घर के दरवाज़े पर आता है, देर तक अपनी ख़ाली आँखों से बारिश की बूँदों को देखता रहता है और फिर एक अजीब, अस्फुट आवाज़ में चिल्लाने लगता है...लेकिन वह भी ज़्यादा देर तक नहीं। कुछ क्षणों बाद पुराने शहर की ख़ामोशी दोबारा लौट आती है और बूँदों की टपटप के अलावा कुछ भी सुनाई नहीं देता।

प्राग का यह कोना, 'माला-स्त्राना' ('लिटिल-क्वार्टर') नये शहर से ज़रा अलग है, 'वल्तावा' नदी के दूसरी ओर, छोटी-सी पहाड़ी-तले सिमटा है। 'यान नेरुदा' को गुज़रे एक मुद्दत बीत गई, किन्तु आज भी 'माला-स्त्राना' की गलियों में घूमते हुए उनकी कहानियाँ, कहानियों के पात्र, सजीव हो उठते हैं। छोटे-छोटे एक-दूसरे से सटे मकान, नीचे झुकी हुई छतें, सेंट निकोलस चर्च का हरा गुम्बद, चर्च के नीचे चाँदनी रात में एक-दूसरे का हाथ पकड़े प्रेमियों के जोड़े—सबकुछ वैसा ही है, जैसा सदियों पहले था; कुछ भी नहीं बदला। लगता है जैसे छतों पर मँडराते हुए बादल भी बहुत पुराने हैं, बरसों से यहीं, आकाश के इस टुकड़े के आसपास चक्कर लगाकर वापिस लौट आते हैं...

पहाड़ी पर, ज़रा पीछे की ओर, 'लॉरेन्तो चेपल' है...सत्ताईस घंटियों का बारोक चर्च। रात की मौन घड़ियों में जब ये घंटियाँ एक संग बजती हैं, तो इनसे एक विचित्र, मायावी संगीत रिसने लगता है...'ए थाउजेंड टाइम्स वी ग्रीट दी'[1]। लोक-कथा कहती है कि ये घंटियाँ एक बूढ़ी माँ की स्मृति में बजती हैं, जो दो सौ वर्ष पूर्व प्लेग की बीमारी में अपने सत्ताईस बच्चों के संग मर गई थी।

प्राग का अकेलापन लॉरेन्तो की घंटियों के संग जुड़ा है—भूली-बिसरी स्मृतियों का अकेलापन। ऐसी रात में यह सम्भव लगता है कि

1. हज़ार बार हम तुम्हारा अभिवादन करते हैं।

मृत्यु के परे भी स्मृतियाँ जीवित रहती हैं, कि स्मृतियों का अकेलापन किसी भी शहर में—अपने शहर से हज़ारों मील दूर भी टूटता नहीं। और तब अनायास हमारे पाँव और भी धीमे हो जाते हैं। हम उस अज्ञात, जादुई लय को नहीं तोड़ना चाहते, जो एक पारलौकिक, पारदर्शी संगीत के संग सम्पृक्त है—संगीत जो इस चाँदनी रात से परे, अपनी स्मृतियों से परे, केवल प्राग की हवा से जुड़ा है...

प्राग, ऐसी ही चाँदनी रात की ख़ामोशी में जिसे कभी मोत्सार्ट ने देखा होगा।

हम ट्राम से उतर गए हैं। बीच में अँधेरी गली आती है। पास ही एक छोटा-सा नाला है, जिसके दोनों ओर नये बनते मकानों का मलबा पड़ा है। गली के नुक्कड़ पर एक बहुत पुराना 'लैम्प पोस्ट' है...उसकी पीली रोशनी में बारिश की बूँदें माचिस की तीलियों-सी क्षण-भर चमककर अँधेरे में ग़ायब हो जाती हैं। 'समर-स्कूल' के हम तीस-चालीस छात्र हैं—यूरोप और एशिया के अलग-अलग देशों से यहाँ आए हैं और इस समय, इस अँधेरी गली में एक-दूसरे के पीछे चुपचाप चल रहे हैं। लगता है जैसे यह गली कभी ख़त्म न होगी, जैसे हम इसी तरह भयभीत, कातर, आशा को मन में दबाए बारिश में भीगते हुए चलते रहेंगे।

किन्तु हर गली, चाहे वह कितनी ही ज़िद्दी और लम्बी क्यों न हो, आख़ीर ख़त्म हो जाती है। हम एक सूनी, सुनसान सड़क पर आ गए हैं। बाईं ओर 'पेत्रशिन' की पहाड़ी पर निरीक्षण-बुर्ज़ का लाल सितारा तिमिराच्छन्न आकाश में चुपचाप, निपट एकाकी-सा चमक रहा है। आख़ीर चलते-चलते हम पीछे के लोग एकाएक ठिठक गए। अगली क़तार के चन्द व्यक्ति सीधी सड़क छोड़ ऊपर की ओर मुड़ गए हैं। मन में यह ख़याल—जो इतनी देर से हम अपने में दबाए थे, बिजली की तरह कौंध जाता है—क्या यहीं आसपास मोत्सार्ट का घर है?

"आनो—ताम ना हो रू...वहाँ ऊपर की ओर। वह बोर्ड नहीं

देखते?" एक जर्मन लड़की टूटी हुई चेक में हमसे कह रही है। फिर भी एकाएक विश्वास नहीं हो पाता।

वह बोर्ड! सड़क के किनारे एक सँकरा रास्ता ऊपर जाता है... शुरू में दो क़दम ऊपर चढ़ते ही वह बोर्ड दिखाई दे जाता है—'बर्त राम्का', एक क्षण के लिए हम मंत्रमुग्ध-से खड़े रहते हैं।

'बर्त राम्का'...एक छोटा-सा शब्द, जिसका कोई चेहरा नहीं है, महज़ नाम। प्राग के लाखों घरों के जमघट के बीच एक साधारण-से घर का नाम...बोर्ड का पुराना, ज़र्द तख़्ता भीग रहा है...बारिश की बूँदों में टप्-टप्।

पेड़ों के झुरमुट के बीच वह घर दूर से ही दिखाई दे जाता है... हवा में काँपते 'लीपा' के पत्तों से घिरी एक खिड़की है। भीतर की मद्धिम रोशनी फड़फड़ाते परदों से छनती हुई सीढ़ियों पर गिर रही है, जहाँ हम खड़े हैं। सोचता हूँ, मोत्सार्ट इन्हीं सीढ़ियों से उतरकर पुराने शहर के थिएटर जाते होंगे।

उन दिनों 'बर्त राम्का'—जहाँ मोत्सार्ट ठहरे थे—शहर की सीमाओं से अलग था। यह सोचकर आज भी आश्चर्य हुए बिना नहीं रहता कि हर शाम मोत्सार्ट इतनी दूर पैदल ही 'नौसट्टिज़ थिएटर' (जो अब 'तिन थिएटर' के नाम से प्रसिद्ध है) जाया करते थे। वह उन दिनों अपने नये 'ऑपेरा' 'डॉन जुआन' का रिहर्सल देखने प्राग आए थे। कहते हैं, थिएटर जाते हुए मोत्सार्ट 'ओल्ड टाउन' के रेस्तराँ में एक गिलास शराब पीने अवश्य रुक जाते थे। वापिस आते हुए आधी रात बीत जाती थी। चार्ल्स ब्रिज पार करने के बाद (प्राग में उन दिनों यही एक पुल था) वह बिना नागा 'लिट्ल क्वार्टर' के एक छोटे-से कॉफ़ी-हाउस का दरवाज़ा खटखटाया करते थे। कॉफ़ी-हाउस का मालिक, जो उस समय सो रहा होता था, दरवाज़े पर थपथपाहट सुनकर एकदम जाग उठता था। उसे यह जानने में ज़्यादा देर नहीं लगती थी कि रात की इस घड़ी में उसके

दरवाज़े पर मोत्सार्ट के अलावा कोई दूसरा नहीं हो सकता, कुछ ही देर में रेस्तराँ कॉफ़ी की सोंधी गन्ध और मात्सार्ट की बातों से महकने लगता था। 'लिट्ल क्वार्टर' में, जहाँ आजकल हम ठहरे हैं, उस कॉफ़ी-हाउस की टूटी-पुरानी इमारत आज भी आते-जाते दिखाई दे जाती है।

वे शुरू पतझर के दिन थे। प्राग की गलियों में अंगूर-लताओं की गन्ध तिरती रहती थी। जिन दिनों मोत्सार्ट बर्त-राम्का आए थे, गुलाब के फूलों की आख़िरी पंखुड़ियाँ झर रही थीं। वाटिका अब भी है...किनारे पर पेड़ों की छाँह-तले एक बेंच दिखाई देती है, जिस पर 'दूब' की पत्तियाँ इकट्ठी हो गई हैं। पत्थर की दीवार के पीछे की फूलों की नीली घंटियाँ हवा में झूलती हैं। उनके स्वप्निल-स्वर की छाँह को किसी अजानी घड़ी में मोत्सार्ट की भूखी उँगलियों ने छुआ होगा। यहीं इसी बेंच पर, इन्हीं पत्तों के झुरमुट में, जहाँ आज रात चाँदनी बारिश में भीग रही है—नीरव और मदिर!

लेकिन हम इसी तरह सीढ़ियों पर कब तक खड़े रहेंगे? शीशे के दरवाज़े के सामने पहुँचकर सीढ़ियाँ ख़त्म हो जाती हैं। परदे से छनती रोशनी का फीका आभास, भीतर कुछ अस्पष्ट-सी हलचल, बाहर वाटिका में उड़ते हुए इक्के-दुक्के जुगनू...सबकुछ इस क्षण बहुत आत्मीय-सा हो आया है। इतना आत्मीय, इतना अपना-सा कि यह नहीं महसूस होता कि बन्द दरवाज़े और हमारे बीच एक लम्बी सदी गुज़र गई है। लगता है, जैसे अभी दरवाज़ा खुलेगा, मोत्सार्ट मुस्कराते हुए बाहर आएँगे, देहरी पर उनकी छाया ठिठकी-सी खड़ी रहेगी। मन का यह भ्रम इतना वास्तविक-सा हो जाता है कि दरवाज़ा खुलने पर जब एक अधेड़, पके बालोंवाले व्यक्ति हमें भीतर बुलाते हैं, तो हम सहसा चौंक-से जाते हैं। अँधेरे की ओट में हमने जिस मोहक भ्रम को अपने में पाला था, कमरे की तीखी रोशनी में वह अचानक टूट-सा जाता है।

"यह घर अब मोत्सार्ट का 'म्यूज़ियम' है...और वह 'लायब्रेरी'

है जिसमें..." अधेड़ व्यक्ति की धीमी-सी आवाज़ सुनाई देती है—इतनी धीमी और कोमल कि मन में विश्वास हो जाता है कि वह 'गाइड' नहीं है। 'गाइड' की पहचान ही उसके ऊँचे तीखे स्वर से हो जाती है। बाद में मालूम हुआ कि वह 'म्यूज़ियम' के संरक्षक की हैसियत से बरसों से यहाँ रह रहे हैं।

मोत्सार्ट का कमरा...अलमारी में सजी हुई उनकी पांडुलिपियाँ, उनके ख़त। हम धीरे-धीरे आगे बढ़ते जाते हैं। जिस व्यक्ति की आत्मा का संस्पर्श आज तक केवल ग्रामोफ़ोन के रेकॉर्डों से ही उपलब्ध हुआ है, आज उसके कमरे में चलते हुए, उनकी निजी चीज़ों को छूते हुए, एक अजीब-सी झिझक महसूस होती है। हम बाहर के लोग हैं, कुछ देर बाद उड़ती निगाहों से चीज़ों का मुआयना करके फिर बाहर की दुनिया में लौट जाएँगे। किन्तु भविष्य में जब कभी मोत्सार्ट के सम्बन्ध में सोचेंगे, तो ये चीज़ें बरबस बीच में आ जाएँगी, कहेंगी, देखो हम भी हैं। वह एकान्त छवि, जो कभी हमने अपने कमरे में रेकॉर्ड सुनते हुए मन में गढ़ी थी, अब उतनी अपनी, उतनी एकान्त न रह सकेगी। ऐसे स्थानों में आकर अकसर दुविधा होती है—सोचता हूँ, जितना हम पाते हैं, क्या वह उससे कम नहीं है, जितना हम खो देते हैं...

किन्तु विचारों का ताँता बीच में ही टूट जाता है। हमारे संग-संग चलते हुए वह व्यक्ति अपनी उसी गम्भीर आवाज़ में कह रहे थे, "मोत्सार्ट को प्राग से गहरा लगाव था। वह अकसर कहा करते थे कि उनका 'ऑरकेस्ट्रा' वियना में नहीं, प्राग में है। प्राग के लोग जितना अधिक उन्हें समझते थे, शायद उतना कहीं और नहीं।"

मैं एक छोटी-सी खिड़की के सामने आकर सहसा रुक गया। बाहर प्राग का आकाश फैला था...ख़ामोश और मेघाच्छन्न। दूर शहर के क्षितिज पर 'हरादचानी' शाही महल—और 'सेंटविता कैथड्रल' की धूमिल रेखाएँ अँधेरे पर खिंच आई थीं। कभी-कभी नीचे की सड़क से

ट्राम के पहियों की गड़गड़ाहट सुनाई दे जाती थी।

मुझे लगा जैसे कोई दबे-धीमे क़दमों से मेरे पीछे चला आया है। मैंने पीछे मुड़कर देखा...वही अधेड़ सम्भ्रान्त व्यक्ति खड़े थे, उनके होंठों पर एक हल्की-सी मुस्कराहट सिमट आई थी।

"जिस खिड़की के सामने आप खड़े हैं, उसके संग एक दिलचस्प स्मृति जुड़ी है।" उनके स्वर में दबा-सा रहस्य उभर आया।

वह अजीब-सी घटना थी। जो कुछ सुन पाया, वह चेक भाषा में था; कुछ समझ पाया, बहुत-कुछ नहीं। किन्तु जितना कुछ भी समझ पाया, वह कम आश्चर्यजनक नहीं लगा।

उन दिनों मोत्सार्ट का प्रसिद्ध 'ऑपेरा' 'डॉन-जुआन' प्राग में प्रस्तुत किया जानेवाला था। सब तैयारी हो चुकी थी; अन्तिम 'रिहर्सल' सफलतापूर्वक समाप्त हो चुका था। शहर की दीवारों पर, गली-कूचों के चौराहों पर 'ऑपेरा' के पोस्टरों के अलावा कुछ भी दिखाई नहीं देता था। प्राग-निवासी महीनों से मोत्सार्ट के 'ऑपेरा' की बाट जोह रहे थे—उन्हें अपने सौभाग्य पर गर्व था कि 'डॉन-जुआन' का प्रथम उद्घाटन मोत्सार्ट के शहर वियना में नहीं बल्कि प्राग में होने जा रहा है। इस आनन्द उत्सव में यदि कोई सचमुच परेशान था, तो 'ऑपेरा' का निर्देशक। उनके बहुत-कुछ आग्रह-अनुनय के बावजूद, मोत्सार्ट ने अभी तक अपने 'ऑपेरा' का पूर्वरंग नहीं लिखा था। वह हमेशा उसे कल पर टाल देते थे। उद्घाटन का दिन तेज़ी से पास आता जा रहा था। आख़ीर हताश होकर एक रात उनके मित्रों ने उन्हें इस कमरे में बन्द कर दिया और बाहर दरवाज़े पर ताला लगा दिया। उनसे साफ़ यह कह दिया गया कि जब तक वह पूर्वरंग नहीं लिख देंगे, तब तक उन्हें मुक्त नहीं किया जाएगा। रात-भर उनके मित्र कमरे के नीचे चिन्ता-मग्न मुद्रा में घूमते रहे। बार-बार उनकी आँखें कमरे की खिड़की पर आ जमती थीं। उन्हें मालूम था, जब तक कमरे की बत्ती जलती रहेगी, मोत्सार्ट तब

तक लिखते रहेंगे। कहते हैं, रस्सी पर भोजन की पोटली और शराब की बोतल उन्हें इसी खिड़की से भीतर भिजवाई गई थी। कौन कह सकता है कि यह घटना सच है! किन्तु यह अवश्य सच है कि मोत्सार्ट ने पूर्वरंग उद्घाटन के दिन ही दिया था, जब काग़ज़ पर स्याही पूरी तरह सूखी भी न थी।

तब यह अजब नहीं लगता कि मोत्सार्ट प्राग-निवासियों में क्यों इतने लोकप्रिय थे। वे उन्हें अपना ही मानते थे। इसी 'लिट्ल क्वार्टर' में 'सेंट निकोलस चर्च' है...मोत्सार्ट की मृत्यु का शोक-संवाद सुनकर प्राग के हज़ारों निवासी यहाँ जमा हुए थे। मोत्सार्ट का 'रिकुईम मास' भी यहीं, इस अवसर पर रोती-सिसकती भीड़ के सम्मुख गाया गया था। किन्तु वियना में उनकी अरथी के संग केवल उनके इने-गिने मित्र ही गए थे...एक साधारण-से क़ब्रिस्तान में उन्हें दफ़ना दिया गया। आज भी कोई नहीं जानता कि उनकी क़ब्र कहाँ है।

आख़ीर में सबकुछ घूम लेने के बाद एक छोटा-सा हॉल आता है, जहाँ कुछ कुर्सियाँ बिछी हैं। यहीं पर कभी-कभी 'कॉन्सर्ट' होता है। गर्मियों की रातों में अकसर 'कॉन्सर्ट' की व्यवस्था बाहर 'लॉन' में होती है, किन्तु आज रात बारिश के कारण हमें भीतर ही बिठाया गया है। 'समर-स्कूल' के छात्रों के लिए 'कॉन्सर्ट' की विशेष रूप से व्यवस्था की गई है। चेक 'फ़िलोहॉर्मोनिक ऑरकेस्ट्रा' के कुछ कलाकार स्वयं उपस्थित हुए हैं...

तीन अलग-अलग संगीत-अंश 'यानाचेक', 'द्वोर्शाक' और सबसे अन्त में 'मोत्सार्ट'! हल्के-से तालियाँ बजती हैं और फिर सबकुछ शान्त हो जाता है...

किन्तु यहाँ मैं ग़लत हूँ...'शान्त' का शब्द लिखने के एकदम बाद बोध होता है कि वह ग़लत है, कि लिखने के बाद ही वह झूठा हो गया है। अनुभव के जिस परिचित दायरे से शब्द निकलते हैं, उस रात

की अनुभूत परिधि के सम्मुख वे अजनबी हैं, जैसे किसी दूसरे ग्रह के प्राणी। जो सच है, जो रात की उस घड़ी में सच था, वह अब महज़ अर्ध-स्वप्नों, स्मृतियों का पुंज रह गया है—आकारहीन, स्वरहीन—धुँधली धुंध के लोंदे-सा! वह एक पुल था—हज़ारों सदियों के कुहरे को काटता हुआ, अतीत के उस सीमान्त को छूता हुआ—जहाँ मौन, शब्दों के अभाव से नहीं, उनके अधूरेपन से उत्पन्न होता है—ऐसा पुल जो जितना-कुछ जोड़ता है, उतने में ही टूट जाता है। सोचता हूँ—आज नहीं, उस रात सोचा था, जैसे वह लौ बिलकुल अकेली, बिलकुल नंगी हो गई है, जिसे हम अपने अस्तित्व से ढके रहते हैं। कितनी जल्दी वह आसपास के अँधेरे को निगल रही थी—भूखी-प्यासी लौ, लपलपाती, हाँफती, खुली हवा में साँस लेती हुई! कुछ भी ऐसा नहीं रहा था, जिस पर उँगली रखकर कह सकें, यह आज है, यह कल। यह वह कल है, जो कभी जीवित था और अब बीत गया है। वह कड़ी जो हमें आसपास की दुनिया से जोड़ती है, जो हमें जीने का झूठा-सच्चा अर्थ देती है, वह कड़ी इस क्षण अचानक टूट गई है। इसके टूटने के संग हम बिलकुल अकेले हो जाते हैं, सर्वथा मुक्त। मुक्त और एकदम कितने अर्थहीन। संगीत कितना अर्थहीन है, और, इसलिए, कितना पूर्ण!

फिर आख़िरी लमहा—और तब उसके इर्द-गिर्द सबकुछ डूब जाता है—हमारा प्यार, आधी रात में जागे हुए पसीने से लथपथ दुःस्वप्न, एक पगली-सी धड़कन, और फिर वह भी नहीं। जो शेष रह जाता है, देर तक हवा में टँगा रहता है, वह है एक अजनबी अपनापन, जिसे हमने पहले कभी नहीं देखा, जिसे हमने पिछले चन्द क्षणों में पहली बार जाना था, और जो अगले चन्द क्षणों में दोबारा अजनबी हो जाएगा... एक स्वरहीन आलोक!

हमारी यह शाम ख़त्म हो चली है। दरवाज़े पर आते ही एक रजिस्टर दिखाई देता है...'विज़िटर्ज़-बुक', हम भी अपना नाम दर्ज कर

देते हैं—उन पन्नों पर, जहाँ कभी चेकोवस्की, द्वोर्शाक और यानाचेक ने अपने हस्ताक्षर किये थे।

'लीपा' के पत्तों से घिरी छोटी पगडंडी, हल्की-हल्की बारिश। 'बर्त राम्का', मोत्सार्ट का घर धीरे-धीरे पीछे छूट जाता है। 'माला-स्त्राना' की सूनी, सुनसान गलियों में जगह-जगह गँदले पानी के गढ़े जमा हो गए हैं, जिनमें 'लैम्प पोस्ट' की पीली छायाएँ झिलमिलाती हैं। सारे शहर पर पुराने गिरजों की बुर्ज़ियाँ चुपचाप खड़ी हैं—लगता है, प्राग का समूचा आकाश इन बुर्ज़ियों पर आ टिका है। 'ए सिटी ऑव थाउज़ेंड टॉवर्स'[1]—किसी ने ऐसी ही रात प्राग को देखकर उसे यह संज्ञा दी होगी।

हम अपने हॉस्टल के नज़दीक आ पहुँचे हैं—पास ही 'काँदे' का द्वीप है, प्राग का वेनिस, जहाँ 'वल्तावा' घरों के बीच बहती है। चार्ल्स-ब्रिज की रोशनियाँ नीचे पानी पर अपनी चमकीली छायाओं पर झुक आई हैं। जब कभी हवा का झोंका आता है, बर्वा ('वीपिंग-विलोज़') की लम्बी, पत्तों से ढकी शाखाएँ धीमे-से खुल जाती हैं, और उनके बीच एक-दूसरे से सिमटी छायाएँ दिखाई दे जाती हैं—एक-दूसरे पर झुकी हुईं, 'वल्तावा' की लहरों की लय के संग अपने शब्दों को दोहराती हुई...दूर...पहाड़ी पर किसी ऐसी ही घड़ी में—लॉरेन्तो चर्च की घंटियों का स्वर समूचे शहर की हवा में तिर आता है, एक मायावी संगीत—'माला-स्त्राना' की झुकी छतों और गिरजों की उठी मीनारों के बीच रास्ता टटोलता, 'चार्ल्स ब्रिज' पर सन्तों की 'बारोक' मूर्तियों के सम्मुख प्रार्थना करता हुआ—'ए थाउज़ेंड टाइम्स वी ग्रीट दी'।

---

1. हज़ार बुर्ज़ोंवाला शहर।

पेरिस : एक स्टिल लाइफ़

हर शाम मैं दरवाज़ा खटखटाता हूँ। धीरे-धीरे दो शक्लें दिखाई देती हैं...दॉस्तॉवस्की के पात्र, जो किसी भी समय खिड़की से नीचे कूद सकते हैं अथवा मौक़ा पड़ने पर किसी बूढ़ी, थकी-माँदी पेरिसियन वेश्या के पैरों पर लोटकर अपनी समूची जीवन-गाथा सुना सकते हैं... दो चेहरे, एक ही कमरे में, मेज़ पर झुके हुए दो सिर, अखरोटी रंग के बाल...

"आह...तुम आ गए" दुबुआ लाल शराब की बोतल ऊपर उठाकर अभिनन्दन करते हैं। प्लूम की खोई-खोई-सी आँखें मुझे निहारती हैं... शराब के कारण, अथवा संगीत के कारण...मैं आज तक किसी निर्णय पर नहीं पहुँच सका।

दरवाज़े के दोनों ओर दीवारों पर खजुराहो के चित्र लगे हैं...मुझे सहसा वे शामें याद आती हैं, जब दुबुआ सिमट-सिमटकर खजुराहो के मन्दिरों की दीवारों पर चढ़ जाते थे...और बहुत ही ख़तरनाक स्थिति में

खड़े होकर फ़ोटो लेते थे...उन रहस्यमयी मुद्राओं की—जो आज उनकी दीवारों पर आगन्तुकों को चकाचौंध करती हैं,...और मैं...मैं नीचे खड़ा रहता था, ताकि यदि वह गिरें, तो बिना किसी विलम्ब के उनके शव को पेरिस पहुँचाने की व्यवस्था की जा सके।

दुबुआ का यह कमरा बास्ती में है—एक तंग सँकरी गली में सबसे ऊपर की मंज़िल पर। बरसों पहले राम उन्हीं के संग ठहरे थे...उसी कमरे में, जहाँ आज मैं हूँ। शायद बिछौना-बिस्तर भी वही है। कभी-कभी यह सोचकर कौतूहल होता है कि कितनी हद तक हमारे मित्र अदल-बदल गए हैं।

मैं इस कमरे के कोने-कोने से परिचित हूँ...पूरे एक दिन तक यह 'मेरा पेरिस' बनके रहा है। उस दिन के बाद कोई नहीं कह सकेगा कि मैंने 'टार्चर-चेम्बर' की यातना अनुभव नहीं की—वह भी जर्मनी में नहीं, पेरिस के बीचोबीच। दुबुआ काम के लिए सुबह जल्दी चले जाते थे, मैं कुछ देर बाद निकलता था। उस दिन जब मैं बाहर जाने को हुआ तो देखा—दरवाज़ा बाहर से बन्द। बहुत घसीटतान, धक्का-मुक्की की, किन्तु वह अपनी जगह पर अडिग रहा। जान पड़ता था, दुबुआ जल्दी में बाहर की साँकल चढ़ा गए थे। आह...मैं कुछ देर तक यूरोप की समस्त भाषाओं की चुनी-चुनी गालियाँ याद करता रहा। शुरू-शुरू में मुझे यह ख़याल अत्यन्त भयावह जान पड़ा कि मुझे समूचा दिन इस 'काल-कोठरी' में गुज़ारना होगा...किन्तु बाद में दुबुआ की 'रेड वाइन' पीते हुए मुझे लगा जैसे मैं भी बारबूस के उस 'इन-साइडर' की तरह हूँ, जो दिन-भर अपनी कोठरी में बन्द रहकर सिर्फ़ दरवाज़े के 'की-होल' से बाहर झाँका करता था। खिड़की के बाहर पेरिस का उज्ज्वल आकाश था...नीचे बास्ती की पुरानी, एक-दूसरे से सटी लाल-नीली छतें—अप्रैल की एक बहुत शान्त, सूनी दोपहर। पेरिस की अपनी फुसफुसाहट-भरी आवाज़ें...जो बाहर बुलीवारों में सुनाई नहीं देतीं। पास ही दुबुआ का

ग्रामोफ़ोन था, बची-खुची रेड वाइन, मैं दिन-भर बिस्तर पर लेटा रहा, लगता रहा कि यह एक सपना है—कि मैं पेरिस में हूँ...

पेरिस में हूँ और बाहर नहीं निकल सकता।

जब दुबुआ लौटे, तो रंग दूसरा ही था। इससे पेश्तर कि मैं कुछ कह पाता, वह मुझे बिस्तर से घसीटकर नाचने लगे थे। पीकर आए थे और पूरी आवाज़ में गा रहे थे...उनके मित्र प्लूम कोने में कुर्सी घसीटकर बैठ गए थे और बराबर हँसते जा रहे थे। जब वह कुछ बोलने लायक हुए तो पहली बार गेगरीन का नाम कानों में पड़ा। दुबुआ के उत्साह की कोई सीमा नहीं थी...पहली 'स्पेस-यात्रा' की ख़ुशी कहाँ और किस तरह मनाई जाए, देर तक इसी पर विवाद होता रहा। सीढ़ियों से नीचे उतरते हुए भी हम चीख़ते-चिल्लाते इसी विषय पर बहस कर रहे थे। प्रस्ताव रखने की देर न होती, कि उसे ठुकरा दिया जाता।

गेगरीन—उस दिन इस एक नाम को लेकर समूचा पेरिस सड़कों पर उमड़ आया था।

दुबुआ की कार शांज़लीज़े पर ड्रग-स्टोर के सामने आकर रुक गई—जान पड़ता था, बहस के दौरान उसने चुपचाप कोई निर्णय ले लिया था। भीतर घुसने पर शुरू-शुरू में लगा था मानो हम किसी दूतावास के सूचना-केन्द्र में आ गए हों। चारों ओर सिवाय समाचार-पत्रों और पत्रिकाओं के अतिरिक्त कुछ भी दिखाई नहीं देता था—अलग-अलग भाषाओं में झाँकती सुर्ख़ियाँ और हेडलाइंस ने हमारा स्वागत किया। किन्तु यह आश्चर्य अधिक देर तक नहीं टिक सका। कुछ और भीतर जाने पर एक चौड़ा हॉल दिखाई दिया—बिलकुल आधुनिक डिज़ाइन का

फ़र्नीचर, एक अँग्रेज़ी क्लब का-सा वातावरण, 'टिपिकल' फ्रेंच कैफ़ो से बिलकुल भिन्न—यह शांज़लीज़े का अन्तर्राष्ट्रीय रेन्देबू था।

"जब मैं फ्रेंच लड़कियों से ऊब जाता हूँ तो यहाँ आता हूँ।" दुबुआ ने कहा।

गेगरीन के नाम पर हमने शैम्पेन पी—दुबुआ महज़ इससे सन्तुष्ट नहीं हुए। उन्होंने एक ख़ास क़िस्म की आइसक्रीम मँगवाई, जिसकी शक्ल काफ़ी-कुछ आइफल टावर से मिलती थी। हममें यदि पूरी तरह होश भी होता, तो भी शायद उसकी लम्बाई नापना सम्भव न होता। पड़ोसी मेज़ों पर बैठे लोग, विशेषकर लड़कियाँ, हमारी ओर विस्मय और कौतूहल से देख रहे थे। दुबुआ शायद यह चाहते भी थे—किसी भी सभा-मंडली में आकर्षण का केन्द्र बनना उन्हें बहुत प्रिय था, शायद शैम्पेन के संग उस क़िस्म की आइसक्रीम खाना भद्र-समाज के शिष्टाचार के विरुद्ध था। बाद में हमें पता चला कि ड्रग-स्टोर में 'अभिजात वर्ग' के टूरिस्ट ही आते हैं—वह एक 'नेस्ट ऑव जेंटरी' से कम नहीं था। किन्तु उस शाम हमें उसकी विशेष चिन्ता नहीं थी—ग्रेवीटेशन के शाश्वत नियमों को भंग करनेवाले व्यक्ति के समान शैम्पेन पीते हुए 'अभिजात वर्ग' के नियमों की चिन्ता करना बेमानी लगा।

किन्तु उस शाम शांज़लीज़े के सम्भ्रान्त रेस्तराँ में बैठे हुए बराबर मन भटकता रहा कुछ और शामों और स्मृतियों की तरफ़, जो पेरिस से जुड़ी हैं। प्रथम युद्ध से पहले का पेरिस, जब देश-निष्कासित रूसी लेखकों और कवियों की अपनी टोलियाँ, अपने अड्डे थे। आज उस रेस्तराँ 'रोदुंडा' का नाम-निशान भी नहीं है, जहाँ इल्या इहरनबुर्ग पहले-पहल मोदिल्यानी, अपोल्योनोर और पिकासो से मिले थे। सुर्रियलिस्ट कवियों और पापुलरफ्रंट का पेरिस, जब स्पेनिश गृह-युद्ध में भाग लेनेवाले 'अन्तर्राष्ट्रीय-ब्रिगेड' के वालंटियर एक रात यहाँ गुज़ारकर आगे बढ़ जाते थे। युद्ध के दौरान रज़िस्टा कवियों का पेरिस और फ़ासिज़्म के अँधेरे

में एलुआ की उदास गूँज 'द फियर एंड करेज टु लिव एंड डाई...डेथ सो इज़ी, डेथ सो डिफ़िकल्ट...'

कितने चेहरे हैं, पुरानी दीवारों से सटे हुए, सेन के किनारे सदियों से संग-संग सरकते हुए।

शायद शैम्पेन बहुत भावुक बना देती है। आख़िरी टोस्ट हमने दुबुआ के लिए पिया है। प्लूम गिलास लेकर बहुत गम्भीरता से खड़े हुए हैं—लड़खड़ाती टाँगों पर "टु जाक दुबुआ—गेगरीन ऑव अननोन स्पेसिज़ इन फ़ीमेल बॉडी..." हमने अपने गिलास ऊपर किये हैं—एक ख़ास रंग में ढला हुआ फ्रेंच टोस्ट।

मुझे एक बहुत पहले की शाम याद हो आती है। बरसों यूरोप प्रवास के बाद हमारे मित्र मुकुल वापिस घर लौटे थे। देर रात तक उनके आने की ख़ुशी में हम पीते रहे थे। आधी रात के वक़्त किसी ने एक अजीब-सा प्रश्न उनसे किया था—"फ़र्ज़ करो, यदि अणु-युद्ध में तुम्हें किसी एक शहर को बचाने की स्वतंत्रता दी जाए, तो तुम कौन-सा शहर चुनोगे?" मेरे मित्र कुछ देर तक चुप रहे (वह कम्युनिस्ट हैं), "यदि सिर्फ़ एक शहर को जीवित रखने का प्रश्न है", उन्होंने धीमे स्वर में कहा, "तो मैं पेरिस को चुनूँगा...यदि वह जीवित रहता है, तो मानव-संस्कृति को अणु-युद्ध के बाद भी पुनर्जीवित होने में ज़्यादा समय नहीं लगेगा।"

कुछ शहर होते हैं, जिन्हें रफ्तः-रफ्तः पहचानना होता है। उनके खुले हिस्सों और बन्द झरोखों के पीछे एक रसीला, रहस्यमय लोक छिपा रहता है। वे ख़ुद नहीं खुलते। उन्हें निरावृत करना पड़ता है, सँभल-सँभलकर सधे हाथों से। प्राग ऐसा ही शहर है। किन्तु कुछ ऐसे नगर भी होते हैं, जो स्वयं हमारी देह को छूते हैं, हमें सचेत कराते हैं, स्वयं अपने से। उसकी सड़कों पर चलते हुए लगता है कि हम उसे 'डिस्कवर' नहीं कर रहे, वह स्वयं चुपचाप हमें मदद कर रहा है, ख़ुद अपने को डिस्कवर करने में—पेरिस ऐसा ही शहर है। यहाँ आकर

पहली बार मुझे लारेन्स डरेल के शब्द स्मरण हो आए थे—यात्राएँ हमें बाहर केवल स्पेस में ही नहीं ले जातीं, उन अज्ञात स्थानों की ओर भी ले जाती हैं, जो हमारे भीतर हैं।

किसी भी अजनबी शहर में चलते हुए आँखें इमारतों पर उठ जाती हैं—भले ही हम आर्किटेक्चर के विशेषज्ञ न हों। वैसे भी जब हम किसी देश की भाषा से अनभिज्ञ हों, हमें अकसर उन चीज़ों से रिश्ता जोड़ने की ज़रूरत महसूस होती है, जो स्वयं बोलती हों—बिना शब्दों के। संगीत, पुराने चित्र, गिरजों के मूक पत्थर, घर जो ख़ाली हैं और घर जिनकी खिड़कियों से अपरिचित आँखें झाँकती हैं—यह सब छोटे-छोटे पुल हैं। इनकी ईंटें शब्दों से नहीं, आवाज़ों, रंगों और संकेतों से बनी हैं। फ्रेंच नहीं जानता, इसलिए केवल इन्हें ही छू पाता हूँ।

पेरिस आने पर जो चीज़ सबसे पहले हमें झकझोरती है, वे शहर के रंग हैं, जान पड़ता है—फ्रेंच लोगों को बहुत साफ़-सुथरे, निखरे, उज्ज्वल रंग पसन्द हैं। आँखों को एक राहत-सी मिलती है...विशेषकर यदि हम प्राग या लन्दन से यहाँ आए हों। वैसे हर शहर की अपनी अलग 'इमेज' होती है, बहुत ही व्यक्तिगत और हर यात्री की ख़ास अपनी याद से जुड़ी हुई। रिक्याविक की हवा, प्राग के पुल, वियना के बाग, उसी तरह पेरिस के रंग हैं। आश्चर्य नहीं होता कि रंगों में विलक्षण जादू लानेवाले इम्प्रेशनिस्ट स्कूल का जन्म इसी शहर में हुआ था। यह पेरिस का अपना गुण है कि भाषा न भी आती हो, तो भी हवा में तिरते इन हल्के स्वप्निल रंगों के सहारे हम किसी भी क्षण उससे सम्पृक्त हो सकते हैं।

पहले-पहल यह अनुभव हुआ था—मोन्मात्र की गलियों में चलते हुए। एक गुज़रे ज़माने का मोन्मात्र, जब देश-विदेश के लुटे-पिटे बोहमियन कलाकार यहाँ अपना डेरा जमाते थे। सँकरी गलियों के मकानों पर आँखें सरकती जाती हैं...यह शायद हेनरी मिलर का कमरा रहा होगा। हम अपने से ही कहते हैं। और वह शायद सूता का स्टूडियो। सफ़ेद पुरानी दीवारों पर लाल छतें...छतों पर शाम की गुलाबी धूप। कहीं-कहीं कुछ फूल। सोचता हूँ, एक मोन्मात्र यह है, जहाँ मैं इस क्षण हूँ। मैं गली से गुज़र जाऊँगा और वह मेरे लिए हमेशा के लिए खो जाएगा। एक दूसरा मोन्मात्र है—कैफ़े के बाहर चन्द जीर्ण-शीर्ण कुर्सियाँ, कोने में बैठी एक अधेड़ स्त्री, सामने रेड वाइन का गिलास, जिसमें अप्रैल की वासन्ती धूप घुल गई है—और पिकासो का स्पेन। कितना अजीब है कि मोन्मात्र में भटकते हुए मुझे बरबस ग्रानदा की याद हो आती है—क्या कहीं कुछ सम्बन्ध है, लोर्का की कविताओं और पिकासो के ब्लूपीरियड में?

कुछ आगे चलकर एक पुराना गोथिक चर्च दिखाई देता है... उसके इर्द-गिर्द फूलों की मार्केट है। काफ़ी भीड़ जमा है। फ्रेंच लोग भाव-तोल करने में हिन्दुस्तानियों की तरह ही दिलचस्पी लेते हैं। यद्यपि इस क्षेत्र में वे इटली-निवासियों की तुलना में कुछ भी नहीं हैं। वहाँ से ज़रा हटकर मेरी निगाहें पहली बार कोने के कुछ उपेक्षित मकानों पर ठहर जाती हैं—भ्रम होता है इन्हें पहले कभी देखा है, ख़ास इसी ऐंगिल से, कच्ची धूप में सिमटी किसी पुराने नगर की छायाएँ और अन्तहीन मौन, छोटी-सी सूनी गली, दोनों तरफ़ एक लम्बी क़तार में लगे ताश के पत्तों-से घर, ऊँची-नीची छतों का एक जादुई, उदास सम्मोहन।

मन ख़ाली हो गया है...सिर्फ़ एक सफ़ेद-सा परदा आर-पार डोल जाता है।

उत्तिलो...और कुछ भी नहीं। शून्य उदासी का एक रंग—सफ़ेद!

नीले से उतरकर मोन्मात्र कितने चुपके से 'सफ़ेद' की तरफ़ सरक आया है!

सेन के जिस छोर पर मैं खड़ा हूँ, वहाँ चेस्टनट की शाखाएँ बहते भूरे पानी पर झुक आई हैं। बहुत कम फ़ासले पर पोंत-न्यूफ़ है और उसके परे मधुमक्खियों के छत्ते-सा द्वीप—पानी के बीच एक भूखंड जहाँ नात्रेदाम की मीनारें धूप में झिलमिलाती हैं।

पुल के पास हेनरी चतुर्थ की मूर्ति है और उसके नीचे, सेन से सटा एक छोटा-सा बाग़...किनारे पर इक्के-दुक्के मछुए दिखाई दे जाते हैं। ऊपर पुल की सबसे ऊँची सीढ़ी पर एक कैनवस रखा है—आँखें उठती हैं, उस दृश्य की ओर, जो न जाने कितने टूरिस्ट पोस्टकार्डों पर अंकित हैं...आगे की ओर पोंत-न्यूफ़, किनारे पर ऊँघते मछुए, सेव के एम्बेंकमेंट पर सेकंडहैंड किताबों और घटिया चित्रों की दुकानें...हवा में फड़फड़ाते पिक्चर-पोस्टकार्ड और इन सबको 'रिलीफ़' देता हुआ नात्रेदाम। विश्वास नहीं होता कि वह लड़की हज़ार बार दोहराए गए इस 'लैंडस्केप' को नये सिरे से छेड़ने का प्रयत्न करेगी।

सोरबोन के कुछ छात्र डफल कोट और जीन्स पहने आते हैं। कुछ लमहों के लिए उस कैनवस की ओर देखते हैं—हवा में हाथ हिलाते हुए बहस करते हैं, सम्भवत: पेंटिंग के ही बारे में। लड़की उनकी ओर से बिलकुल विरक्त है; फिर सब किसी बात पर ज़ोर से हँस पड़ते हैं...लड़की से बातचीत करने की कोशिश बराबर जारी है। वह कुछ भी नहीं कहती। सिर्फ़ मुस्करा-भर देती है—एक बहुत ही निष्क्रिय और निर्वैयक्तिक मुस्कान—सिर बराबर कैनवस पर झुका रहता है।

छात्रों के चले जाने के बाद लड़की की निगाहें उठती हैं—उत्सुक, दूर सेन की ओर जहाँ हवा की आहट है और बसन्त के नये पत्तों की सरसराहट। मुस्कराहट का एक अंश अब भी शेष रह गया है—एक क्षण के लिए भ्रम होता है कि वह जो कैनवस के चार बन्द हायशों के बीच खो गई थी, अब उसकी सीमाओं को लाँघकर ख़ुद उस लैंडस्केप का एक जुज़ बन गई है, जो अब तक उसके बाहर था...

पोंत-न्यूफ़ के नीचे सेन बहती है...और उसके संग सड़े-गले पत्ते, पुराने अख़बार, सिगरेट के ख़ाली डिब्बे—सब एक रेले में बह जाते हैं।

हेनरी चतुर्थ की मूर्ति के पास बहुत देर से एक जापानी छात्र खड़ा है...पुल के नीचे एकटक निहारता हुआ, दाईं ओर लूव्र है और तुइलेरीज़ की उड़ती हुई झलक।...है अकेलापन! कैसे चुपचाप अज्ञात कोने से वह मेरे पास चला आया है।

पुल पार करने के बाद अचानक मैं अपने को एक बहुत ही शान्त और छायादार स्कावर में पाता हूँ। लगता है, यह पेरिस का 'मौन-द्वीप' है—दोनों ओर सत्रहवीं शताब्दी के पुराने मकान सीधी पंक्तियों में खड़े हैं—सामने 'पैलेस ऑव जस्टिस' की विराट् इमारत है, जिसकी सीढ़ियों पर कुछ अमरीकी टूरिस्ट एक-दूसरे की फ़ोटो खींच रहे हैं। पेरिस के बीचोबीच ऐसी अद्‌भुत एक 'स्टिल-लाइफ़' देखने को मिल जाएगी, कभी कल्पना नहीं की थी। यह अजीब है कि पूरे डेढ़ साल बाद ऐसी ही एक सूनी दोपहर को फ्लोरेन्स नदी के एम्बेंकमेंट पर चलते हुए मैं अचानक ठिठका-सा रह गया था...हूबहू यही तसवीर थी, यही मौन; एक स्लीप-वाकर की तरह मुझे भ्रम हुआ था कि मैं एक ही समय, संग-संग दो शहरों के बीच चल रहा हूँ—जिनमें कोई समानता नहीं किन्तु स्मृति की किस दीवार से टकराकर एक का स्वर दूसरे की प्रतिध्वनि बनकर गूँजने लगेगा, यह पता चलाना बहुत ही मुश्किल है।

पेरिस की वह दोपहर शायद इसलिए भी याद है कि पहली बार मैंने डरते-डरते उन पत्थरों को छुआ था जिन्हें किसी भूली-भटकी घड़ी में मारी आन्तोय नेत ने देखा होगा...खिड़की के बन्द झरोखे से, जो आज भी बन्द है। कोन्सियर्जरी की इमारत कुछ इतनी साधारण है कि यदि हमें यह न मालूम हो कि यहीं एक अँधेरे कमरे में मारी आन्तोय नेत बन्द थीं, तो शायद हम ऊपर आँख उठाए बिना आगे बढ़ जाएँगे। दरवाज़ा आधा खुला था, इसलिए मैं साहस बटोरकर भीतर आँगन में चला आया था। भारी बोझिल दीवारों के बीच टाइपराइटर की खट-खट सुनाई दे रही थी...कभी-कभी चाय या कॉफ़ी के प्यालों की खनखनाहट और दूर हवा में गूँजता हुआ मोटर का हॉर्न! बीसवीं सदी की इन आवाज़ों के बीच यह विश्वास करना कठिन था कि इन्हीं दीवारों के पीछे कहीं एक अँधेरा तहख़ाना होगा, बाहर चीख़ती-चिल्लाती भीड़ का कोलाहल...यही वह दरवाज़ा था, जहाँ से सम्राज्ञी अन्तिम बार 'गिलोटिन' पर जाने के लिए बाहर निकली होंगी...सिनेमा स्लाइड्स की तरह एक-एक तसवीर ऊपर उठती है...और टाइपराइटर की कर्कश खटखटाहट-तले कटती जाती है...नहीं, इतिहास चाहे कितनी ही ट्रेज़िक क्यों न हो, हमारी सदी में उसका प्रभाव एक सस्ते, सतही 'मेलोड्रामा' से अधिक नहीं हो पाता।

कोन्सियर्जरी की लाल ईंटों की दीवारों के बीच सहसा एक और दोपहर याद हो आती है...तब मैं वर्साई गया था। मारी आन्तोय नेत का भव्य-प्रासाद, चन्दन की लकड़ी की कुर्सियाँ, हरे, गुलाबी संगमरमर के स्तम्भ...बाग़ के दोनों ओर घने छायादार वृक्ष थे, जिनकी टहनियाँ यूनानी देवताओं की मूर्तियों पर काँपती रहती थीं। कोने में एक छोटा-सा झुरमुट है, कहते हैं, महल के कामों से ऊबकर सम्राज्ञी सबकी आँख बचाकर इसी झुरमुट के पीछे छिपकर घंटों अकेली बैठी रहती थीं। आश्चर्य है, इस स्थान पर पहुँचकर मुझे बहुत तेज़ भूख लग आई।

सुबह की ट्रेन से पेरिस से आया था और अभी तक कुछ भी नहीं खाया था। आसपास कुछ भी नहीं, सिर्फ़ पीछे झील के पास एक ठेले पर चलती-फिरती दुकान थी, जहाँ पुराने बासी बिस्किटों और केक के टुकड़ों के अलावा कुछ भी नहीं था। पास में पैसे हर दिन की तरह काफ़ी कम थे। पेरिस वापिस जाने का किराया अलग करके देखा तो सिर्फ़ इतने ही पैसे बचे थे कि केक का एक बासी टुकड़ा ख़रीद सकूँ। कुछ देर बाद टहलता हुआ मैं उसी झुरमुट के पास आ गया, जहाँ मारी आन्तोय नेत बैठा करती थीं। वहीं घास पर बैठकर मैं केक कुतरने लगा, और तब सहसा लगा जैसे झाड़ियों से कोई धीरे-से फुसफुसाकर कह रहा है—लोग मेरी बात का मज़ाक़ उड़ाते थे, लेकिन देखो—यह आदमी जिसके पास रोटी के लिए पैसे नहीं हैं, सचमुच केक खा रहा है।

हर शाम मैं दरवाज़ा खटखटाता हूँ। दुबुआ दरवाज़ा खोलते हैं...दूसरे कोने में उनके मित्र अपनी उँगलियों को चटखाते हैं। स्वभाव में दुबुआ से बिलकुल भिन्न। लम्बे, पतले-दुबले, बहुत ही निरीह-सी आँखें। आजकल पत्नी से अनबन हो गई है, इसलिए अपना घर छोड़कर दुबुआ के कमरे में ही सोते हैं। भूखे भेड़िये की तरह मैं भोजन पर टूट पड़ता हूँ। प्लूम को अँगरेज़ी अधिक नहीं आती। या शायद आती है और वह बोलते हुए शरमाते हैं, किन्तु क्लैसिकल संगीत का बेहद शौक़ है। जब हम खाना शुरू करते हैं, वह चुपके से दुबुआ के कमरे में जाते हैं। ग्रामोफ़ोन पर रेकॉर्ड लग जाता है और वह फिर हमारे संग आ बैठते हैं। रात देर तक बहस चलती है—नई फ्रेंच कविता के बारे में, फ्रेंच राजनीति के बारे

में। फ्रेंच लोग अकसर बहुत उत्तेजित होकर बहस करते हैं। अँगरेज़ों के 'अंडर स्टेटमेंट' या स्कैंडेनेवियन लोगों के सूक्ष्म व्यंग्य की उन्हें कोई ज़रूरत नहीं और फिर दुबुआ को तो उत्तेजित होने का जायज़ हक़ है...फ्रेंच होने के अलावा वह कम्युनिस्ट हैं और उसके अलावा एक प्रतिभाशाली कवि। असन्तुष्ट सबसे हैं...पार्टी की वर्तमान नीति से लेकर अपनी पुरानी कविता तक।

मेज़ पर रखी कोन्यांक की बोतल धीरे-धीरे कम होती जाती है... खिड़की के बाहर अप्रैल का बहुत नरम, गुदगुदा-सा अँधेरा है और बास्ती की छतों के परे पेरिस का आकाश। पास के कमरे से रेकॉर्ड का स्वर हमारे पास चुपचाप बीच की हवा में सिरसिराता हुआ चला आता है। आयस्ट्राख़ के वायलिन से रात की नीरवता रिस-रिस करते बहती जान पड़ती है। बीथोवन का सोनाटा नम्बर 1 डी. दूर आप 12 प्राग में ख़रीदा था, पेरिस आते हुए दुबुआ के लिए। वह आयस्ट्राख़ पर पागल है...हर रात हम इसे ही बजाते हैं।

बहुत देर बाद मैं अकेला रह जाता हूँ, वे सोने के लिए दूसरे कमरे में चले गए हैं। अब बीता हुआ पूरा दिन मेरे पास है। सिर्फ़ इस क्षण की प्रतीक्षा थी। कहीं भीतर एक छोटा-सा थिएटर है। बिस्तर पर लेटते ही परदा उठता है...गुज़रे दिन की स्मृति-छाया धीरे-से मंच पर आती है...देखो...

देखो...निकलस द स्ताल के रंगों का निशा-संगीत, मूक स्पेस के भीतर भटकती हुई एक भुतैली-सी अनुगूँज। आकृतियों पर गिरता हरा आलोक, यह लेज़े हैं, मशीनों का मांसल स्वप्न, जिसे केवल मौलिक चित्र ही आलोकित कर पाते हैं, लेज़े का वह स्वप्न अनुकृतियों में कहीं भी दिखाई नहीं देता। रोशनी शिफ़्ट होती है, स्मृति-मंच के दूसरे कोने में... यूनेस्को की विराट् इमारत...दीवार पर मीरो की नशीली डगमगाहट—न, यह म्यूरल नहीं है, यह तितली का स्फुरण है, जो हवा में एक रहस्यमय

गति छोड़कर ग़ायब हो गया है...लूव्र का टेरेस...बहुत ही निखरा दिन। कॉफ़ी पीते हुए अनेक चित्र याद आते हैं, वात्यू के, वर्मीर के—एक अजीब-सा शान्तिलोक, जिसमें न रेनाय सान्स का आलोड़न है, न हमारे युग की नर्वस अकुलाहट...

अकुलाहट? परदे के पीछे से इटालियन निर्देशक विस्कौंटी एक संग अतीत के पन्ने पलटते जाते हैं और सहसा दृष्टि स्थिर हो जाती है एलिज़ाबेथीन युग के एक नाटक पर। फ्रेंच का एक शब्द भी नहीं समझ सकता, किन्तु तीन घंटे तक आँखें मंच पर चिपकी रहती हैं। ब्रेख़्त के बाद पहली बार किसी नाटक ने मुझे इस तरह झकझोरा था। शेक्सपियर के किसी समकालीन लेखक—ग्रीन, डैकर, पील? आज मुझे कुछ भी याद नहीं—का वह नाटक था, निर्देशन विस्कौंटी ने किया था। क्या नहीं था उसमें—इनसेस्ट, ईर्ष्या, एडल्टरी, हत्याएँ, ख़ून, अन्तहीन आक्रोश—इसके बावजूद एक अद्वितीय शार्क (बाद में हम बहस करते रहे थे कि उसका श्रेय विस्कौंटी को जाता है, या अज्ञात नाटककार को?) जो नंगी, निपट निरावृत आत्मा से उत्पन्न होती है।

'लॉर्ड, लॉर्ड, दैट आई वर डेड।' वर्जीनिया वुल्फ ने इन एलिज़ाबेथीन नाटकों को 'आधुनिक संवेदना' से बहुत दूर की चीज़ माना है। "दर्जन-भर स्त्री-पुरुषों की मृत्यु की तुलना में तॉलस्तॉय की मक्खियों की पीड़ा हमें अधिक मर्मस्पर्शी लगती है।" क्या यह इसलिए नहीं कि इन नाटकों को इंग्लैंड के मंच पर लाने का दुस्साहस बहुत कम किया गया है? क्या यह महज़ संयोग था—एक इटालियन द्वारा निर्देशित अँगरेज़ी नाटक को फ्रेंच स्टेज पर देख पाना?

विस्कौंटी से अन्तोन्योनी—यह एक लम्बी यात्रा है—कुछ ऐसा ही जैसे हम दॉस्तॉयवस्की की अभिशप्त भूलभुलैया से बाहर निकलकर चेख़व के सूने, गोधूलि से सने आँगन में चले आए हों।

पेरिस और ला बुई (रात)—एक को याद करने पर दूसरे की छाया अनायास उभर आती है। सोचता हूँ, बरसों बाद जब मैं पेरिस के इन दिनों को याद करूँगा, तो हाड़-मांस की जीवन्त चीज़ों से कहीं अधिक सैलूलॉयड पर अंकित छिटपुटे बिम्ब...कैमरा की आँख द्वारा पकड़े गए हवा में ठिठके चन्द धब्बे ही शेष रह जाएँगे...एक अथाह 'इंटेलिटी' का क्षणिक सत्य...अस्पताल में मरता हुआ मरीज़, खिड़की से बाहर खुले आकाश में हवाई जहाज़ की फुसफुसाहट...बीसवीं सदी के एक बड़े शहर की अन्तहीन ऊब....अन्तोन्योनी ने समूची सदी की हलचल को एक व्यापक 'सायमलटेन्यटी' में पकड़ने की कोशिश की है। आधुनिक युग की ग्रन्थियों की चर्चा सब कोई करते हैं—किन्तु हर ग्रन्थि को (जिसमें नारी और पुरुष का सम्बन्ध सबसे महत्त्वपूर्ण है) अपनी सदी की एक 'इमेज' देना, एक 'कॉस्मिक' इमेज जिसमें हर व्यक्ति 'अकेलेपन' को ख़ुद चुनता है और ख़ुद बाहर आने के लिए छटपटाता है—'एंगुइश' का एक सिनेमाटिक मोज़ायक जो रंगों या शब्दों से नहीं बना—सिर्फ़ हवा में एक संकेत, हवाई जहाज़ की उड़ान, सूनी गली में भागती एक लड़की, एक प्रेमपत्र जिसका लेखक कुछ वर्षों बाद नहीं पहचानता कि ये शब्द उसने ही लिखे हैं—अन्तोन्योनी ने इन अलग-अलग झूलते संकेतों से यह फ़िल्म बनाई है—ल नुई, जिसे एक शाम मैंने पेरिस में देखा था।

परदा गिरता है, मैं बिस्तर पर करवट लेता हूँ। नीचे कोई घंटी बजाता है, सीढ़ियों पर भारी पदचाप, रेडियो की खड़खड़ाहट, किसी बच्चे के रोने का स्वर, पुराने शहर की आवाज़ें...सोचता हूँ, शहर चाहे प्राग हो या पेरिस, आवाज़ें वही रहती हैं।

दूसरे कमरे में प्लूम ने रेकॉर्ड की साइड बदली है, अब बीथोवन का आत्ममन्थन नहीं, अब है अँधेरी रात में गुनगुनाती हुई मोत्सार्ट की अलमस्त विपुलता—और नींद!

पेरिस कितना कम बदला है। इल्या इहरनबुर्ग के संस्मरण पढ़ते हुए मुझे बार-बार यह विचार आता था कि जो चीज़ें उन्होंने पचास वर्ष पहले पेरिस में देखी थीं, वही आज कमोबेश उसी रूप में मौजूद हैं। तीखे कुहरे में डूबा हुआ पारदर्शी नगर—एक-दूसरे से मिलते-जुलते मकान, रेस्तराँओं के टैरेस पर धूप सेंकते छात्र-छात्राओं के झुंड—सब वही है, जो कभी पहले था। 'समूचा शहर एक जंगल है—नीली छायाओं से घिरा हुआ।' दूर चर्चों की मीनारें हैं, चौराहों के बीच खड़े हैं विजय-स्तम्भ, बुलीबारों के कोनों में खड़े आलिंगनबद्ध प्रेमी...। समय वहाँ ठिठक गया है।

अनायास अलक्सेय तॉलस्तॉय के शब्द याद हो आते हैं। अपनी मृत्यु के चन्द महीने पहले उन्होंने इहरनबुर्ग से कहा था, "मेरी आख़िरी इच्छा यही है कि मैं पेरिस चला जाऊँ। सेन के किनारे एक मकान किराए पर ले लूँ—अपना अन्तिम उपन्यास मैं वहीं लिखना चाहता हूँ।"

वह जीवित नहीं रहे, किन्तु सेन का किनारा अब भी है, चेस्टनट के वृक्ष हैं—अप्रैल की धूप में भूरे अलसाये-से। मैं चलता हूँ, ठहर जाता हूँ; पहली बार आकांक्षा होती है—जी-भरकर जीने की। जीवित रहना—महज़ साँस लेना...

सियना, रोम, प्राग—हर शहर जैसे एक भूली स्मृति हो—धूप में चमकती रेत, और अपूर्ण रहस्य...सेन के किनारे इस वासन्ती दोपहर में लगता है—मरना इतना मुश्किल नहीं है यदि हमारे चारों ओर की दुनिया इतनी जीवित हो, इतनी इंटेन्स, जैसी इस क्षण...

पेरिस का लेफ़्ट बैंक, लेटिन कुआर्टर।

"एक बीयर..." वेटर भीतर जाता है। मैं द्यू मैगो के बाहर बैठा हूँ। आज दुबुआ साथ नहीं है...प्लूम का अपनी पत्नी से समझौता हो गया है और वह वापिस अपने घर चला गया है। मुझे हल्की-सी ख़ुशी होती है...इस शाम मेरे संग कोई भी नहीं है...सिवाय पेरिस के।

और एक बीयर!

सामने पेवमेंट पर पेरिस की भीड़ है—तेज़ी से रास्ता नापते लोग एक बार भी एक-दूसरे की ओर नहीं देखते। जितना मैंने फ्रेंच लोगों को अपने में निर्लिप्त देखा है—दूसरों की ओर से बिलकुल उदासीन—उतना शायद किसी देश में नहीं। और यदि वे जान जाएँ कि आपको फ्रेंच नहीं आती, तो उन्हें सचमुच झटका-सा लगता है। यदि हम बिलकुल कोरे हों...एक शब्द भी समझ पाने में असमर्थ—तो उन्हें ज़्यादा बुरा नहीं लगता। तब उन्हें महज़ सहानुभूति होती है—जैसे हम एक गँवई-गँवार हों—पुलिस-मैन हवा में हाथ हिलाता हुआ हमें रास्ता बताता है—वेटर मुस्कराकर हमें बीयर देता है। किन्तु मुश्किल उन लोगों की है जो फ्रेंच लोगों पर अपनी टूटी-फूटी किताबी फ्रेंच 'टेस्ट' करना चाहते हैं। तब वे समझकर भी आपकी बात नहीं समझने का उपक्रम करेंगे—वे आपको हर संकेत से यह जतलाने की कोशिश करेंगे कि जो 'भाषा' आप बोल रहे हैं, वह होनोलुलु या टिम्बकटू की भाषा हो सकती है, फ्रेंच से उसका कोई सम्बन्ध नहीं।

फ्रेंच लोग एक संग बहुत रसज्ञ और रूखे हो सकते हैं।

'बीयर, मोल्यो' मैं उसी समय बिल चुका देता हूँ ताकि उसे दोबारा वापिस न आना पड़े। बाहर का अँधेरा आसपास की कुर्सियों, मेज़ों, गिलासों को धीरे-धीरे सहलाता हुआ-सा जर्मा द प्रे के लम्बे बुलीबार में फैल गया है। मूक आवाज़ें हैं—बीयर पीते हुए अचानक उनकी आहट पास चली आती है। युद्ध के पहले का यूरोप और द्यू मैगो—जहाँ इस क्षण मैं बैठा हूँ। जुलाई के दिनों में हम रोशनियों के नीचे बैठते थे, हमारी आँखें एक-दूसरे पर टिकी रहती थीं—"एंड नन ऑव आवर लुक्स वर लास्ट।"

मैथ्यू का कैफ़े द्यू मैगो। नींद से बोझिल आँखें, राख-से सफ़ेद चेहरे...चेकोस्लोवाकिया, सिर्फ़ एक शब्द पर यूरोप की नियति टिकी थी, शान्ति की आख़िरी रात—एक पागल-सी हँसी।

अतीत की आवाज़ें पैरों के नीचे हैं, मेज़ों के बीच, तवायफ़ की थकी आँखों में जैसे सब एक लॉटरी के खुलने की प्रतीक्षा कर रहे हों...

फ्रेंच अस्तित्ववादियों के इस कैफ़े में आज सिर्फ़ अमरीकी टूरिस्ट हैं, जिनके लिए द्यू मैगो वैसा ही आकर्षण रखता है जितना आइफल टावर या लूव्र। मैं भी महज़ टूरिस्ट हूँ—यह पेरिस की गरम शाम है और मैं बीयर पी रहा हूँ। कैफ़े की छत के परे साँ जर्मा दे प्रे का चर्च दिखाई देता है—पेरिस का शायद सबसे पुराना चर्च। मैं भूल नहीं पाता कि मैं प्राग से आया हूँ—मेरे लिए इस शाम दोनों ही शहर एक अदृश्य ढंग से ख़ुद मेरी नियति से जुड़े जान पड़ते हैं। यह शान्ति की एक शाम है, कोई कल्पना भी नहीं कर सकेगा कि पन्द्रह वर्ष पहले इसी कैफ़े में किसी फ्रेंच युवती ने अपने प्रेमी से आश्चर्य में पूछा होगा—क्या सचमुच हम चेकोस्लोवाकिया के लिए युद्ध में जाएँगे? मैं तो यह भी नहीं जानती, नक़्शे में प्राग कहाँ है?

आज—बीस वर्ष बाद कुछ भी अन्तर नहीं पड़ता।

आख़िरी धूप के रेतीले कण सेंट जर्मा के चर्च पर उड़ते हैं—मैं चलने लगता हूँ द्यू बोनापोर्ट की तरफ़। हवा वासन्ती गन्ध से बोझिल है और हर चीज़ एक तराशी हुई सिलहट की तरह उभर आई है। यह आख़िरी शाम के कुछ लमहे हैं...कुछ देर बाद मैं दुबुआ के संग बैठा हूँगा—रेड वाइन पीते हुए हम आयस्ट्राख़ को सुनते रहेंगे—चुपचाप, अपने

में सिमटे हुए। मैं उसे कभी इस शाम के बारे में नहीं बता सकूँगा जो मैंने सिर्फ़ एक अकेली बीयर के संग गुज़ार दी है। सोचता हूँ, हम हमेशा एक पुराने शहर में आते हैं, लेकिन हर दिन गुज़रने के संग वह रहस्यमय ढंग से नया होता जाता है और आख़िरी दिन जब उसे छोड़ने लगते हैं, तब लगता है कि सचमुच में पहला दिन यही है, जब हम यहाँ आए हैं।

मुझे हमेशा दुख रहेगा कि पेरिस में मैं कम दिन रह सका। आज याद करता हूँ, तो उससे जुड़ी हुई या उससे अलग—कुछ अपनी ही बिम्ब-छवियाँ इकट्ठा कर पाता हूँ—लेकिन बहुत कोशिश करने के बावजूद उसकी एक 'इमेज', एक पूरा चेहरा नहीं पकड़ सकता—जैसे कोई व्यक्ति सिर्फ़ एक रात किसी के संग गुज़ारकर आगे चला जाए और बाद में सोचने पर केवल याद कर सके—सिर्फ़ आँखों का रंग, बालों की एक ख़ास ख़ुशबू, देह की खोजती-काँपती मूक आवाज़ और चन्द फ़िज़ूल के शब्द। किन्तु इन सबको जोड़ता हुआ एक मुकम्मिल 'दर्द' कभी भी वापिस लौट नहीं पाता—हूबहू वैसा ही जैसा हमने उस रात जाना था। क्या यह ग़लत होगा यदि आज इस शहर के पुराने मकानों के बीच चलता हुआ मैं पेरिस के उस एक व्यक्ति की फुसफुसाहट कानों में सुन सकूँ जिसने अतीत और समय के रहस्य को जितनी मार्मिक सच्चाई से नापा था, उतना शायद किसी ने नहीं। इसलिए भी मैं उन्हें इस आख़िरी शाम याद करता हूँ क्योंकि पेरिस एक शहर है—जहाँ हम चुपचाप सेन के किनारे चलते हुए अनायास बीती हुई ज़िन्दगी के बारे में सोचने लगते हैं, जैसे इस शहर का हर दिन बीते हुए साल का आख़िरी दिन हो—मोम-सा सफ़ेद, चेस्टनट की छाँह में उजले पानी-सा ख़ामोश... और तब मुझ-जैसे यायावर को—जो बरसों घर से दूर अजनबी स्थानों में रहता आया है, यह जानकर आश्चर्य नहीं होता कि जिन-जिन स्थानों में हम रहते आए हैं, वे 'स्पेस' की दुनिया में नहीं थे। दरअसल हर

स्थान एक छोटा-सा 'स्लाइस' था—हमारे बीते हुए समय की एक-एक इम्प्रेशन से जुड़ी शृंखला का भाग। एक ख़ास 'इमेज' की स्मृति सिर्फ़ एक बीते हुए लमहे का दुख है...और पुराने घर, सड़कें, गलियाँ उतनी ही क्षण-भंगुर हैं, जितने—ये वर्ष।[1]

---

1. मार्सल प्रूस्त।

वियना

वियना की एक दोपहर...उनींदी अलसाई-सी धूप में नहर का मटियाला जल झिलमिलाता है। आज ख़ाली हूँ, रात तक। और सारा दिन कल भी। हॉस्टल से आज सुबह ही निकल आया था। बाहर फ़ुटपाथ पर पेड़ों के झुरमुट के बीच एक आउट-डोर कैफ़े में कॉफ़ी पी थी। फिर देर तक कार्लसकिर्चे के चर्च में बैठा रहा, जहाँ न जाने कितनी पुरानी सदियों का मौन जमा था। स्टेन-ग्लास के पीछे वियना का मेघाच्छन्न आकाश! भीगी करुणा-सा मलिन आलोक गोथिक मूर्तियों पर चमक रहा था। करुणा भी वहीं समय की तलछट में शाश्वत का बोध, जो सुख-दुख से ऊपर उठकर एक अजीब-सी उदासी में टिक जाता है। लगता था, जैसे चर्च की भग्न-पुरानी दीवारों के बीच जो घनी शान्ति आ सिमटी है, हम ख़ुद उसका जुज़ बन गए हैं।

चर्च ख़ाली था—उतना ही ख़ाली जितने यूरोप के अन्य पुराने चर्च, जहाँ सिवाय कुछ विदेशी टूरिस्टों के कोई दिखाई नहीं देता। एक

बूढ़ी स्त्री मोमबत्तियों के आगे बैठी थी। मैं एक पिछली ख़ाली बेंच पर बैठ गया हूँ। छत पर, दीवारों पर, ऑल्टर के आगे—चारों ओर से पुराने टेस्टामेंट के सन्तों की आँखें हम पर झुकी हैं। ऑल्टर पर रखी मोमबत्तियों के मद्धिम आलोक में अँधेरे की तहें चुपचाप खुल गई हैं—जैसे शान्त संगीत के कुछ स्वर बासी हवा में तिरते हुए मोमबत्तियों की लौ के इर्द-गिर्द चुपचाप फड़फड़ा रहे हों...बाहर वियना की सड़कें हैं, ट्राम की घंटियाँ और नहर का ताम्रवर्णी जल। चर्च से बाहर आकर सबकुछ बहुत चमकीला, बहुत उज्ज्वल-सा दिखने लगा है। मैं स्टाड्ट पार्क के भीतर चला आया हूँ। आज छुट्टी का दिन है और सैकड़ों वियना-निवासी पार्क के बीच रेस्तराँ की कुर्सियों पर बैठे धूप सेंक रहे हैं। मैं धीरे-धीरे बीयर पी रहा हूँ—मेरी कुर्सी के बिलकुल सामने जोहानस्ट्रॉस की मूर्ति है—हाथ में वायलिन पकड़े हुए और वह अपनी स्वप्निल आँखों से मुझे—या शायद मुझसे परे वियना के आकाश को देख रहे हैं। कितना अजीब-सा लगता है यह शहर! सड़क के कोनों पर, बाग़ों के भीतर, गली-कूचों के नुक्कड़ पर—हर जगह हम बीथोवन, ब्राह्यस और मोत्सार्ट-जैसे महान् संगीतज्ञों और रुवेन्जु राफ़ाल या माइक्लेंजलो-जैसे चित्रकारों की मूर्तियाँ देख लेते हैं। आज सुबह कितनी देर तक मैं बीथोवन की मूर्ति के आगे खड़ा रहा था—और अब जोहानस्ट्रॉस।

वियना की बीयर...कार्लसकिर्चे के चर्च पर कबूतरों का झुंड उड़ा जाता है। बीयर पीते हुए मैसाकेलांडा की पगली रातें याद आती हैं, जहाँ हम फेस्टिवल के दौरान ठहरे थे। दिन-भर के कार्यक्रम के बाद जब हम थककर चूर हो जाते थे, तो सिर्फ़ इतनी शक्ति रह जाती थी कि डायनिंग-हॉल में जाकर रात की अन्तिम घड़ियों में कुछ बीयर पी सकें। हम जिस मैदान में ठहरे थे, वहाँ अभी कुछ दिन पहले अन्तर्राष्ट्रीय प्रदर्शनी हुई थी। रात के समय सारे मैदान पर बत्तियाँ जगमगाने लगतीं। प्रतिनिधियों के तम्बुओं में एकोर्डियन पर हर देश के गाने गाए जाते।

लगता था जैसे हम अचानक किसी 'फेयरी लैंड' में आ गए हों।

वह समारोह की दूसरी रात थी। मैसाकेलांडा के हॉल में इतनी भीड़ थी कि एक मेज़ से दूसरी मेज़ तक जाने में दर्जनों नये दोस्त बन-बन जाते, बीसियों बार हाथ मिलाया जाता, हर मेज़ से थोड़ी-सी बीयर या रेड वाइन पीनी पड़ती, नोटबुक पर नाम और पते लिखने पड़ते। बार-बार कुछ मेज़ों को अलग कर दिया जाता, ताकि बीच की ख़ाली जगह में अलग-अलग देशों के प्रतिनिधि एक-दूसरे के संग नाच सकें। यह एक समस्या थी कि नाचते हुए जोड़ों के बीच कैसे रास्ता बनाया जाए। पियानो पर एक नीग्रो हर पन्द्रह मिनिट बाद एक नई धुन बजाने लगता था और हर नई धुन के संग बीयर पीते हुए कुछ लोग कुर्सियाँ धकेलकर नाच में शामिल हो जाते।

यह एक गरम रात थी। मुझे उस हॉल में बैठे घंटों बीत चुके थे। मैं हँस रहा था, पी रहा था और बहुत-से लोगों के बीच बैठकर ज़ोर-ज़ोर से बोल रहा था। उस भीड़ में बहुत-से लोग थे—इराकी, अमरीकन और पोलिश। जब भाषा हमारा साथ नहीं देती थी, तो हम इशारों से बात करने लगते, जब इशारों से भी अर्थ समझ में नहीं आता था, तो हम सिर्फ़ हँसने लगते थे।

और तब मैं अचानक उठ खड़ा हुआ। मैं ख़ाली गिलास लेकर काउंटर से बीयर लेने जा रहा था। लेकिन मैं काउंटर तक नहीं जा सका। मेरे इर्द-गिर्द बहुत-सी आवाज़ों का शोर था। पियानो का जॉज संगीत नाचते हुए पैरों पर थिरकता हुआ उस बोझिल, नशीली हवा में बार-बार टूट जाता था, बार-बार उफनता हुआ गरम साँसों में बिंधा जाता था।

मैं कोने में खड़ा रहा। मुझे लगा जैसे बिजली के तमाम बल्ब अपने-अपने में सिकुड़-से गए हैं, उनसे बाहर आती हुई रोशनी फैलकर छोटे-छोटे गुब्बारों में फैल गई है और ये गुब्बारे किसी भी क्षण फूट सकते हैं। लगा, जैसे कुर्सियों के कोनों का तीखापन हवा में धीरे-धीरे

घुलने लगा है, हर चीज़ का सतही-ठोसपन अपने में ही रीता-सा हो गया है और आवाज़ों को सुनकर यह नहीं लगता था कि कोई उन्हें बोल रहा है, बल्कि ऐसा भ्रम होता था कि मानो वे अशरीरी छायाओं-सी तिरती हुई हॉल में अपने-आप घूम रही हैं।

रात की उन चन्द आख़िरी घड़ियों में एक बहुत पुरानी, बहुत धुँधली-सी तसवीर गुज़र गई। वह तसवीर उस वियना की स्मृतियों से जुड़ी थी जब प्रथम विश्वयुद्ध आरम्भ नहीं हुआ था—जिसे स्टीफ़न ज्विग ने 'वर्ल्ड ऑव यस्टरडे' की संज्ञा दी थी। अपने एकान्त क्षणों में मैंने कितनी बार यह स्वप्न देखा था। पतझर के दिनों में वियना की एक शाम—मैं सड़क के एक कोने में खड़ा हूँ। सामने कुछ फ़ासले पर ऑपेरा-हाउस है, एक विचित्र रहस्यमय स्थान। मेरे हाथों में फूलों का एक गुच्छा है और उसकी भीनी सुगन्ध मेरी नस-नस में समा गई है। गाड़ियाँ आती हैं, कुछ लोग उतरते हैं और ऑपेरा-हाउस में चले जाते हैं। वह वियना की एक बहुत निस्तब्ध शाम है और मैं गाड़ियों के पीछे भागते हुए पतझर के पत्तों को देखता रहता हूँ। मैं प्रतीक्षा कर रहा हूँ—लगता है, मैं चिरन्तन काल से उस क्षण की प्रतीक्षा कर रहा हूँ, जब ऑपेरा-हाउस की सीढ़ियों पर मैं वियना की सुप्रसिद्ध ऑपेरा-अभिनेत्री के हाथों में फूलों का गुच्छा पकड़ा दूँगा और वह एक क्षण अपनी विस्मित आँखों से मुझे देखेगी—देखती रहेगी और मुस्करा देगी।

बरसों पुराना यह स्वप्न (जो अब कितना बचकाना-सा लगता है!) मैसाकेलांडा की उस रात को एकदम कितना वास्तविक-सा हो उठा था। मैं कभी-कभी सोचता हूँ कि हमारे भीतर कितनी अस्पष्ट लालसाएँ, कितने धुँधले स्वप्न, किसी अनुकूल क्षण की प्रतीक्षा में दबे रहते हैं (स्वप्न—जो किसी रात अपने कमरे की चारदीवारी के भीतर एक रेकॉर्ड सुनते हुए आ समाया था, लालसाएँ—जो किसी किताब को पढ़ते हुए अपनी एक तसवीर हमारे अतीत की अल्बम में चिपका गई थीं), और

फिर बरसों बाद अपने देश से हज़ारों मील दूर किसी अजनबी शहर में वह क्षण अचानक आ जाता है और हम स्तब्ध-से अतीत और वर्तमान की सीमारेखा पर ठिठके-से रह जाते हैं...

यह सब कैसे हुआ था? क्या ज़्यादा बीयर पीने के कारण? या कुछ घटनाओं का आकस्मिक संयोग? मुझे याद है। मैं काउंटर के पास खड़ा था। मेरे हाथ में बीयर का गिलास था, जो बार-बार काँप उठता था। मुझे लग रहा था जैसे पियानो का संगीत, भीड़ में नाचते हुए प्रतिनिधि, नीग्रो की स्वप्निल आँखें और भीड़ की उलझी आवाज़ें नीली धुंध की तरलता में डूब गई हैं। मैं जानता था बीयर लेने के लिए मुझे सिर्फ़ दो क़दम चलना है, किन्तु मैं यह जानता था कि ये दो क़दम मैं किसी हालत में भी नहीं चल सकूँगा। और तब मैंने सुना, पीछे से कोई कह रहा है—

"हैलो, ऐन इंडियन?"

"या," मैंने कहा।

"वांट सम बीयर?"

"मे बी सम।"

उसने अपने गिलास से थोड़ी-सी बीयर मेरे गिलास में उँड़ेल दी। उसका उच्चारण अमरीकी लड़कियों-सा था। मुझे यह जानकर ख़ुशी हुई कि उसके संग इशारों से बात नहीं करनी पड़ेगी।

'प्योर इंडिया' उसने अपना गिलास हवा में उठाया और मेरे गिलास से छू दिया...प्योर...? मेरी प्रश्न-भरी निगाहें उसके चेहरे पर उठ गईं—मैंने सोचा था, वह इंग्लैंड या अमरीका कहेगी। उसने फिर अपना गिलास उठाया और धीरे-से कहा—"कैनाडा।"

न जाने क्यों मैं हँसने लगा। फिर हम बातें करने लगे, जिसका अब एक शब्द भी मुझे याद नहीं है। शायद हम वियना के बारे में बातें कर रहे थे। या शायद हम नाचते हुए जोड़ों के बारे में अपनी राय प्रगट

कर रहे थे—या शायद हम चुप थे और लग रहा था जैसे हम बातें कर रहे हैं (जैसा अकसर ज़्यादा पी लेने के बाद महसूस होता है)।

फिर हम दोनों लोगों के बीच अपनी बीयर बचाते हुए उसके टेबल के पास पहुँच गए। वहाँ एक और लड़की कुछ इराक़ी प्रतिनिधियों के संग बैठी थी।

"यह एलिस है और यह..." मैंने अपना नाम बताया और एलिस ने अपने इराक़ी मित्रों से (जो बहुत कम अँगरेज़ी समझते थे) मेरा परिचय कराया।

"एलिस इन वंडरलैंड," मैंने धीरे-से कहा। एवलिन, जिसके संग मैं यहाँ आया था, मुस्कराने लगी।

"एलिस इराक़ियों के लिए क्रेजी है—कोई ऐसा इराक़ी डेलीगेट नहीं है, जो उसे नहीं जानता।"

"ओ यू शट अप," एलिस ने हँसते हुए कहा, फिर वह आगे झुक आई और धीरे-से बोली, "एवलिन इज़ ए पेंटर यू नो? जब तुम काउंटर के पास खड़े थे, तो उसने काग़ज़ पर तुम्हारा स्केच बनाया—एवलिन, ज़रा दिखाओ।"

एवलिन के होंठ गिलास से ढके हैं और वह मुस्कराते हुए अपना सिर हिला रही है। हमारा परिचय अभी कुछ देर पहले ही हुआ था, किन्तु हम इस तरह से घुल-मिलकर बातें कर रहे हैं मानो बरसों से एक-दूसरे को जानते हैं। वातावरण ही कुछ ऐसा है कि हर प्रकार की दूरी या औपचारिकता निरर्थक-सी लगती है—हम कम-से-कम लमहों में एक-दूसरे को ज़्यादा-से-ज़्यादा जान लेना चाहते हैं, मानो हमें डर लग रहा है कि न जाने कब कोई इस चीज़ में खो जाएगा और फिर हमेशा के लिए दिखाई नहीं देगा।

"नॉट डांसिंग?" एलिस ने मेरी ओर देखा।

"और तुम?"

"मुझे बीयर ज़्यादा अच्छी लगती है।" एलिस उम्र में कुछ ज़्यादा बड़ी है, लेकिन उसकी मुस्कराहट में बच्चों-सी निरीहता झलकती है। एवलिन एक इराक़ी के संग नाचने के लिए कुर्सी से उठ खड़ी हुई—किन्तु उसके हाथ में बीयर का गिलास अब भी झूल रहा है।

"मुझे डर है, मेरे जाने के बाद तुम सारा गिलास ख़ाली कर दोगे।" उसने मुझसे कहा।

"गुडलक एवलिन," एलिस ने कहा।

पियानो पर नीग्रो युवक ने एक नई धुन छेड़ दी और एवलिन कुछ देर के लिए भीड़ में खो-सी गई।

मैं और एलिस बातें करने लगे हैं। वह कैनाडा में सोशल वर्कर है और पहली बार यूरोप आई है।

"लगता है यह मेरा अपना फेस्टिवल है।" उसने कहा।

"कुछ दिनों के लिए एवलिन के संग साल्जबर्ग जाऊँगी, फिर स्पेन और फिर होम...स्वीट होम..."

"यहाँ मैंने तुम्हें आज पहली बार देखा—क्या तुम रोज़ आती हो?"

"हाँ...हर रात। जानते हो कैनाडा में मैं इतने लोगों से इस तरह खुलकर मिल नहीं पाती थी—यहाँ मैंने अभी तक पचास इराक़ियों को मित्र बनाया है। हम हर रोज़ सोचते हैं, आज किस देश के प्रतिनिधि को फ्रेटर्नाइज़ किया जाए—बट यू आर द फ़र्स्ट इंडियन।"

डांस ख़त्म हो चला था और एवलिन हाँफती हुई हमारे पास आकर बैठ गई।

"फ्रेटर्नाइज़िंग अगेन?" उसने एलिस से कहा और हँसने लगी।

"जानते हो यूरोप आकर एलिस के सारे इनहिबिशन्स दूर होते जा रहे हैं। कैनाडा में यह घर से बाहर नहीं निकलती थी।" एवलिन ने कहा।

"ओ—लान्ग लिव वियना।" हम तीनों के गिलास ऊपर उठ गए।

भीड़ छँटने लगी थी—हम हॉल से बाहर निकल मैसाकेलांडा के मैदान में आ गए थे। गेट पर समारोह के रंग-बिरंगे झंडे हवा में फरफरा रहे थे। सारे मैदान में विभिन्न देशों के प्रतिनिधि अपने-अपने तम्बुओं के बाहर खड़े थे। कुछ लोग गिटार पर स्पेनिश गीतों को गाते हुए हमारे पास से गुज़र गए।

"एलिस इन वंडरलैंड।"

ऊपर वियना का आकाश था—दूर-दूर तक फैला हुआ। हम चुपचाप अँधेरे में चलते रहे।

"शायद किसी दिन हम इंडिया आएँ—क्यों एलिस?"

"इंडिया"...एलिस ने सोते हुए स्वर में कहा, "हाऊ फॉर इट सीम्ज़।"

"जैसे हम सब लोग रूटलेस-जेनरेशन के लोग हों। रात को अजनबी लोगों के संग नाचना, देर तक बीयर पीना और लगता है जैसे हम कुछ भी कर सकते हैं..."

"ओ एवलिन—यू एंड योर हैमिंग्वे!" एलिस हँसने लगी।

हम कैनाडा के तम्बू के सामने खड़े थे। मुझे अभी कुछ और आगे जाना था। भारतीय प्रतिनिधियों का पड़ाव मैदान के दूसरी ओर था।

हम कुछ देर चुपचाप खड़े रहे। यह कहना असम्भव था कि हम फिर कभी मिल पाएँगे। अचानक मैं चौंक गया—एलिस ने धीरे-से मेरा हाथ पकड़ लिया। "जानते हो, मैं तुम्हारा नाम भी भूल गई।" और उसने अपनी नोट-बुक मेरे आगे कर दी।

"लिखने से अच्छा रहेगा—यू आर द ओन्ली इंडियन वी हैव मेट।"

हम तम्बू के पास चले आए, जहाँ से मद्धिम आलोक की एक रेखा बाहर मैदान में खिंच आई थी। मैंने अपना नाम लिखकर नोट-बुक उसके आगे बढ़ा दी—किन्तु उसने उसे पकड़ा नहीं। वह प्रतीक्षा-भरी आँखों से मुझे देखती रही। उस क्षण मुझे पहली बार आभास हुआ कि

एलिस की आँखें बहुत नीली और गहरी हैं, जैसे बढ़ती हुई उम्र की छाया ने अभी तक उन्हें पूरी तरह घेरा न हो, और उनमें बच्चों-सी अजीब निरीहता है।

"एलिस!" मैं अपने नाम के नीचे उसकी नोट-बुक के खुले पन्ने पर लिखने लगा : "Alice! let us pray that here in Europe, both of us may succeed in overcoming our inhibitions."

नोट-बुक मैंने उसके हाथों में पकड़ा दी। कुछ देर तक हम तीनों चुपचाप मैसाकेलांडा की जगमगाती रोशनियों को देखते रहे।

वियना के फैले विस्तृत आकाश के नीचे मैं चलने लगा। एक-एक करके पुरानी स्मृतियाँ जगने लगीं, मास्को का क्रेमलिन, बुदापेस्त, जहाँ बुदा की पहाड़ी से झाँककर बहती हुई डेन्यूब को देखा था—ब्लू डेन्यूब, और अब वियना की रहस्यमय गलियाँ, जिनमें चलते हुए मोत्सार्ट का संगीत और आर्थर श्लीज़र की कहानियाँ साकार-सी हो उठती हैं। सचमुच ये अद्‌भुत गर्मियों के दिन थे—कई लोगों से सुना है कि पिछले दो सौ वर्षों में गर्मियों के इतने लम्बे और ख़ूबसूरत दिन यूरोप में नहीं आए। लगता है, जैसे सारे यूरोप में एक रंग-बिरंगा फेस्टिवल मनाया जा रहा है और वियना का उत्सव इसका ही एक छोटा-सा भाग है। मैं सोचने लगा—उन हज़ारों लड़के-लड़कियों के बारे में, जिन्हें मैंने हर शहर के यूथ-होस्टलों और स्टूडेंट्स क्लबों में गाते-नाचते देखा था। लड़के कॉर्डराय की जैकेट और लड़कियाँ नीली जीन्स पहने, कन्धों पर कैमरा लटकाए और हाथ में नये अजनबी शहर का नक़्शा लिये, हज़ारों की संख्या में दिखाई दे जाते थे—म्यूज़ियमों में, आर्ट-गैलरियों में, वियना, मास्को और लन्दन के चौराहों पर। अलग-अलग भाषाओं के कुछ सुन्दर-से शब्द हमेशा के लिए एक उदास-सी स्मृति छोड़ जाते थे, लाखों की तादाद में एक देश से दूसरे देश की ओर पिक्चर पोस्टकार्ड सफ़ेद शान्ति-कपोतों की तरह उड़ा दिये जाते थे।

हाँ, सचमुच ये गर्मी के अजीब दिन थे...हर जगह हवा में शान्ति की अफ़वाह थी। लड़ाई ख़त्म होने के बाद पहली बार लगा था जैसे शीत-युद्ध की बर्फ़ धीर-धीरे पिघलने लगी हो। मैंने पहली बार वियना में पॉल रॉब्सन को विशाल जनसमूह के बीच गाते हुए सुना था। बाद में लन्दन के ट्रिफाल्गर-स्क्वायर के उड़ते हुए कबूतरों के नीचे बर्ट्रेंड रसेल की गहरी आँखों को देखा जिसमें शान्ति का वही आलोक था, जो पॉल रॉब्सन की आवाज़ में छिपा था।

वियना और लन्दन की इन सभाओं में युवक और युवतियों के चेहरे बदल गए थे, लेकिन उनके नारों में, उनकी मुस्कराहट में और हँसी में कुछ ऐसा था, जो आज भी बहुत-कुछ एक जैसा था—एक ऐसी ही धड़कन, गरम और बहुत ही कोमल।

उस रात अपने तम्बू में लेटा हुआ मैं, यही सबकुछ सोचता रहा...एलिस के बारे में, बुदापेस्त की डेन्यूब के बारे में—और तब मुझे लगा—जैसे एलिस की आँखें वैसी ही नीली थीं जैसे डेन्यूब का रंग। एक अजीब-सी भावना मन में फिरने लगी। मैं सोचने लगा, बीस या तीस वर्षों बाद जब कभी कोई इन सुनहरी गर्मियों की चर्चा करेगा तो मैं अपने से कह सकूँगा—"हाँ, इन गर्मियों में मैं यूरोप में ही था।"

चीड़ों पर चाँदनी

"इन पहाड़ों के पीछे न जाने क्या होगा?" जब हम छोटे थे, तो अपने घर के बरामदे में खड़े होकर अकसर एक-दूसरे से यह प्रश्न पूछा करते थे। उन दिनों छुट्टी लेकर पहाड़ों पर जाने की ज़रूरत महसूस नहीं होती थी—वे हमेशा हमारे संग थे, हमारे खेलों में, हमारे सपनों में। तब पहाड़ों की शक्ल, उनकी भाव-भंगिमा बिलकुल अलग, दूसरे क़िस्म की थी, जैसे माँ की शक्ल जो बच्चों की आँखों में होती है, वह दूसरों के लिए नहीं होती। उसकी पहचान ही अलग होती है।

शिमले का वह घर बरसों पहले छूट चुका है, उसके बाद न जाने कितने छोटे-बड़े हिल-स्टेशनों के होटलों में रहना पड़ा है, किन्तु आज भी जब किसी अकेली, निर्जन पगडंडी पर चढ़ता हुआ घास के किसी अनजाने द्वीप पर साँस लेने ठिठक जाता हूँ, तो आँखें असीम विस्मय से भर उठती हैं। पहाड़ों की अलंघ्य, अभेद्य ऊँचाइयों की तरह इस प्रश्न की रहस्यमयता आज भी वैसी ही बनी है, जैसी कभी बरसों पहले बचपन में थी।

टॉमस-मान का 'मैज़िक-माउंटेन' बहुत बाद में पढ़ा, किन्तु जब पढ़ा तो लगा जैसे इसे बहुत पहले कहीं पढ़ा था। स्विट्ज़रलैंड की पहाड़ी चोटियाँ शिमले से अलग हैं—वहाँ कभी नहीं गए, उन्हें कभी नहीं देखा, किन्तु जिस 'मैजिक-माउंटेन' की बर्फ़ीली गुफाओं में खोकर हैस-कैस्ट्रप ने विराट् सत्य की उपलब्धि की थी, उसकी क्षणिक, उड़ती हुई अनुभूति कितनी बार बचपन में हुई है, क्या उसका लेखा-जोखा करना आज सम्भव है?

रात को सोते समय आकाश साफ़ होता था। दिसम्बर के निविड़, गहन अन्धकार में दूर की पहाड़ियाँ ड्राइंग-पेपर पर धूमिल रेखाचित्र-सी स्तब्ध, निश्चल दीखती थीं—इतनी महीन, इतनी म्लान, कि लगता था जैसे अँधेरे पर हाथ फेरते ही सबकुछ मिट जाएगा। आकाश कुछ नीचे सरक आता था, धरती को छूता-सा, और धरती अपना ओर-छोर समेटकर घुटनों पर झुक आती थी, जैसे पहाड़ियों के आगे गुमसुम प्रार्थना कर रही हो। हम बच्चे थे, इस तरह के अजीब अद्‌भुत चित्रों को आँखों में बसाकर लिहाफ़ में ठिठुरते हुए सो जाते थे।

सुबह कमरे की खिड़की से बाहर झाँकते ही क्षण-भर के लिए दिल की धड़कन रुक जाती थी। मैं पलंग से उतरकर काँपते हाथों से सोते हुए भाई-बहनों को जगाने लगता था।

कुछ ही मिनिटों में हम कम्बल ओढ़कर खुली खिड़की के सामने बैठे दिखाई देते थे। कल रात सोते समय जो अँधेरी, भूरी पहाड़ियाँ देखी थीं, वे कहाँ हैं? स्कूल जानेवाली हमारी 'शार्टकट' पगडंडी, हमारा खूबानी का पेड़, डाकखाने के नीचे पानी का बम्बा, सब कहाँ हैं? बर्फ़ का एक सफ़ेद-सा परदा खिंच आया है, जिसमें गढ़े, नालियाँ, परिचित पगडंडियाँ, मकानों की छतें, सब छिप गई हैं—या छिपी नहीं हैं, महज़ एक सफ़ेद 'मास्क' पहनकर उभर आई हैं और हम इन्हें पहली बार नई आँखों से देख रहे हैं।

क्या यह शिमला है—हमारा अपना शहर—या हम भूल से कहीं और चले आए हैं? हम नहीं जानते कि पिछली रात जब हम बेख़बर सो रहे थे, बर्फ़ चुपचाप गिरती रही थी।

खिड़की के सामने पुराना, चिर-परिचित देवदार का वृक्ष था, जिसकी नंगी शाख़ों पर रुई के मोटे-मोटे गालों-सी बर्फ़ चिपक गई थी। लगता था, जैसे वह 'सान्ता-क्लॉज़' हो, एक रात में ही जिसके बाल सन-से सफ़ेद हो गए हैं। टेलिग्राफ़ के तार बर्फ़ की परतों में लिपटकर मोटी सफ़ेद रस्सियों की तरह आकाश में खिंच आए थे—हर कुछ क्षणों बाद इन रस्सियों पर बर्फ़ के 'आइसिकल' फ़र में लिपटी सफ़ेद गिलहरियों-से नीचे लटक आते थे।

कुछ देर बाद धूप निकल आती है—नीले चमचमाते आकाश के नीचे बर्फ़ से ढकी पहाड़ियाँ धूप सेंकने के लिए अपना चेहरा बादलों के बाहर निकाल लेती हैं—चेहरा जो बर्फ़ का 'मोज़ायक' है—पहाड़ियों के ऊँचे-नीचे 'पोर्टल्ज़' पर टिका हुआ—जिस पर रंग-बिरंगे पत्थरों-से विशाल हिमखंड चमक रहे हैं। दिन-भर इन चोटियों पर पीले या सलेटी रंग के बादलों का मेला लगा रहता है—'पाउडर-पफ़'-सा हर बादल हवा में तिरता हुआ अपने सुनहले पंखों से बर्फ़ के इस 'मोज़ायक' को पोंछ जाता है। बर्फ़ और बादलों का यह चिरन्तन खेल नारकंडा, डलहौजी, शिमला—हर जगह देखा है, किन्तु गुलमर्ग की उस चाँदनी रात में जो भूले-से अचानक देखा था, वह आज भी नहीं भूल पाया हूँ।

शुरू अप्रैल के दिन थे। हवा में चाक़ू की पैनी धार-सा तीखापन था। टूरिस्टों का ताँता अभी आरम्भ नहीं हुआ था और जिस कमरे में मैं ठहरा था, उसके अलावा होटल के सब कमरे ख़ाली पड़े थे। आधी रात अचानक हवा का वेग तेज़ हो गया। मैं दरवाज़ा बन्द करने उठा हूँगा—लेकिन आँख खुलते ही मेरे भीतर एकाएक सबकुछ शान्त, निस्पन्द-सा हो आया था। चारों ओर एक घना-सा सन्नाटा घिर आया

था—कभी-कभी ख़ाली कमरों के दरवाज़े, खिड़कियाँ, हवा के झोंकों से खड़खड़ा उठते थे और फिर सबकुछ, छोटी-बड़ी, जानी-अनजानी आवाज़ें एक अथाह शान्ति में डूब जाती थीं।

कमरे में हल्की, फीकी-सी चाँदनी बिखर आई थी। आँखें खिड़की के पार बीच के तरल अँधेरे को लाँघती हुई खिलनमर्ग की हिमाच्छादित चोटियों पर जा टिकीं। चाँदनी के छुई-मुई-से झिलमिलाते कण ऊपर से नीचे तक बर्फ़ पर फिसल रहे थे। सबकुछ एक-दूसरे में चुपचाप सिमट आया था। लगता था, जैसे संगमरमर के सफ़ेद चूरे की हल्की-हल्की बारिश हो रही हो। एक पीला उजला-सा आलोक होटल के बाहर पोलोग्राउंड की घास पर फैलता हुआ हवा में बार-बार काँप उठता था। बादल, बर्फ़, चाँदनी...तीनों के अलग-अलग रंग थे, अलग-अलग लय थी। उस क्षण मुझे लगा मानो किसी मायावी संगीत के चमकीले सुरों ने समस्त वन्य-स्थल को अपने स्वप्निल, निस्पन्द पंखों के भीतर समेट लिया हो—लगा था जैसे चाँदनी के रेशमी डोरों से खिंचती हुई खिलनमर्ग की बर्फ़ीली पहाड़ियाँ होटल के कमरे के पास तक सरक आई हों और खिड़की के बाहर हाथ फैलाते ही मैं उन्हें छू लूँगा।

पहाड़ों पर चाँदनी का यह अद्भुत मायाजाल मैंने पहली बार देखा था और एक अलौकिक विस्मय में मेरी आँखें अनायास मुँद गई थीं। उस रात मुझे लगा था कि पहाड़ों में भी साँप की आँख-जैसा एक अविस्मृत, जादुई सम्मोहन होता है...एक भुतैला-सा सौन्दर्य, जो एक साथ हमें आतंकित और आकर्षित करता है, जिसके मोह-पाश में बँधना उतना ही यातनामय है, जितना उससे मुक्त होना।

जाखू की पहाड़ी से सटा साढ़े सात सौ फ़ीट की ऊँचाई पर हमारा स्कूल था। हर शाम बस्ता झुलाते हुए हम पहाड़ी छायाओं के संग नीचे उतरा करते थे। आज हम बहुत नीचे उतर आए हैं, बचपन की वह बुलन्दी न जाने कहाँ पीछे छूट गई है। उस शाम नौकुछिया से

भीमताल आते हुए उस एकाकी निर्जन रास्ते पर अचानक उन पुरानी चिर-परिचित छायाओं से भेंट हो गई और मैं मंत्रमुग्ध-सा खड़ा रहा। ढलती शाम की फीकी सुनहली आभा भूरी पहाड़ियों की ऊँची-नीची रेखाओं पर उतर आई थी। उनके पीछे किन्तु उनसे सटी हुई एक अन्य पर्वत-शृंखला अधखुले पंखे-सी ऊपर जाकर टेढ़ी-सी हो गई थी मानो कोई भीमकाय बनैला जन्तु अपनी गरदन उठाकर आकाश निहार रहा हो। दो पहाड़ियों के बीच गाँव की सलेटी छतें ताश के पत्ते-सी बिखरी थीं, जिन पर हल्के बैगनी रंग के गुब्बारे उड़ रहे थे। ये गुब्बारे पहली दृष्टि में बादल लगते हैं, किन्तु एकटक देखने से लगता है मानो उनके भीतर से मैली रेत के धुँधले किन्तु तीखी रेखाओं से युक्त पिरामिड उभरने लगे हैं...नीले पिरामिड! आकाश, बादल और हवा से मिलकर ये पिरामिड चित्रित हुए हैं...शाम की धूमिल छायाओं ने इन्हें जन्म दिया है।

ये पहाड़ी छायाएँ एक-सी हैं, किन्तु हर जगह इनके पल-छिन बदलते रंगों को देखा है। जाखू की पहाड़ियों पर स्कूल के कमरे की खिड़की से बाहर इन्हें धीरे-धीरे धूप के संग उतरते देखा है। बहुत बरसों बाद कोटगढ़ के सेब के बग़ीचों में लेटे हुए पेड़ों की सरसराती टहनियों पर, रानीखेत में चीड़ की सुईनुमा, नुकीली पत्तियों की जाली से इन्हें चुपचाप छनते, झरते देखा है।

और तब रात झुक आती है...पहाड़ों पर अँधेरा एकदम नहीं आता, एकदम आकर चौंकता नहीं—न वह उजाले को धकेलकर उसकी जगह लेता है, बल्कि दिन का उजाला ख़ुद-ब-ख़ुद धीरे-धीरे अँधेरे में सिमट जाता है। इसलिए पहाड़ी धूप कभी मरती नहीं, सिर्फ़ अपना रंग बदल लेती है।

कालका और शिमला के बीच एक वीरान उपेक्षित हिल-स्टेशन है—सोलन। अँगरेज़ों के ज़माने की कुछ कोठियाँ और बँगले यत्र-तत्र

मिल जाते हैं—ख़ाली और उजाड़, जिनके आगे टु-लेट की टूटी-फूटी तख़्तियाँ झूलती रहती हैं।

वहाँ पहाड़ियाँ ख़ामोश रहती हैं...शाम की उनींदी उदासी में केवल पहाड़ी चरवाहों का गीतस्वर हवा में उड़ता-भटकता सुनाई दे जाता है। मोटर-रोड से ज़रा नीचे बित्ते-भर का चौकोर खोखल है—चारों ओर चीड़ के घने झुरमुटों में घिरा हुआ।

यह खोखल बहुत ख़ामोश है। सफ़ेद पत्थरों पर काई जम गई है, अक्षर मिट गए हैं। चिरन्तन मौन के दायरे में पत्थर सोए हैं, बरसों से सो रहे हैं...हवा में पत्ते काँपते हैं, और चुपचाप झर जाते हैं। पत्तों के पीले ढेर में पत्थर दब-से गए हैं।

इन पत्थरों पर जो नाम लिखे हैं, उन्हें अनेक बार पढ़ा है—हर बार नाम नये लगते हैं, हर बार उन्हें पढ़कर भूल जाता हूँ। मेरे लिए उनका कोई अर्थ नहीं है, उनके लिए भी मेरा कोई अर्थ नहीं है, किन्तु फिर भी मैं हर शाम यहाँ आता हूँ। इनके ज़रा ऊपर घास का छोटा-सा ढलुआ टुकड़ा है—उठी हुई हथेली-सा। मैं हर शाम घास की इस हरी हथेली पर बैठा हुआ इन ख़ामोश पत्थरों को देखता हूँ, जो पत्थर नहीं हैं, किन्तु पत्थरों से अलहदा नहीं हैं। मेरे पैरों के नीचे गीली मिट्टी है, काई-कीचड़ में लिथड़े फूल हैं, रंग-बिरंगी तितलियाँ हैं, जो एक क्रॉस से उड़कर दूसरे क्रॉस पर बैठ जाती हैं। हवा में एक तेज़-तीखी ख़ुशबू-सी फैलने लगती है, यह फूलों की नहीं, पत्थरों की ख़ुशबू है, यह गन्ध सड़ते हुए पत्तों की ख़ुशबू से मिलती है, उस गन्ध से मिलती है जो किसी पुरानी पेंटिंग के उखड़े, बासी रंगों से आती है। लगता है जैसे पेड़ों की छायाओं के संग पत्थरों का यह मंच धीरे-धीरे हिल रहा हो, पीछे पहाड़ियों के एम्फीथिएटर में किसी के पैरों की थाप झाड़ियों के बीच सरसराती-सी सुनाई दे जाती है और उसकी गूँज चारों दिशाओं को खटखटाकर पहाड़ी हवा में गुम हो जाती है...

इज़ देअर एनीबॉडी देअर? सेड द ट्रैवेलर
नॉकिंग ऑन द मूनलिट डोर

यह अजीब-सा यात्री कौन है, जिसकी पदचाप हमेशा पहाड़ों में सुनाई दे जाती है—चाँदनी, पहाड़ी हवा या मृत्यु?

और तब अचानक ध्यान भटक जाता है। बरसों पहले की एक शाम स्मृति-पट पर झलक जाती है...

नौ हज़ार फ़ीट की ऊँचाई पर नारकंडे का डाक बँगला एक नन्हे घोंसले-सा पहाड़ की चोटी पर टिका है। अभी बस से उतरा हूँ और बरामदे में बैठकर कॉफ़ी पी है। डाक बँगले के ज़रा नीचे बसों के अड्डे के पास किसी पहाड़ी देवता का मन्दिर है। मन्दिर के चारों ओर लाल, नीले, हरे रंग के चीथड़े टँगे हैं, जो दिन-रात हवा में फड़फड़ाते रहते हैं। डाक बँगले के चौकीदार ने मुझे बताया कि हर यात्री किसी पुरानी प्रथा के अनुसार अपना कोई कपड़ा मन्दिर को भेंट कर जाता है। इन्हीं कपड़ों को मन्दिर की दीवारों के चारों ओर लटका दिया जाता है।

किन्तु कुछ ही देर में हवा में फड़फड़ाते इन चीथड़ों को अँधेरे ने निगल लिया। मोटर-रोड के दाईं ओर 'प्रीस्ट-हाउस' की ढलुआँ छत के ऊपर हँसिया चाँद उग आया है, किन्तु दूर पहाड़ियों पर धूप अभी तक रेंग रही है। एक क्षण के लिए पता नहीं चलता कि नौ हज़ार फ़ीट की ऊँचाई पर जो पीला आलोक सिमट आया है, वह मिटते सूरज की रश्मि-रेखा है या उगते चाँद की हलद आभा? पश्चिमी आकाश में कुहरे के ऊपर अँधेरा अलग था, बादल अलग थे और दोनों के बीच सिन्दूरी रंग की लम्बी विशालकाय व्हेल मछली-सी रेखा खिंच आई थी। किन्तु कुछ ही क्षणों में यह मछली हवा में घुल गई, एक नीली धुंध की झीनी-सी चादर पहाड़ियों पर बिछल आई है। लगता है, जैसे रात ऊपर

से नीचे नहीं बल्कि नीचे घाटियों की अतल गहराइयों से निकलती हुई ऊपर आकाश की ओर आ रही है। धुंध के छोटे-छोटे रेले धूप और चाँदनी दोनों को ही अपने में समो लेते हैं, डाक बँगले के लम्बे कॉरिडोर का दूसरा सिरा दिखाई नहीं देता। नीली-सलेटी परतों में लिपटी यह धुंध इतनी सघन और ठोस है कि उसे चाकू से तराशा जा सकता है। मेरी सारी देह किसी अदृश्य धुएँ की अनन्त तहों में दबी रह गई है। मुझे लगता है, मानो बरामदे की कुर्सी पर मैं नहीं बैठा हूँ, केवल मेरा ओवरकोट धुंध की नीली दीवार पर टँगा रह गया है।

नारकंडे की वह रात आज डलहौज़ी की सुनसान सड़कों पर भटकते हुए सहसा आँखों के सामने घूम जाती है। लगता है जैसे बरसों पहले की धुंध नारकंडे के डाक बँगले से निकलकर बीते समय की अतल, अँधेरी घाटियों को पार करती हुई मेरे होटल के आगे ठिठक गई हो। होटल से बहुत दूर नीचे कैंट की धुँधआती बत्तियों के आर-पार सितम्बर के बादल उड़ते रहते हैं—हर लैम्प पोस्ट के इर्द-गिर्द चमकीली धुंध का दायरा जमा हो जाता है, मानो आलोक-मंडल से आवृत कोई देवदूत पृथ्वी पर आ खड़ा हो।

किन्तु रात की यह धुंध हमेशा ही नहीं रहती—पहाड़ों पर भी सुबह होती है।

भीमताल...हमारे मकान के पिछवाड़े पहाड़ी पर धूप धीरे-धीरे नीचे उतरती है। दूध-सी धवल, कोमल किरणों के शुभ्र आँचल में ओस में भीगी घास, पत्थर, जंगली फूल झिलमिलाते हैं। कुछ ही देर में ये किरणें हमारे मकान की लाल टीन की छत छू लेंगी और नीचे झील के पानी में उतर जाएँगी।

मन्दिर के घेरे से ज़रा दूर झील के पश्चिमी कोने में छोटा-सा टापू है। उसके बीचोबीच पेड़ों का हरा-पीला झुरमुट है, जिनकी मटियाली छायाएँ दिन-भर झील के पानी में तिरती रहती हैं। किनारे पर तीन-चार

नौकाएँ खड़ी रहती हैं, पर्यटकों को द्वीप तक ले जाती हैं और फिर उन्हें वापिस किनारे पर पहुँचा देती हैं।

टापू पर पके गूलर गिरते हैं...टप, टप...पानी भागता है, किसी अदृश्य निधि की खोज में। ऊर्मियाँ सतह पर उठती हैं, दौड़ती हैं, छोटे-छोटे बूँदों-सी झील के साँवले गालों पर झूलती हैं और फिर गुम हो जाती हैं।

हमारे मकान के नीचे दलदल है। कुछ दिन पहले यहाँ झील का जल था, जिसे अब हलद्वानी और अन्य निकटवर्ती स्थानों के लिए, जहाँ जल की कमी है, खींच लिया गया है। जब हम यहाँ आए थे, तब दलदल गीली थी, पाँव रखते ही नीचे धँस जाती थी। हम घुटनों तक नीचे कीचड़ में फिसलते जाते थे। किन्तु अब पिछले दो-तीन दिनों से कीचड़ का पानी सूख गया है। अब यहाँ बड़े-बड़े चौकोर केक-से काली मिट्टी के टुकड़े उभर आए हैं...जहाँ-तहाँ गाय, भैंसों, बकरियों के खुरों के निशान दिखाई दे जाते हैं।

सामने छोटे-से बाज़ार के आगे बसों का अड्डा है—भुवाली, नैनीताल नौकुछिया, काठगोदाम को जाती हुई बसों का सोया-सा हॉर्न झील पार करता हुआ हम तक पहुँच जाता है। हम जान गए हैं कि किस समय अमुक बस कहाँ जा रही है।

सुबह, दोपहर, शाम के पल-छिन बदलते रंगों के संग झील अपना आवरण उतारती है, निरावृत होकर स्तब्ध भाव से चारों ओर झाँकती है और फिर सबकी आँख बचाकर धीरे-से चुपचाप नया रंग ओढ़ लेती है। दोपहर की उनींदी घड़ी में आसपास का ताम्रवर्णी जल ठहर-सा जाता है—केवल बीच में एक लम्बी शहतीर-सी चमचमाते पारे की लहर ताल को दो उजली फाँकों में काटती हुई दूर तक फिसलती जाती है।

झील के कितने चेहरे हैं—या चेहरा एक ही है, केवल भंगिमाएँ बदलती हैं। धूप ने जाल डाला है, चमकीले मुलायम मछलियों-सी लहरें

जाल के तन्तुओं से खेलती हैं, फँसती हैं और फिसल जाती हैं।

पूरी रात होने के कुछ क्षण पूर्व....झील के दो चेहरे हो जाते हैं—एक हँसता हुआ, दूसरा सोया-सा। पानी बँट जाता है, आधा जल गहरा हरा, कहीं-कहीं श्यामल—आधा सफ़ेद, जैसे किसी ने चूने का चिट्टा चूरा पानी में घोल दिया हो। अँधेरा बढ़ते-बढ़ते यह सफ़ेदी धीरे-धीरे झील के श्यामल हिस्से को अपने में ढाँप लेती है। झील का रंग आकाश के रंग से मिल जाता है—मानो आसपास की पहाड़ियों के बीच आकाश का ही एक टुकड़ा तारों समेत नीचे आकर औंधा पड़ गया है।

शाम की फैलती छायाओं में भीमताल का द्वीप डूब जाता है, केवल पेड़ों के झुरमुट का एक धब्बा झील और आकाश की सफ़ेदी पर स्तब्ध-सा खिंचा रहता है।

रात की घनी नीरवता में सबकुछ धीमे-धीमे सिमट जाता है। लहरें शान्त हो जाती हैं। आख़िरी बस बाज़ार के आगे कोने में ठहर जाती है।

दूर टापू में गूलरों के गिरने का स्वर सोते-सोते भी सुनाई दे जाता है—टप, टप, टप...

देहरी के बाहर

लैक्सनेस : एक इंटरव्यू

"मुझे आपसे मिलने का सौभाग्य एक बार पहले प्राप्त हो चुका है।"

"कहाँ?" उन्होंने कुछ आश्चर्य से पूछा।

"दिल्ली में। यह स्वाभाविक है कि आपको याद नहीं। वहाँ बहुत-से लोग जमा थे और मैंने आपकी किताब पर सिर्फ़ हस्ताक्षर लिये थे।"

"ओह, दिल्ली—मुझे वहाँ अवकाश एक क्षण भी नहीं मिल सका," उन्होंने हँसते हुए अपने दोनों हाथ हवा में फैला दिये। "मैं ज़्यादातर सरकारी अफ़सरों के बीच घिरा रहता था। बहुत कम लोगों से मिल पाया—ऐसे लोगों से, जिनसे मिलना चाहता था।" फिर उन्होंने प्रश्नों की झड़ी लगा दी। रिक्याविक कब आया, कैसे आया, कहाँ ठहरा हूँ, कहाँ-कहाँ घूम चुका हूँ। फिर अचानक चुप हो गए और मेरी ओर देखते रहे।

"कैसा लगा आपको यह देश—आइसलैंड?" उनकी आँखों में बच्चों की-सी उत्सुकता झलक उठी।

"सौभाग्य से मैं अभी तक सरकारी अफ़सरों से मुक्त हूँ।"

वह हँसने लगे।

वही लैक्सनेस थे, हालदौर विलियन लैक्सनेस। किन्तु आइसलैंड में शायद ही कोई उन्हें इस नाम से पुकारता है। सब लोग—स्कूल के बच्चों से लेकर टैक्सी-ड्राइवर तक—उन्हें 'विलियन' के नाम से ही जानते हैं। 'श्री' और 'जी' के बोझ से मुक्त उनका यह छोटा हल्का-सा नाम कुछ इस खुले, आत्मीय ढंग से पुकारा जाता है कि लगता है जैसे वह साहित्य के नोबेल-पुरस्कारसम्पन्न लेखक न होकर कोई गली के पास-पड़ोसी हैं, जिनसे किसी भी क्षण गपशप की जा सकती है।

लम्बा चेहरा, चौड़ी दृढ़ ठुड्डी, कुछ-कुछ सफ़ेद पड़ती मूँछें, संयत, शान्त आँखें—जिनमें कभी हल्का-सा परिहास, कभी अलसाया-सा व्यंग्य उभर उठता था—यही उनका व्यक्तित्व है, बहुत ही ग़ैर-रोमैंटिक और नॉर्मल। शायद वह हमारे युग के सबसे नॉर्मल साहित्यकार हैं।

आइसलैंड की राजधानी रिक्याविक में उनके मकान के एक खुले हवादार कमरे में हम बैठे थे। पास ही खिड़की थी, जिसके परे मकानों की ऊँची-नीची छतें और उनके भी परे गर्मियों का नीला आकाश दिखाई दे रहा था। मेरे संग मेरे पुराने मित्र बरेन रॉय भी थे, जो लन्दन में आजकल शोध-कार्य कर रहे हैं। हम दोनों एक संग आइसलैंड आए थे, एक ही जहाज़ में—वह लन्दन से, मैं प्राग से।

"आप कितने दिन यहाँ ठहरेंगे?" बैठते ही उन्होंने पूछा।

"पन्द्रह-बीस दिन—ज़्यादा-से-ज़्यादा।"

"बहुत कम अरसा है।" उन्होंने तनिक धीमे स्वर में कहा। "लेकिन देश यह छोटा है और आप इतने कम समय में भी काफ़ी कुछ देख सकेंगे।"

"दो दिन पहले थिंग विलियर (आइसलैंड का एक महत्त्वपूर्ण

ऐतिहासिक स्थान) से लौटते समय हमने आपका गाँव का मकान देखा था—हमें नहीं मालूम था कि इन दिनों आप वहीं रहते हैं।"

"हाँ, गर्मियों में मैं वहीं रहता हूँ, काम भी वहीं करता हूँ। मुझे ख़ेद है कि मैं आपको अपने उस घर में आमंत्रित नहीं कर सका। यहाँ मैं सिर्फ़ कभी-कभी एक-दो दिन के लिए चला आता हूँ...और इस मकान में आपको देने के लिए न कॉफ़ी है, न शराब..." उन्होंने कुछ क्षमा-याचना के स्वर में कहा, "वैसे दो घर कभी-कभी काफ़ी उलझन उत्पन्न कर देते हैं। आदमी न इस घर का रहता है, न उस घर का।" एक हल्की-सी मुस्कराहट उनके होंठों पर सिमट आई। "आप सिगरेट पिएँगे? मैं तो नहीं पीता लेकिन..."

मैंने अपना पैकेट बाहर निकाल लिया। इंटरव्यू कैसे लिया जाता है, मैं इसी उलझन में फँसा था। किन्तु इससे पेश्तर कि मैं कुछ पूछ पाता, उन्होंने कहा, "आपने आइसलैंड आने का इरादा कैसे कर लिया? यहाँ तो बहुत कम विदेशी टूरिस्ट आते हैं...कम-से-कम अभी तक यह देश 'टूरिस्ट-हॉट' नहीं बन पाया है।"

"टूरिस्ट कम आते हैं...यह ख़ुद में एक आकर्षण था यहाँ आने के लिए।" मैंने कहा, "इसके अलावा स्कैंडेनेवियाई देशों के प्रति पुरानी जिज्ञासा रही है। यूरोप के अन्य देशों से वे काफ़ी भिन्न रहे हैं...और आइसलैंड तो शायद उनसे भी बहुत अलग रहा है।"

"आपको क्या कभी आइसलैंड के पुराने सागा-ग्रन्थों को पढ़ने का अवसर मिला है?" उन्होंने पूछा।

"दुर्भाग्यवश ज़्यादा नहीं...अँगरेज़ी में वे आसानी से उपलब्ध नहीं हो पाते। यहाँ आने से पूर्व मैंने 'न्याल-सागा' पढ़ा था, जो हाल में ही 'पेलिकन-सीरीज़' में प्रकाशित हुआ है।"

"हाँ, मैंने उसे देखा है। मेरे विचार में अँगरेज़ी में उसका अनुवाद बहुत सफल रहा है...हालाँकि यह काफ़ी कठिन काम है। सागा-ग्रन्थों

की अपनी एक विशिष्ट शैली है, जिसकी गरिमा अनुवाद में सही-सही उतार पाना एक दुर्लभ चीज़ है।"

"आपकी कुछ पुस्तकें पढ़ने के बाद मुझे ऐसा प्रतीत हुआ है कि आपने सागा-ग्रन्थों से गहरी प्रेरणा प्राप्त की है—उनका ऐपिक-विस्तार और कठोर यथार्थवादिता। क्या यह सत्य है?"

"हाँ, बहुत हद तक। आइसलैंड का शायद ही कोई लेखक अपने को इन महान् साहित्यिक निधियों के प्रभाव से मुक्त रख सका है। अपने उपन्यास 'हैपीवारियर्स' को लिखते समय मुझे लगभग पाँच वर्षों तक सागा-ग्रन्थों का अनुसन्धान-अध्ययन करना पड़ा था। दुर्भाग्यवश अँगरेज़ी में उसका अनुवाद बहुत ही ख़राब हुआ है। वैसे इसमें बेचारे अनुवादक को दोष देना बेकार है। मैं जानता हूँ दूसरी भाषा में अनुवाद कितना सिर-दर्द का काम हो सकता है..."

"मि. लैक्सनेस, आपका देश यूरोप के मुख्य राष्ट्रों, मेट्रोपॉलिटन देशों से बहुत दूर और पृथक् रहा है, भौगोलिक और ऐतिहासिक दृष्टि से। क्या आपने अपने सृजन-कार्य में यह अलगाव महसूस किया है?"

"यह कहना शायद सही नहीं कि आइसलैंड यूरोपीय प्रभावों से अछूता या असंपृक्त रहा है। सत्रहवीं शताब्दी से पहले इंग्लैंड, फ्रांस और मध्ययुग में जर्मनी के सांस्कृतिक और धार्मिक आन्दोलनों ने आइसलैंड की जीवन-धारा को बहुत हद तक प्रभावित किया था।"

"और डेनमार्क का प्रभाव?" मैंने पूछा।

उनके होंठों पर हल्की-सी व्यंग्य-भरी मुस्कराहट उभर आई। "आपका मतलब है, डेनमार्क पर आइसलैंड का प्रभाव? शायद आपको यह बात अजीब लगे, लेकिन यह सच है कि आइसलैंड पर सैकड़ों वर्षों के डेनिश राजनीतिक प्रभुत्व के बावजूद डेनिश साहित्य या संस्कृति का हमारे देश पर कोई गहरा या स्थायी प्रभाव नहीं पड़ा। बल्कि यह कहना सत्य के काफ़ी निकट होगा कि साहित्य और कला के क्षेत्र में डेनमार्क

को आइसलैंड से निरन्तर प्रेरणा मिलती रही है। यह तनिक आश्चर्य की बात है कि राजनीतिक प्रभुत्व और सांस्कृतिक प्रभाव हमेशा एक संग नहीं जाते!"

"आपने सृजन-प्रक्रिया में लेखक के अलगाव का प्रश्न उठाया है। अन्ततः यह 'मनुष्य के अकेलेपन' की समस्या है। मैं समझता हूँ, यह समस्या पश्चिम के आधुनिक लेखकों को काफ़ी पीड़ित करती रही है... लेकिन मैंने आज तक ज़िन्दगी में यह अलगाव या अकेलापन महसूस नहीं किया। मैंने कभी यह महसूस नहीं किया कि मेरे और दूसरे लोगों के बीच ऐसी कोई खाई है, जिसे पार नहीं किया जा सकता।"

"अकेलापन..." एक लम्बे क्षण तक वे चुप रहे। मैंने देखा, उनके माथे पर तीखी रेखाएँ खिंच आई हैं। फिर सहसा निर्णयात्मक लहजे में उन्होंने कहा, "नहीं, मैं नहीं समझता कि इस समस्या ने मुझे कभी पीड़ित किया है।"

"कुछ अरसा पहले अँगरेज़ी नाट्य-आलोचक टॉयनन् से बातचीत करते समय सार्त्र ने कहा था कि आज के युग में कोई भी प्रतिगामी लेखक महान् साहित्य की रचना नहीं कर सकता। इस सम्बन्ध में आप क्या सोचते हैं?"

"इस कथन से सहमत होना काफ़ी मुश्किल है। वैसे मैं स्वयं एक ऐसा लेखक हूँ, जिसे लोग 'वामपंथी' या 'समाजवादी' कहते आए हैं। इसके बावजूद मैं सोचता हूँ कि अपने प्रतिगामी विचारों के रहते भी इलियट और काम्यू ने महान् रचनाओं की सृष्टि की है। और टैगोर की धार्मिक कविताएँ—क्या वे आपको आकर्षित नहीं करतीं? 'गीतांजलि' पढ़ते हुए मुझे आज भी आनन्द आता है...हालाँकि युवावस्था में टैगोर की कविताएँ ज़्यादा आकर्षित करती थीं।"

"क्या आज उनका महत्त्व आपके लिए उतना अधिक नहीं है जितना पहले था?"

"यह कहना कठिन है...लेकिन मेरे विचार में टैगोर पश्चिम के लिए अजनबी (उन्होंने इसके लिए 'एलियन' शब्द का प्रयोग किया था) ही बने रहेंगे।"

शाम हो चली थी, लेकिन खिड़की के बाहर रिक्याविक की छतों पर अब भी उजाले की परतें जमा थीं। अँधेरे के नाम पर महज़ एक धूमिल पीली रोशनी-सी फैल गई थी, हवा में पीली-मटियाली रोशनी, जो आधी रात तक समूचे शहर पर चमकीले, ठंडे ज़र्रों-सी बरसती रहेगी...।

इंटरव्यू जारी था।

"अभी आपने पश्चिमी लेखकों के अकेलेपन की चर्चा की थी, मि. लैक्सनेस। क्या यह नहीं है कि आज के अणु-युग में कलाकार अपने अकेलेपन से बाहर आने की चेष्टा कर रहा है...या दूसरे शब्दों में यूँ कहें कि अणु-युद्ध की सम्भावना ने लेखकों पर क्या एक ऐसी ज़िम्मेदारी डाल दी है, जो शायद पहले किसी युग में उपस्थित नहीं थी?"

लैक्सनेस कुछ देर तक चुप रहे—शायद उन्हें लगा कि मैं उन्हें किसी विवाद में 'कॅमिट' करने की चेष्टा कर रहा हूँ (जो मेरी मंशा नहीं थी) और वह कदाचित् कुछ सतर्क हो गए।

"आज के प्रचार-युग में लेखकों की आवाज़ कोई विशेष महत्त्व या प्रभाव रखती है, मुझे इसमें सन्देह है। गम्भीर साहित्य की ओर भला कितने लोग ध्यान देते हैं? 'लाइफ़' और 'टाइम्स' की पत्रिकाएँ मेरी पुस्तकों से कहीं ज़्यादा लोकप्रिय हैं! सस्ती फ़िल्में, रेडियो, टेलीविज़न का गोरखधन्धा लोगों के दिमाग़ों पर इस क़दर हावी है कि कुछ भी सोचने-समझने का अवकाश उन्हें शायद ही कभी मिल पाता है। मेरे विचार में आज भी प्रत्येक छोटे-बड़े देश में राजनीतिज्ञों का ही बोलबाला है—आम लोगों की नियति उनके दाँव-पेच द्वारा ही नियोजित होती है। वैसे मेरे विचार में युद्ध निश्चित रूप से नहीं होगा, इसलिए नहीं कि लेखक अपनी शक्ति से उसे टालने में सफल होंगे, बल्कि इसलिए कि

आज राजनीतिज्ञ भी अणुशस्त्रों की संहार-शक्ति से डरते हैं। पहले या दूसरे विश्वयुद्ध से पूर्व कई देशों में युद्ध के प्रति काफ़ी उत्साह पाया जाता था। आज मुझे कहीं, किसी देश में वह दिखाई नहीं देता..."

"आपका अभिप्राय है कि इस युग में लेखक एक असहाय गवाह होने के अतिरिक्त कुछ भी कर पाने में असमर्थ है?"

"मुझे सन्देह है कि वह वस्तुस्थिति में कोई बुनियादी परिवर्तन कर सकता है। दूसरे युद्ध के आरम्भ होने से पूर्व जर्मनी में अनेक ऐसे साहित्यकार थे, जिन्होंने फ़ासिज़्म का तीव्र विरोध किया था, किन्तु क्या उन्हें राजनीतिज्ञों की चालों के आगे कुछ भी सफलता मिल सकी?"

मुझे सन्तोष नहीं हुआ है। मैं आगे कुछ पूछनेवाला ही था कि अचानक मुझे एक 'लोकप्रिय' पत्रकार के शब्द याद हो आए : सफल इंटरव्यू का लक्षण यही है कि उसे बहस की दलदल में न फँसने दिया जाए। मैंने सतर्कता से अपने को दलदल से बचाते हुए वार्तालाप का रुख़ बदलने की चेष्टा की। "क्या भारत से लौटने के बाद आपने इस सम्बन्ध में कोई संस्मरण लिखे हैं?"

"मैंने चीन और भारत की यात्रा लगभग एक ही समय में की थी। अकसर मैं इन दोनों देशों की वर्तमान परिस्थितियों की तुलना करता रहा हूँ। इस सम्बन्ध में मेरे एक-दो लेख भी प्रकाशित हुए थे। दरअसल भारत के सम्बन्ध में मैं अभी तक कोई निश्चित या अन्तिम निष्कर्ष नहीं निकाल सका हूँ, किन्तु आपके देश में कुछ चीज़ों को देखकर मुझे गहरा आश्चर्य हुआ..."

वह अचानक कुछ झिझककर चुप-से हो गए, मानो कुछ हिचकिचाहट-सी महसूस हो रही हो। मैंने प्रार्थना की कि वह बिना किसी छिपाव-दुराव के अपने विचार प्रगट करें।

"देखिए, आप मुझे ग़लत न समझें। भारत के नेताओं के प्रति मेरे मन में हमेशा आदर-भाव रहा है। वे अत्यन्त सुसंस्कृत और सजग

हैं, किन्तु उनके और भारत के सर्वसाधारण लोगों के बीच मुझे गहरा अन्तर दिखाई पड़ता है। गाँवों में लोगों के घरों को देखकर मैं बिलकुल आश्चर्य में पड़ गया। न जाने वे वहाँ कैसे रहते हैं? मध्य-युग में भी यूरोप के लोग शायद ऐसे घरों में रहना पसन्द न करते। शायद भारत की गरम जलवायु में लोग इन तकलीफ़ों को बरदाश्त कर सकते हैं। ऊपर छत न हो तो बाहर सो लेने में कोई ख़ास दिक़्क़त नहीं। किन्तु यूरोप की जलवायु में लोगों के लिए चाहे वे कितने ही ग़रीब क्यों न हों, ऐसी परिस्थितियों में जीवित रहना असम्भव है...मुझे एक और घटना याद आती है। वाराणसी में गंगा का पानी ऐसा नहीं, जिसे बहुत साफ़ कहा जा सके। वाराणसी म्युनिसिपैलिटी के एक गाइड मेरे संग थे, सुशिक्षित युवक, साहित्य में एम.ए.। उन्होंने मुझे बताया कि लोग गंगा में नहाने नहीं, अपने पाप धोने आते हैं। उन्होंने यह भी कहा कि गंगा के पानी में कीटाणु नहीं हैं। मुझे यह जानकर गहरा आश्चर्य हुआ कि वह स्वयं इन बातों में विश्वास रखते थे, मेरा मतलब है, लोगों के पापों में, कीटाणुओं में नहीं...मुझे नहीं मालूम, किन्तु जान पड़ता है भारतवासी कीटाणुओं में ज़्यादा विश्वास नहीं रखते।"

"क्या आपको ऐसे अन्धविश्वास कहीं और देखने को मिले?"

उनकी मुस्कराहट गहरी हो गई, आँखों में शरारत का-सा भाव चमक उठा।

"हाँ, एक बार बम्बई में एक उच्च हिन्दू परिवार-द्वारा मुझे एक भोज में आमंत्रित किया गया था। दिलचस्प बात यह थी कि भोज के दौरान कई लोग मुझे ऑल्डस हक्सले समझते रहे, हालाँकि मेरी शक्ल उनसे ज़्यादा नहीं मिलती और विचार तो बिलकुल नहीं! किन्तु शायद इसी ग़लतफ़हमी के कारण एक भारतीय सज्जन मेरे पीछे पड़ गए। ज्योतिषशास्त्र में उनका गहरा विश्वास था और वह अपने तर्कों द्वारा मुझे भी अपना अनुगामी बनाने की भरसक चेष्टा कर रहे थे। आख़ीर उनसे

छुटकारा पाने के लिए मैंने कहा कि मेरे गुरु मार्टिन लूथर अनेक प्रकार के हास्यास्पद अन्धविश्वासों का शिकार थे—एकमात्र ज्योतिष विद्या को छोड़कर। फिर भला मैं ऐसी विद्या में कैसे विश्वास कर लूँ, जिसे यूरोप के सबसे कट्टर अन्धविश्वासी 'महात्मा' ने अस्वीकृत कर दिया?" इस पर हम सब हँस पड़े थे। श्री लैक्सनेस ने अपनी घड़ी देखी और मैं अपने अन्तिम प्रश्न को अधिक देर तक नहीं टाल सका—"आधुनिक भारतीय लेखकों की कुछ पुस्तकें आपकी नज़रों से अवश्य गुज़री होंगी। उनके सम्बन्ध में आपकी कैसी प्रतिक्रिया रही है?"

"आधुनिक भारतीय लेखक मुझे 'आधुनिक' नहीं जान पड़े। जो कुछ भी पुस्तकें मैंने पढ़ी हैं—और वे अधिक नहीं हैं—उनकी शैली बहुत कुछ मुझे यूरोप के पुराने लेखकों का स्मरण दिला जाती हैं....भारत में मेरी मुलाक़ात एक ऐसे युवा लेखक से हुई जो ड्यूमा के भक्त थे। ड्यूमा के बाद भी यूरोप में साहित्य-सृजन होता रहा है, इसमें शायद उन्हें कोई विशेष दिलचस्पी नहीं थी। चीन में भी मेरा बहुत कुछ ऐसा ही अनुभव रहा है। चीनी विद्यार्थी—जिनसे मैं मिला—यूरोप के आधुनिक साहित्य से प्राय: अपरिचित जान पड़ते हैं। ह्यूगो, लफ़ीत और रोलां—इससे आगे शायद उनकी जानकारी नहीं जाती। जब मैं भारत में था, बुद्धिजीवियों की एक गोष्ठी में मेरी भेंट एक जर्मन यहूदी महिला से हुई, जो किसी भारतीय से विवाह करने के बाद भारत में ही बस गई थीं। उन्होंने मुझे बताया कि उनके दो उपन्यास (अँगरेज़ी में) इंग्लैंड में प्रकाशित हुए हैं। मैंने उन्हें बधाई दी। बाद में मुझे उनका एक उपन्यास पढ़ने का सौभाग्य प्राप्त हुआ। मुझे ख़ेद है कि उसके बाद मैं उनके दूसरे उपन्यास को पढ़ने का साहस नहीं बटोर सका, किन्तु मेरी ये प्रतिक्रियाएँ सीमित अनुभव पर आधारित हैं। मुझे इस बात का हमेशा दुख रहेगा कि भारत में मैं अनेक सार्वजनिक कार्यों में उलझा रहा, जिसके कारण मुझे अधिक संख्या में भारतीय लेखकों से मिलने का समय नहीं मिल सका।"

"आशा है आप वहाँ एक बार फिर आएँगे...आजकल आप क्या लिख रहे हैं?"

"एक नाटक, नाम है 'चिम्नी प्ले'...शायद कुछ महीनों बाद उसका उद्‌घाटन रिक्याविक में ही होगा।"

"काश, उस समय तक हम यहाँ ठहर सकते।"

"नाटक के लालच से नहीं...किन्तु वैसे भी बेहतर होता कि आप कुछ ज़्यादा अरसे के लिए यहाँ ठहर पाते। रिक्याविक आपको कैसा लगा?"

"कुछ-कुछ गुड़ियों के नगर-सा," मैंने मुस्कराते हुए कहा। हम उठ खड़े हुए थे।

"दुर्भाग्यवश बीयर नहीं थी, वरना बातचीत ज़्यादा दिलचस्प हो जाती।" उन्होंने हँसते हुए कहा।

हम उन्हें धन्यवाद देकर सीढ़ियाँ उतरने लगे।

इंटरव्यू सफल रहा या नहीं, मैं नहीं जानता। वैसे भी औपचारिक बातचीत के माध्यम से (जहाँ प्रश्नोत्तर की लक्ष्मण-रेखा पर बहस की दलदल से बचकर चलना हो!) कुछ ज़्यादा हाथ नहीं आता। प्रश्न के तात्कालिक दबाव तले जो उत्तर दिया जाता है, वह कितना ढक लेता है, कितना उजागर करता है, यह जानना बहुत ही मुश्किल है। मुश्किल और भी बढ़ जाती है जब बातचीत लैक्सनेस-जैसे लेखक से हो, जो किसी भी विषय पर अपना निश्चित मत प्रगट करते हुए एक गहरी झिझक महसूस करते हैं। मुझे याद आता है उनका हर वाक्य 'शायद' अथवा 'मुझे मालूम नहीं' से आरम्भ होता था और एक अजीब-सी असहाय मुस्कराहट पर आकर दम तोड़ देता था। इस दृष्टि से लैक्सनेस और अन्य स्कैंडेनेवियाई लेखक फ्रेंच लेखकों से बिलकुल विपरीत हैं। किन्तु इससे यह निष्कर्ष निकालना कि उनकी अपनी कोई आस्था नहीं है या कि वे बहुत 'सिनिकल' हैं (एक आरोप, जो अकसर स्कैंडेनेवियाई लोगों

पर लगाया जाता है) बहुत ग़लत और भ्रान्तिपूर्ण होगा। मेरा अपना कुछ ऐसा अनुभव रहा है कि लैक्सनेस उन बहुत कम लेखकों में से हैं—और ऐसे लेखकों की संख्या आज के युग में दिन पर दिन कम होती जा रही है—जो अपनी आस्था क़मीज़ की आस्तीन पर लटकाकर नहीं चलते। अपने उपन्यास—ऐटम स्टेशन—के एक पात्र के बारे में उन्होंने लिखा था कि वह हर आइसलैंडी की तरह, जिस चीज़ को जितनी गहराई और संवेदना से महसूस करता था, उसके सम्बन्ध में उतने ही रूख़े और अनमने भाव से बातचीत करता था।

सोचता हूँ, क्या यह चीज़ स्वयं लैक्सनेस पर लागू नहीं होती?

काफ़्का और चापेक : समकालीन चेक-साहित्य

बीसवीं शताब्दी में छोटे आदमी का प्रतिरूप? चार्ली चैप्लिन।

और छोटे देश का प्रतीक?—चेकोस्लोवाकिया!

दुनिया दोनों के प्रति ही काफ़ी क्रूर रही है। किन्तु विचित्र बात यह है कि बड़ों के बीच घिरे रहने के बावजूद—या शायद उसी के कारण—दोनों ने अपने भीतर एक ऐसे चरित्र का निर्माण किया है जो कॉमिक भी है और ट्रैजिक भी; जो आक्रमण का उतना ही सशक्त साधन है जितना आत्मरक्षा का। दोनों के ही 'केस' में बाहरी अस्त्र (चैप्लिन का मौन, चेकोस्लोवाकिया का साहित्य) बाहर की वस्तु न होकर आत्मा का ही एक प्रक्षेपण मात्र (प्रोजेक्शन) बन गया है। हम उनके आर्मर को उनकी देह से अलग नहीं कर सकते, चाहे वह व्यंग्य में निहित हो या निहायत पर्सनल प्रतीक के भीतर।

आश्चर्य नहीं, आधुनिक चेक-साहित्य के एक सीमान्त पर है

यारोस्लाव हाशेक (खायक के निर्माता) और दूसरे सीमान्त पर काफ़्का—यदि हम मान लें कि जर्मन से अधिक वे चेक थे। एक हमारे युग के सबसे प्रखर व्यंग्यकार, दूसरे सबसे महान् ट्रैजिक लेखक। दोनों का साहित्य एक ऐसी मानवीय (?) स्थिति से उत्पन्न हुआ है जो आत्यन्तिक रूप से एब्सर्ड है—तर्कसंगत किन्तु अर्थहीन। आसपास की दुनिया उनके लिए न केवल बहुत बड़ी थी, बल्कि बहुत संकीर्ण भी। या कभी-कभी दोनों ही एक संग, एक ही समय में।

क्या यह महज़ संयोग था कि दोनों ने अपने को एक ही स्थिति में पाया था और एक ही देश में?

इन दो लेखकों का उल्लेख मैंने सिर्फ़ इसलिए किया है कि हम उस 'चरम-स्थिति' से अवगत हो सकें जिसके बीच चेकोस्लोवाकिया को गुज़रना पड़ा है। दिलचस्प बात यह है—और शायद महत्त्वपूर्ण भी—कि दोनों को चेकोस्लोवाकिया की संस्कृति और उसके विशेष वातावरण से बाहर करके देखना उतना ही अर्थहीन है जितना जॉयस को डब्लिन से या मान को जर्मनी से अलग करके परखने की चेष्टा करना।

या शायद उससे भी अधिक। क्योंकि उनका साहित्य, (या साहित्य के प्रति उनकी अपनी एक ख़ास एब्सर्ड अप्रोच) और ज़रा-ज़्यादा व्यापक रूप से देखें, तो अन्य आधुनिक चेक लेखकों की रचनाएँ, आंगिक रूप से एक 'छोटे' देश की विकट स्थिति से जुड़ी हैं जो पूर्व और पश्चिम के बीच दबा रहकर भी सदियों से अपने विशिष्ट व्यक्तित्व की खोज में संघर्षरत रहा है; एक ऐसा देश जो 'स्लाव' होने के नाते स्वभावत: पूर्व की ओर झुका रहा, किन्तु जिसने संस्कृति के प्रेरणास्रोत पश्चिम से ग्रहण किये; एक सेतु, जो दोनों दिशाओं को मिलाने की कोशिश में स्वयं नगण्य और उपेक्षित-सा पड़ा रहा।

"सेतु...?" एक युवा चेक लेखक ने उदास भाव से मुस्कराते हुए एक बार मुझसे कहा था : "कारेल चापेक अकसर इस देश की तुलना

सेतु से किया करते थे, किन्तु ज़िन्दगी के अन्तिम दिनों में उनका यह भ्रम काफ़ी हद तक टूट गया था। सेतु अपने में एक अच्छी चीज़ हो सकती है, मुश्किल यह है कि उस पर किसी अच्छी चीज़ का निर्माण नहीं हो सकता।"

पूर्व या पश्चिम? एक लम्बे अरसे से यह प्रश्न चेक बुद्धिजीवियों के सम्मुख—किसी-न-किसी रूप में—उपस्थित होता रहा है। शीत-युद्ध की राजनीति ने—दुर्भाग्यवश—अन्य प्रश्नों की तरह इस प्रश्न का भी एक अति साधारण विवेचन प्रस्तुत करके असली स्थिति को काफ़ी विकृत करने की चेष्टा की है। पश्चिमी पत्रकार (उन्हें आलोचक कहना मुश्किल है) अकसर यह भूल जाते हैं कि चेक संस्कृति पर रूसी प्रभाव कोई नई या आज की बात नहीं है। पिछले सौ वर्षों से, जो चेक संस्कृति और साहित्य का पुनरुत्थान-युग रहा है, चेक लेखक और दार्शनिक बौद्धिक चेतना और आध्यात्मिक सम्बल के लिए रूस को एक तीर्थस्थान मानते आए हैं। वह तीर्थस्थान आज भी जारी है। इसमें किसी प्रकार के राजनीतिक स्वार्थ खोजना व्यर्थ है। यह एक ऐसा संस्कार है जो आधुनिक चेक जीवन की आधारभूत परम्परा से जुड़ा है, न इसे ज़बरदस्ती थोपा गया है, न इसे ज़बरदस्ती अलग किया जा सकता है।

संस्कार—लेकिन आधार नहीं—और इन दोनों में भेद करना ज़रूरी है अपने को अर्ध सत्य से बचाने के लिए। क्योंकि सत्य यह है कि आधुनिक चेक संस्कृति की नींव खोजने के लिए हमें इतालवी पुनरुत्थान, रिफ़ॉर्मेशन के धार्मिक आन्दोलन, फ्रांसीसी क्रान्ति और उससे सम्बन्धित नये भावबोध की ओर जाना पड़ेगा। वरना आप कैसे समझ सकेंगे चौदहवीं शताब्दी के चेक 'गोथिक समन्वय' को? और चेकोस्लोवाकिया की बारोक कला, स्मेतना और द्वोराक का संगीत, क्या इन्हें पश्चिमी प्रभाव से अलग किया जा सकता है? उन्नीसवीं शताब्दी का समूचा चेक साहित्य और उसके सृजनकर्ता—मारवा, नेरुदा, बर्खलिस्की, साल्दा, इन

सबके बीच पश्चिमी संस्कृति एक अखंडित धारा की तरह प्रवाहित होती रही है।

पूर्व या पश्चिम? तब इस प्रश्न के क्या मानी रह जाते हैं? बेहतर है, यदि इसका उत्तर एक आधुनिक चेक साहित्यकार—वात्सलाव चर्नी—के शब्दों में ही दिया जाए—

"पश्चिम—लेकिन पूर्व के स्थान पर नहीं। पूर्व—किन्तु पश्चिम के स्थान पर नहीं। पूर्व और पश्चिम, दोनों ही, इसलिए नहीं कि हम अपने को किसी एक के साथ नत्थी करना चाहते हैं, बल्कि इसलिए कि हम मानवीयता में विश्वास रखते हैं। कोई भी चीज़ जो मानवीय है, हम अपने से बाहर नहीं रखना चाहते।"

आधुनिक चेक साहित्य के मर्म को समझने का मेरे विचार में शायद इससे बेहतर आरम्भ-बिन्दु कोई दूसरा नहीं। मानवीयता—यदि सचमुच उसका कोई अर्थ है—हमेशा काल और स्थान-द्वारा सीमित है। उसे 'शाश्वत' रूप में देखना उसके जीवन्त, प्रयोगात्मक चरित्र को झुठलाना है। अपने जीवन्त रूप में वह तात्कालिक सीमित एक ख़ास ऐतिहासिक चुनौती का उत्तर है। 'मानवीय परम्परा' का प्रश्न अप्रासंगिक है, एक दृष्टि से निरर्थक भी। किस देश की परम्परा मानवीय नहीं होती अपनी समूची 'अमानवीयता' के संग? प्रश्न यह है कि किस विशेष ऐतिहासिक बिन्दु पर—एक विशिष्ट सन्दर्भ में—कोई जाति या उसका साहित्य अपने को एक ख़ास 'मानवीय स्थिति से' सम्पृक्त करने में सफल होता है? केवल इस दृष्टि से चेक साहित्य मुझे आकर्षित करता रहा है। चौदहवीं शताब्दी से लेकर—जब बोहेमिया में पहली बार यान हुस ने चर्च के अन्धविश्वासों और अमानवीय कार्यकलापों के विरुद्ध आवाज़ उठाई थी—हमारी अपनी शताब्दी तक—जब जूलियस फूचिक ने फाँसी के तख़्ते से फ़ासिज़्म के पाशविक, बर्बर दर्शन को अस्वीकृत करने का टेस्टामेंट प्रस्तुत किया—इन छह सौ वर्षों में चेक साहित्य ने

एक लम्बी मंज़िल तय की है। इस मंज़िल के विभिन्न स्तर हैं; अनेक उतार-चढ़ाव हैं। हर मानवीय स्थिति ने चेक साहित्यकारों के भीतर एक विशेष प्रतिक्रिया उजागर की है और हर प्रतिक्रिया ने चेक साहित्य को एक मूल्य, एक चरित्र प्रदान किया है। बोजेना न्यमसोवा का अमर ग्रन्थ 'दादी माँ', मारवा की लम्बी रोमैंटिक कविता 'मई' इरासेक के ऐतिहासिक उपन्यास और हमारे अपने समय में चापेक की कहानियाँ और नाटक इस विशिष्ट चेक प्रतिक्रिया के अलग-अलग पहलू हैं जिनमें चेक साहित्य का वैविध्य और बहुमुखी—एक अर्थ में निहायत कॉम्प्लेक्स—चरित्र सन्निहित है।

एक दृष्टि से आधुनिक चेक साहित्य की पीठिका अन्य मेट्रोपोलिटन यूरोपीय देशों से काफ़ी भिन्न रही है। सन् 1620 का वर्ष चेक इतिहास में एक निर्णयात्मक काल-बिन्दु माना जा सकता है। इस वर्ष 'सफ़ेद पर्वत' (जो प्राग शहर से केवल कुछ किलोमीटर दूर है) के युद्ध में चेक सेनाएँ पराजित हुईं और चेकोस्लोवाकिया अपनी स्वाधीन सत्ता खोकर अगले तीन सौ वर्षों के लिए हैप्सबुर्ग साम्राज्य का महज़ एक प्रान्त बनकर रह गया। ये वर्ष चेक जाति और संस्कृति के लिए 'अँधेरा युग' से कम भयानक नहीं थे। इस दौरान चेक संस्कृति का जर्मनीकरण करने तथा चेक भाषा का जर्मन भाषा द्वारा उन्मूलन करने का सतत प्रयत्न किया गया। अठारहवीं शताब्दी में शायद ही कोई चेक लेखक अपनी भाषा में मुक्त रूप से लिख-पढ़ सकता था। अनेक बुद्धिजीवी देश के बाहर चले गए या उन्हें जाने के लिए बाध्य किया गया। एक समय था जब चेक भाषा नगरों, विश्वविद्यालयों और सांस्कृतिक संस्थाओं से खदेड़ दी जाने पर केवल गाँवों के किसानों तक सीमित रह गई थी। बड़ी संख्या में चेक पुस्तकों को नष्ट कर दिया गया। स्मरण रहे, हिटलर पहला जर्मन नहीं था जिसने चेक साहित्य और संस्कृति की स्वतंत्र सत्ता को नष्ट करने का बीड़ा उठाया था; वह तो केवल 'जर्मनीकरण' की उस

प्रक्रिया को अन्तिम स्टेज़ तक ले जाना चाहता था जो तीन सौ वर्ष पहले से ही आरम्भ हो चुकी थी।

कोई भी विदेशी, जिसे चेक भाषा का थोड़ा-सा भी ज्ञान हो, उसकी सूक्ष्मता, लचकीलेपन और अनेक स्तरों पर अर्थ देने की अद्‌भुत क्षमता से प्रभावित हुए बिना नहीं रह सकता। ये सब गुण, कहना न होगा, वह भाषा ग्रहण करती है जिसने जीवित रहने के लिए अनेक व्यवधानों के समक्ष महज़ अपना अस्तित्व बनाए रखने के लिए सदियों अनवरत रूप से संघर्ष किया हो। इस सन्दर्भ में अनायास चेक भाषा के प्रति चापेक के स्तुति-शब्द याद हो आते हैं—

"सब भाषाओं में कठिनतम और सबसे अधिक अर्थवान्, समृद्धिशाली, सूक्ष्मतम। उन सब भाषाओं में, जिन्हें मैंने जाना है अथवा बोलते सुना है, तू मुझे सबसे अधिक सम्पूर्ण, संगीतमय और संवेदनशील लगी है। तुझमें जो कुछ भी देने की क्षमता है, चाहता हूँ, उस सबको लिख पाने की क्षमता प्राप्त कर सकूँ। चाहता हूँ कि कम-से-कम एक बार उन सब सुन्दर, सुस्पष्ट और जीवन्त शब्दों का रसास्वादन कर सकूँ, जो तुझमें छिपे हैं।"

चेक भाषा की यह अदम्य और जीवन्त शक्ति ही थी कि विदेशी उत्पीड़न और दबाव की कठिनतम घड़ियों में भी चेक साहित्य जीवित रह सका। उन्नीसवीं शताब्दी के आरम्भ में ही चेक समाज 'अँधेरे युग' से बाहर निकलकर 'नवजागरण' की ओर अग्रसर हो चला था। योसेफ युंगमान, दोब्रोवंस्की और कोल्लार ने अपने शोध-कार्य और अनुवादों-द्वारा न केवल चेक भाषा का वैज्ञानिक रूप स्थिर किया, बल्कि उसका कलात्मक परिष्कार भी किया। पुनरुत्थान और राष्ट्रीय जागरण के आरम्भिक लक्षण सर्वप्रथम तत्कालीन साहित्य में दृष्टिगोचर होते हैं और वह भी कविता में। यह वह समय था जब कारेल हिनेक मानवा (1810-36) ने चेक साहित्य को सर्वथा नया मोड़ दिया था। उन्हें

'चेकोस्लोवाकिया का कीट्स' कहा जाता है—सिर्फ़ इसलिए नहीं कि बहुत कम उम्र में उनकी मृत्यु हो गई, बल्कि इसलिए भी कि कीट्स की तरह उन्होंने अपनी असाधारण प्रतिभा-द्वारा चेक भाषा की उन कोमलतम संगीतमय परतों को खोला था जिससे उस समय तक बहुत कम लेखक परिचित थे।

कविता में जो रोमैंटिक परिवर्तन था, कथा-साहित्य में वही एक व्यापक यथार्थवादी धारा के रूप में प्रस्फुटित हुआ। आश्चर्य है कि इस क्रान्तिकारी परिवर्तन को लाने का श्रेय एक ऐसी निर्धन, गँवई-गाँव की लेखिका को जाता है जो स्वयं अपने जीवनकाल में कल्पना भी नहीं कर सकती थीं कि आनेवाली पीढ़ियों पर उनकी लेखनी का कितना गहरा और स्थायी प्रभाव पड़ेगा। मुझे सन्देह है कि किसी भी देश के साहित्य, जन-रुचि और विचारधारा को किसी एक पुस्तक ने इतना अधिक प्रभावित किया है जितना बोजेना न्यमसोवा के उपन्यास 'दादी माँ' ने। कलात्मक दृष्टि से मुझे यह पुस्तक अधिक महत्त्वपूर्ण नहीं जान पड़ी, किन्तु कुछ पुस्तकों का महत्त्व—चाहे वे उपन्यास ही क्यों न हों—महज़ सोशोलॉज़िकल अर्थ में बहुत अधिक होता है (क्या विश्व-साहित्य में एच.बी. स्टोव की पुस्तक 'अंकल टाम्स केबिन' कुछ ऐसा ही स्थान नहीं रखती? एक दूसरे स्तर पर 'डॉ. ज़िवागो' मेरे लिए बहुत कुछ ऐसा ही महत्त्व रखता है)। बोजेना न्यमसोवा की मृत्यु 1862 में हुई—पूरे सौ वर्ष पहले। इन सौ वर्षों में 'दादी माँ' के दो सौ से अधिक संस्करण प्रकाशित हो चुके हैं। भविष्य में इसकी लोकप्रियता कम होगी, कम-से-कम अभी तक इसके कोई आसार नज़र नहीं आते।

इसमें कोई सन्देह नहीं कि न्यमसोवा का उपन्यास मील का वह पत्थर है जिससे आधुनिक चेक कथा-साहित्य की लम्बी यात्रा आरम्भ होती है। यान नेरुदा (1834-91) के आने तक वह अपनी परिपक्व, प्रौढ़ावस्था में पहुँच चुका था। यदि न्यमसोवा चेक साहित्य की जेन

ऑस्टिन थीं—हालाँकि महज़ कलात्मक अन्तर्दृष्टि के लिहाज़ से जेन ऑस्टिन का दर्जा बहुत ऊँचा है—तो नेरुदा असन्दिग्ध रूप से उसके डिकेन्स माने जाएँगे। कम-से-कम लन्दन का जो महत्त्व डिकेन्स के लिए था, प्राग का उतना ही महत्त्व नेरुदा के लिए है।

वह भी पूरा प्राग नहीं, प्राग का एक छोटा पुराना भाग जो 'लिट्ल कुआर्टर' (मालास्त्रावा) के नाम से प्रसिद्ध है। नेरुदा सबकुछ थे—एक समर्थ कवि, आलोचक और पत्रकार। किन्तु आज उनकी लोकप्रियता उन चन्द कहानियों पर आधारित है जो उन्होंने 'लिट्ल कुआर्टर' के निवासियों पर लिखी थीं। और कैसी अजीब कहानियाँ हैं ये—'लिट्ल कुआर्टर' के अँधेरे कोने और बीयर-पब, विद्रोही छात्र और सनकी क्लर्क, भिखारी, वेश्याएँ, और पादरी, हर पात्र अपने में पूरी एक दुनिया है—दुख, अवसाद और छोटे-छोटे झगड़ों में डूबी हुई—और इस दुनिया के बीच स्वयं नेरुदा हैं जिन्होंने अपने जीवन के अनेक वर्ष पुराने शहर की इन ज़र्द, टूटती दीवारों के बीच गुज़ारे थे। कभी चाँदनी रात हो, तो नदी के पार 'लिट्ल कुआर्टर' की तंग, टेढ़ी-मेढ़ी गलियों में निकल जाइए, इतने लम्बे अरसे बाद आज भी महसूस होगा मानो हम नेरुदा की कहानियों में वापिस चले आए हैं—बीयर के गिलास के सामने सोते सिपाही, सेंट निकलस चर्च के नीचे प्रेमियों की छायाएँ, पुराने लैम्प पोस्ट से सटी कोई स्त्री; लगता है, सबकुछ वही है—कुछ भी नहीं बदला।

किन्तु कुछ था जो बदल रहा था—धीरे-धीरे—किन्तु निश्चित रूप से। बीसवीं सदी की बढ़ती छाया से प्राग अधिक देर तक अपने को मुक्त नहीं रख सका।

नेरुदा की मृत्यु 1891 में हुई। उनके साथ चेक-साहित्य का एक दौर ख़त्म होता है। कुछ ऐसा लगता है जैसे गुज़री हुई शताब्दी एक पुल हो जिसके परे 'लिट्ल कुआर्टर' की सीमाएँ समाप्त हो जाती हैं।

बीसवीं शताब्दी के शुरू होते ही हम एक बार फिर अपने को 'पुराने शहर के स्क्वॉयर में' पाते हैं। यह प्राग का हृदय है। स्क्वॉयर का हर पुराना पत्थर चेक इतिहास की चिरस्मरणीय घटनाओं का साक्षी है, किन्तु महज़ साक्षी नहीं, हर छोटे-से-छोटे भावी परिवर्तन, उसमें लिपटी नई पीढ़ी की आशाओं, भ्रान्तियों और विश्वासों की हल्की-से-हल्की प्रतिध्वनि को यहाँ सुना जा सकता है।

इसी स्क्वॉयर के सामने निकलस स्ट्रीट के सिरे पर एक पुरानी इमारत थी। फ्रेंज काफ़्का यहीं रहते थे।

आधुनिक चेक-साहित्य के विकास में काफ़्का की अवहेलना की जा सकती है (यह कहाँ तक उचित है, यह दूसरा प्रश्न है), किन्तु स्वयं काफ़्का के ग्रन्थिपूर्ण व्यक्तित्व और उनके कलात्मक विकास को समझने के लिए तत्कालीन चेक सामाजिक स्थिति की अवहेलना करना असम्भव है। काफ़्का ने अपने जीवन का बड़ा अंश प्राग की चहारदीवारी में बिताया था और वे उससे गहरा लगाव महसूस करते थे।

"यह (प्राग) शहरों में एक शहर है। इसका अतीत वर्तमान से अधिक महान् था, किन्तु इसका वर्तमान भी कम महत्त्वपूर्ण नहीं।" (डायरी का एक अंश)

आज काफ़्का की गणना विश्व-साहित्य के मूर्धन्य लेखकों में होती है। वे जर्मन भाषा में लिखते थे, किन्तु उनके संस्कार, जीवन को तौलने-परखने का मनोवैज्ञानिक ढाँचा प्राग के वातावरण में विकसित-निर्धारित हुआ था। वे चेक भाषा न केवल समझ लेते थे, बल्कि उसे बोलने-लिखने में भी उन्हें अपूर्व दक्षता प्राप्त थी। अपनी प्रेमिका मिलेना को, जो चेक थीं, उन्होंने एक पत्र में लिखा था कि यदि वह जर्मन के स्थान पर चेक भाषा में उनसे पत्र-व्यवहार करे, तो उन्हें बहुत प्रसन्नता होगी, "क्योंकि यह भाषा तुम्हारा अभिन्नतम अंग है; क्योंकि इसमें ही मैं अपनी वास्तविक मिलेना से साक्षात्कार कर सकता हूँ।"

वास्तव में आज काफ़्का को किसी देश या भाषा की सीमाओं में बाँधना उतना ही अवांछनीय होगा जितना उनके विकास और व्यक्तित्व को विशेष चेक परिस्थिति से अलग करके परखने की चेष्टा करना। काफ़्का की डायरी, पत्रों और उपन्यासों में हमें अनेक प्रतीक मिलेंगे जिनका प्राग की गलियों, चौराहों और गिरजों से अन्तरंग सम्बन्ध है। किन्तु काफ़्का के लेखन में हमें प्राग उस रूप में नहीं मिलता जिस रूप में ल्यूबेक टॉमस मान की रचनाओं में। उन्होंने उसे एक ढाँचे के रूप में नहीं, सिर्फ़ एक प्रतीक के रूप में स्वीकार किया था।

काफ़्का का प्राग बीसवीं शताब्दी के आरम्भ में एक संक्रान्ति-काल से गुज़र रहा था। नई राष्ट्रीय चेतना और रूढ़िगत परम्पराओं के बीच होनेवाले संघर्ष का तनाव अनेक स्तरों पर महसूस किया जा सकता था। अतीत और भविष्य की सीमारेखा पर प्राग की नियति अनिश्चय की डोर पर लटकी थी—एक ऐसा समय जब वर्तमान नहीं था; कहीं कोई नहीं था; कोई सम्बल नहीं था...

अनिश्चय की यह छाया जीवन-भर एक प्रेत की तरह काफ़्का का पीछा करती रही। एक दूसरे स्तर पर अनिश्चय की यह डावाँडोल स्थिति काफ़्का के यहूदी समाज में और भी अधिक भयंकर रूप में मौजूद थी। काफ़्का न केवल अपने को अजनबी पाते थे, बल्कि एक्ज़ाइल भी। और उनका यह एक्ज़ाइल दोहरा था। चेक लोगों में वे जर्मन थे और जर्मनों के बीच यहूदी—दोनों की दृष्टि में एक 'बाहर के आदमी'। 'काफ़्काई' अकेलापन अपने स्वरूप और प्रतीक में चाहे कितना मेटाफ़िज़िकल क्यों न हो, अन्ततः उसकी जड़ें उस एब्सर्ड स्थिति में निहित हैं, जिससे काफ़्का आख़ीर तक अपने को सम्पृक्त न कर सके थे।

किन्तु इससे यह निष्कर्ष निकालना कि काफ़्का आसपास होनेवाली हलचलों अथवा चेक-साहित्य और जीवन की गतिविधि के प्रति उदासीन अथवा तटस्थ थे, काफ़ी ग़लत और भ्रान्तिपूर्ण होगा। न केवल चेक-

साहित्य में उनकी गहरी दिलचस्पी थी, बल्कि (जैसा उनकी डायरी से पता चलता है) वे व्यक्तिगत रूप से अनेक समकालीन चेक लेखकों से परिचित थे—एस. के. न्यूमान, कारेल तोमान और ज़रा कल्पना कीजिए, यारोस्लॉव हाशेक से भी! आज यह कुछ अजीब और हास्यास्पद-सा जान पड़ता है कि अराजकतावाद में विश्वास रखनेवाले हाशेक एक ही मेज़ पर काफ़्का-जैसे लेखक के साथ बीयर पीते हुए गपशप करते थे। क्या कभी काफ़्का ने कल्पना की होगी कि वे बीसवीं शताब्दी के सबसे महत्त्वपूर्ण चेक लेखक के सम्मुख बैठे हैं—ऐसे लेखक जिन्होंने डान कुइक्जोट के बाद विश्व-कथा-साहित्य में सबसे अद्‌भुत पात्र 'श्वायक' की रचना की है।

यह एक छोटे देश का दुर्भाग्य ही माना जाएगा कि आज भी हाशेक की अभूतपूर्व प्रतिभा का सही-सही मूल्यांकन नहीं किया गया। प्रथम महायुद्ध के बाद युद्ध के विषय को लेकर अनेक महत्त्वपूर्ण उपन्यास सामने आए हैं, किन्तु शायद ही किसी की तुलना 'अच्छा सिपाही श्वायक' से की जा सकती है। इस पुस्तक का अनुवाद विश्व की लगभग समस्त महत्त्वपूर्ण भाषाओं में हो चुका है—हिन्दी को छोड़कर। चेक लोग अकसर मज़ाक़ में, जिसमें व्यंग्य का पुट ज़्यादा होता है, कहते हैं कि विदेशी चेकोस्लोवाकिया के बारे में सिर्फ़ तीन चीज़ें जानते हैं—चेक डम्पलिंग, पिल्सन बीयर और श्वायक!

यह चाहे सही न भी हो, किन्तु इसमें कोई अतिशयोक्ति नहीं कि हाशेक के उपन्यास और कहानियाँ आधुनिक चेक-साहित्य की सबसे महत्त्वपूर्ण देन रही हैं। कभी-कभी किसी देश के साहित्य में एक ऐसे पात्र की सृष्टि हो जाती है, जो उस देश के 'टिपिकल' चरित्र की आत्मा को उसकी समूची सीमाओं, कमज़ोरियों और विशेषताओं समेत उजागर करने में सफल हो जाता है। श्वायक ऐसा ही पात्र है। ऊपर से अत्यन्त बोदा, कुन्द दिमाग़ और हास्यास्पद, किन्तु अपने भोलेपन में अद्‌भुत

रूप से चतुर और चालाक। हाशेक ने इस असाधारण पात्र की आड़ में हर सामाजिक ढकोसलों, पाखंडपूर्ण प्रथाओं, सस्ते-छिछले स्वार्थों और कुत्सित, खोखली रीतियों पर तीखा किन्तु अत्यन्त विनोदपूर्ण व्यंग्य किया है। शायद ही कोई चीज़ उनके लिए 'पवित्र' रही हो—युद्ध; राजभक्ति, नौकरशाही, पारिवारिक सुख। लगता है, सर्वेंटीज़ की तीखी अन्तर्दृष्टि और चेखॅव का सहज-सजग हास, दोनों की हाशेक में घुल-मिल गए हैं। आश्चर्य नहीं कि 'अभिजात' और 'प्रोलितारियन' आलोचकों की व्यंग्यपूर्ण अराजकतावादी मान्यताओं के सम्मुख दोनों को अजीब-सी दुविधा महसूस होती है। किन्तु हाशेक का हास्य अपने में ही लक्ष्य या साध्य नहीं है। उनके उपन्यास और कहानियों की महत्ता इसमें निहित नहीं है कि वे हमें हँसाती हैं। यह कोई भी 'समर्थ' हास्य-लेखक कर सकता है। हाशेक ने हास्य की सबसे कठिन फ़ॉर्म पर अधिकार प्राप्त किया था—अपने युग की झूठी नक़ाब उतारकर उसके नंगे चेहरे को सूरज की रोशनी में लाना—यह कोई 'ऐपिक' लेखक ही कर सकता है।

हाशेक की कला की सबसे सुन्दर व्याख्या शायद चापेक ने की है—"स्कूल में हमें सिखाया जाता था कि कला में हास्य सिर्फ़ मसाले का काम देता है। आज मुझे लगता है कि हास्य सिर्फ़ 'मसाला' ही नहीं है। वह एक आधारभूत फ़ॉर्मूला है जिसे हर व्यक्ति को दुनिया का सर्वेक्षण करते समय लागू करना होगा। हाशेक का हास्य ऐसा ही था। वे सिर्फ़ ऐसे लेखक थे जिन्होंने दुनिया देखी थी। अधिकांश लेखक सिर्फ़ उसके बारे में लिखते हैं।"

प्रथम महायुद्ध की समाप्ति और द्वितीय महायुद्ध का आरम्भ, दो युद्धों के बीच का यह अल्प समय कई दृष्टियों से आधुनिक चेक-साहित्य का स्वर्णकाल माना जाएगा। इन बीस वर्षों ने लेखकों और कवियों की एक ऐसी नई पीढ़ी को जन्म दिया, जिसने चेक-साहित्य को अलगाव

और अकेलेपन की उपेक्षित स्थिति से मुक्त करके अन्तर्राष्ट्रीय मंच पर प्रतिष्ठित किया। मध्य यूरोप के इतिहास में जहाँ अभी तक जर्मनी और ऑस्ट्रिया का ही बोलबाला था, एक स्वाधीन प्रजातंत्रवादी राष्ट्र के रूप में चेकोस्लोवाकिया का अभ्युदय एक अभूतपूर्व घटना थी। पहली बार—तीन सौ वर्षों की घुटन और विवशता के बाद—चेक कलाकारों को एक मुक्त, अबाध और कुंठाहीन खुलेपन का अहसास हुआ।

चेकोस्लोवाकिया पूर्वी यूरोप में सबसे अधिक विकसित औद्योगिक देश रहा है और मध्य यूरोप में सबसे अधिक प्रजातांत्रिक। चारों ओर सैनिक गठबन्धनों और सामन्तवादी सत्ताधारियों के बीच घिरा हुआ चेकोस्लोवाकिया ही अकेला देश था जहाँ प्रजातांत्रिक आदर्शों को जनवादी परम्परा के रूप में स्वीकार किया गया। अत: इन वर्षों में चेक बुद्धिजीवियों का फ्रांस और इंग्लैंड के प्रति आकर्षित होना किसी रूप में भी आकस्मिक नहीं था—विशेषकर साहित्य और चित्रकला के क्षेत्रों में। किन्तु इस प्रवृत्ति की अपनी एक अनोखी विशेषता थी—इसके कंटेंट और भावबोध पर मूलत: समाजवादी क्रान्ति के आदर्शों की गहरी छाप थी। कुछ लोगों को आज यह भले विरोधाभास जान पड़े, क्योंकि आज शीत-युद्ध के वातावरण में हम रूसी क्रान्ति को इस तरह 'पूर्व' के साथ जोड़ने के आदी हो गए हैं कि कल्पना भी नहीं कर सकते कि एक समय में (ख़ासकर 1920-35 के दौरान) यूरोपीय बुद्धिजीवियों ने उसे पश्चिमी परम्परा की ही एक तर्कसंगत और अनिवार्य कड़ी के रूप में स्वीकार किया था। कदाचित् यह तथ्य कुछ लोगों को आश्चर्यजनक लगे कि तत्कालीन अधिकांश चेक लेखक—इर्शी वोल्कर, न्यूमान, जोसेफ़ होरा, नज़वल ईवान ऑल ब्राख़्त—अपनी कला और प्रेरणा में पश्चिमी साहित्य से प्रभावित होने के बावजूद कम्युनिस्ट थे अथवा मार्क्सवादी विचारधारा के बहुत निकट थे। हमें आज जो विरोधाभास लगता है, उनके लिए वही भावी विकास की स्वाभाविक प्रक्रिया थी। पूर्व और पश्चिम

के बीच कभी एक 'लौह-दीवार' खड़ी हो जाएगी, उस समय इसकी आशंका किसी को भी न थी।

किन्तु ऊपर से जो स्थिति स्वाभाविक और तर्कसंगत दीखती थी, वह गहरे अन्तर्विरोधों से भरी थी। समय के संग एक निश्चित दिशा को—उसकी समूची ऐतिहासिक सीमाओं के बावजूद—चुनना आवश्यक था। 'जीने का अर्थ है, जवाबदेह होना, अपने को एक ख़ास मानवीय स्थिति के प्रति कमिट करना;' सार्त्र का यह कथन उस 'मानववादी परम्परा' पर गहरा आरोप है जो अपने 'शाश्वत मूल्यों' की बेड़ियों में बँधी होने के कारण किसी ऐतिहासिक स्थिति के प्रति जवाबदेह होने से कतराती है। उदारपंथी मानववाद का यह संकट यूरोप में फ़ासिज़्म की स्थापना के बाद उत्तरोत्तर गहरा होता गया। जर्मनी में अर्नेस्ट टॉलर और टॉमस मान, ऑस्ट्रिया में स्टीफ़ेन ज़्विग और चेकोस्लोवाकिया में कारेल चापेक के साहित्य ने विभिन्न स्तरों पर मानववादी मूल्यों के विघटन और संकट को बहुत ही इंटेन्स रूप में प्रतिबिम्बित किया है।

चापेक सर्वतोमुखी प्रतिभा के लेखक थे—उपन्यासकार, कहानी-लेखक और नाट्यकार होने के अलावा उन्होंने 'पर्सनल' निबन्ध और यात्रा-संस्मरण-जैसी साहित्यिक विधाओं में भी अनेक नये और दिलचस्प प्रयोग किये थे। साहित्य की शायद ही कोई विधा थी जिसके अजाने पहलुओं को उन्होंने अपने जादुई स्पर्श से उजागर न किया हो। आधुनिक चेक-साहित्य को यूरोपीय साहित्य के समकक्ष लाने और उसे बीसवीं शताब्दी के विशिष्ट सन्दर्भ में जोड़ने का श्रेय जितना चापेक को जाता है, उतना शायद किसी अन्य लेखक को नहीं। इस दिशा में चेक भाषा का आधुनिकीकरण और गद्य को एक ठोस और व्यापक धरातल पर प्रतिष्ठित करने में भी उनका महत्त्वपूर्ण योग रहा है। यह सही है कि इसमें वे अकेले नहीं थे। चेपक खोद की सुप्रसिद्ध कहानियाँ, इवान ऑल ब्राख्त के समस्यामूलक उपन्यास, यारोस्लॉव दुरीरव और ब्लादिस्लॉव

वॉचुरा की गहरी अन्तर्दृष्टि और कलात्मक सूझ-बूझ और साल्दा की नीर-क्षीर विवेकात्मक आलोचना—चेक कथा-साहित्य को आधुनिक और समृद्ध बनाने में इन लेखकों ने अपने-अपने क्षेत्र में महत्त्वपूर्ण प्रयोग किये थे। फिर वह क्या चीज़ है जो चापेक को इन सबसे अलग करती है; उन्हें एक विशिष्ट असाधारणता प्रदान करती है? अपने युग के समस्त अन्तर्विरोधों को आत्मसात करने की क्षमता? नहीं, वे इससे भी आगे थे। बुर्जुआ संस्कृति के मूल्यों में आस्था रखते हुए भी वे उनकी विकृति को (फ़ासिज़्म क्या इस 'विकृति' का ही रूप नहीं था?) अस्वीकृत करने का साहस रखते थे जो केवल घोर ईमानदारी से ही उत्पन्न हो सकता है। चापेक का साहित्य आस्था का नहीं, उसे खोजने का प्रयास है और इस दृष्टि से (बुर्जुआ होने के बावजूद) उन तथाकथित 'प्रगतिशील' लेखकों की तुलना में कहीं अधिक ईमानदार थे जो बैठे-बिठाए एक ऐतिहासिक नुस्ख़े के रूप में 'आस्था' का सेवन करते हैं। टॉमस मान ने जो अपने बारे में कहा है, वह अक्षरशः चापेक पर भी लागू होता है। उन्हें "आस्था में अधिक विश्वास नहीं था। उससे कहीं अधिक उन्हें उस मानवीय अच्छाई में विश्वास था, जो आस्था के बिना भी जीवित रहता है; जो सम्भवतः संयम से ही उत्पन्न होता है।"

चापेक के आरम्भिक उपन्यास ('हॉर्दुबाल', 'एक साधारण ज़िन्दगी' इत्यादि) और उनकी कहानियों के दो प्रसिद्ध संग्रह ('पहली जेब की कहानियाँ' और 'दूसरी जेब की कहानियाँ') संशय की एक ऐसी अनिश्चित स्थिति को प्रतिध्वनित करते हैं जिसका सम्बन्ध वैयक्तिक जीवन से उतना ही है जितना मानवीय नियति से; उन सब शक्तियों के प्रति संशय जो मनुष्य को एक संकीर्ण, यांत्रिक ढाँचे में बन्द करने को आतुर है। मुझे नहीं मालूम, इसके पीछे कोई सेप्टिक दर्शन था। वह सिर्फ़ एक ऐसे सुसंस्कृत और 'सेन्सिटिव' व्यक्ति की प्रतिक्रिया थी जो सही अर्थों में 'डेमोक्रेट' थे। (कारेल चापेक के लिए मुझे इससे बेहतर

शब्द कोई और नहीं सूझता।) डेमोक्रेट ऐसे समय में जब वह शब्द निजी आचार की मर्यादा न होकर केवल काग़ज़ी लेन-देन का सिक्का मात्र बनके रह गया था।

अपने नाटकों में चापेक उपन्यासों की अपेक्षा अधिक सफल रहे हैं। प्रथम बार अपने विश्वविख्यात नाटक 'आर यू आर' में उन्होंने रॉबट शब्द ईजाद किया जो आज विश्व की समस्त भाषाओं में प्रचलित हो चुका है—मशीन का ऐसा चलता-फिरता पुतला जिसमें मनुष्य की समस्त रचनात्मक शक्तियों को नष्ट करने के तत्त्व मौजूद हों; जिसकी ओर बाद में ऑल्डस हक्सले ने अपनी पुस्तक 'ब्रेव न्यूज़ वर्ल्ड' में संकेत किया था। अपने बड़े भाई जोसेफ़ चापेक (जो एक महान् चित्रकार भी थे) के संग मिलकर उन्होंने अपने सुप्रसिद्ध प्रतीकवादी नाटक 'इन्सेक्ट प्ले' की रचना की थी। साहित्य में शायद यह पहली रचना थी जिसमें फ़ासिज़्म के दुःस्वप्न की इतनी भयंकर तफ़सील के साथ परिकल्पना की गई थी। नाटक का प्रकाशन 1921 में हुआ। 1931 में—पूरे दस वर्ष बाद—यूरोप में पहली बार हिटलर का नाम सुनाई दिया।

क्रिसमस के दिन 1938 में चापेक की मृत्यु हुई। एक तरह से उनका अन्त मुझे स्टीफ़न ज़्विग की मृत्यु का स्मरण करा देता है। दोनों के साथ यूरोप की उदारवादी परम्परा अन्त होती है। अन्तर इतना ही था कि ज़्विग ने स्वयं अपने हाथों से अपनी हत्या की; चापेक की 'हत्या' (हाँ, स्वाभाविक मृत्यु भी हत्या हो सकती है) उन हाथों-द्वारा हुई जिन्हें वे एक लम्बे अरसे तक अपनी आत्मा का ही भाग समझते रहे थे। म्यूनिख़ का समझौता केवल चेकोस्लोवाकिया की ही ट्रेजेडी नहीं था, उसने चापेक के समक्ष बुर्जुआ 'मानववाद' के भ्रम को भी तोड़ा था। वे उन चन्द लेखकों में से एक थे जो बुर्जुआ मानववादी परम्परा के अन्तिम छोर तक गए थे—एक-एक मंज़िल पार करते हुए। उनके आगे सिर्फ़ दो ही रास्ते थे—फ़ासिज़्म और समाजवादी क्रान्ति। एक को वे

बहुत पहले अस्वीकृत कर चुके थे, दूसरा उस समय उन्हें स्वीकार करने के लिए प्रस्तुत नहीं था। अपनी मृत्यु में वे बिलकुल अकेले थे।

एक तरह से चापेक की मृत्यु चेकोस्लोवाकिया की ट्रेजिक नियति का ही प्रतीक थी। कुछ महीनों बाद जर्मन सेनाएँ समूचे चेकोस्लोवाकिया को अपने बूटों तले रौंद रही थीं...वह पहला देश था जिसे फ़ासिस्ट दरिन्दों ने अपना शिकार बनाया था—पहला, लेकिन आख़िरी नहीं; यह महज़ एक शुरुआत थी।

लगभग सात वर्षों तक चेकोस्लोवाकिया फ़ासिस्ट जर्मनी के अधीन रहा। इस दौरान चेक जनता को जिन यातनाओं का सामना करना पड़ा, उनका लम्बा ब्योरा देना यहाँ प्रासंगिक नहीं। वैसे भी वह एक लम्बी कहानी है। अनेक चेक लेखक और कवि फ़ासिस्टों के यातनागृहों से वापिस नहीं लौट सके। उनमें कुछ चोटी के कलाकार थे। जोसेफ़ चापेक की मृत्यु किस अज्ञात कॉन्सनट्रेशन कैम्प में हुई, आज भी किसी को नहीं मालूम। ब्लादिस्लॉव वांचुरा को, जो शायद चापेक के बाद सबसे महान् चेक कथाकार थे, गोली से उड़ा दिया गया। समूचा देश एक विराट् यातनागृह बन गया था जिसकी तंग चहारदीवारी में मुक्त रूप से साँस लेना भी असम्भव था। आश्चर्य है, ऐसी कठिन परिस्थितियों में भी चेक-साहित्य न केवल जीवित रहा, बल्कि कुछ अत्यन्त सुन्दर कविताओं और उपन्यासों की रचना इसी काल में हुई। होरा, साइफ़र्त, इलास और नज़वल की रचनाएँ अपनी ताज़गी और गरिमा में अनायास फ्रेंच 'रजिस्ताँ' साहित्य का स्मरण कराती हैं। 'अंडर ग्राउंड' प्रेस से इन्हें छोटी-छोटी पर्चियों में प्रकाशित किया जाता था और रातोंरात देश के हर कोने में वितरित कर दिया जाता था। यान दर्दा की कुछ बहुत ही सशक्त और मार्मिक कहानियाँ ('साइलेंट बेरीकेड', 'ग्रेटर प्रिंसिपल') का प्रेरणास्रोत और पृष्ठभूमि इसी काल की घटनाओं से सम्बन्धित है। नॉरबर्ट फ्रीद (जो स्वयं यहूदी हैं) का उपन्यास ज़िन्दा प्राणियों का बक्स

और मिलान यारीश की कहानियाँ यातनागृहों की क्रूर, कातर स्मृतियों पर आधारित हैं। एक दूसरे युवा लेखक यान ओत्चेनाशेक का सुप्रसिद्ध उपन्यास 'रोम्यो, जूलियट और अँधेरा' यद्यपि युद्ध के कुछ वर्षों बाद लिखा गया, किन्तु समूचे उपन्यास के वातावरण पर युद्ध और फ़ासिज़्म की छाया एक प्रेत की तरह मँडराती दिखाई देती है।

आज भी सोलह वर्ष बाद युद्धोत्तर चेक-साहित्य अपने को इस छाया से मुक्त नहीं कर पाया है। कुछ घटनाएँ होती हैं जो बीत जाने पर भी अतीत की धूल में नहीं दब पातीं। समय के संग उसकी एक नई, अप्रत्याशित रूप से अजानी परत खुल जाती है—एक ताज़े घाव की तरह—और उसे हर पीढ़ी उसी आतंक और नंगेपन में महसूस करती है जैसे गुज़री हुई पीढ़ी ने उसे पहले-पहल देखा था; अपने में जिया था। चेक लोगों के लिए युद्ध ऐसी ही 'स्मृति' है, यदि जीवित दुःस्वप्न को स्मृति कहा जा सके। युद्ध एक एक्स्ट्रीम स्थिति है और हमारे युग में सत्य केवल एक्स्ट्रीम स्थिति में ही (चाहे वह कला में हो या जीवन में) उपलब्ध हो सकता है। क्योंकि ऐसी 'स्थिति' औसत, क्षुद्र और कृत्रिम घटनाओं की धूल और गर्द को एक 'फ़्लैश लाइट' की तरह चीरती हुई भीतर छिपे कोढ़ के उन रिसते घावों को निरावृत कर देती है जिन्हें हम दैनिक जीवन में 'आदर्शों' के पैबन्द लगाकर अपने में छिपाए रखते हैं।

फ़ासिज़्म, युद्ध, यातनागृह... जब तक हमारे लिए (हम भारतीयों के लिए) ये शब्द महज़ 'शब्द' ही रहेंगे, हम शायद तब तक कभी युद्धोत्तर यूरोप की मानसिक स्थिति को समझने में समर्थ नहीं हो सकते और उस सीमा तक इन देशों का युद्धोत्तर साहित्य भी हमारे लिए अजनबी बना रहेगा।

मुझे याद है, प्राग में एक भारतीय सज्जन ने, जो अपने को बुद्धिजीवी मानते हैं, इस पर काफ़ी विस्मय प्रगट किया था कि यद्यपि युद्ध को

समाप्त हुए 'इतना लम्बा अरसा गुज़र गया', किन्तु चेक लेखक अभी तक इसके पीछे पड़े हैं। कोई उपन्यास हो या फ़िल्म, युद्ध की चर्चा अवश्य आती है; 'क्या इसके बाहर कोई और विषय नहीं रह गया है?'

उनका प्रश्न अत्यन्त स्वाभाविक और हमारे आत्म-तुष्ट स्वभाव के अनुकूल ही था। इस 'आत्म-तुष्टि' की ही अभिव्यक्ति एक दूसरे रूप में भी होती है (और वह भारत तक सीमित नहीं) जब हम समूचे युद्धोत्तर चेक-साहित्य को 'कम्युनिस्ट प्रचारवाद' कहकर बहुत आसानी से उसे नज़रअन्दाज़ कर देते हैं। यह बहुत सुगम तरीक़ा है किसी भी प्रकार के मौलिक चिन्तन से बचने का।

वास्तव में किसी देश की सामाजिक व्यवस्था में होनेवाला परिवर्तन तत्काल ही उसकी संस्कृति और साहित्य की गति को नहीं बदल सकता और जब परिवर्तन होता है, तो बहुत ही परोक्ष और पेचीदा ढंग से किसी गढ़े-गढ़ाए फ़ॉर्मूला के आधार पर नहीं (जहाँ यह परिवर्तन ज़बरदस्ती थोपा जाता है, वहाँ 'कला'—जैसी कोई चीज़ रह जाती है, मुझे सन्देह है)। मेरा अपना कुछ ऐसा अनुभव रहा है कि चेक साहित्यकारों के लिए (और ज़ाहिर है, इनमें पार्टी-आलोचक और लेखक-संघ के 'ज़िम्मेदार' अधिकारी शामिल नहीं हैं) अभी तक समाजवादी व्यवस्था केवल एक सन्दर्भ अथवा 'फ्रेमवर्क' के रूप में ही सामने आई है (कुछ-कुछ वैसे ही जैसे युवा अँगरेज़ी लेखकों के लिए 'वेलफेयर स्टेट', आदर्शों-निराशाओं का एक पुंज, एक अस्पष्ट सम्भाव्य स्थिति जो उनके लिए अपनी सृजन-प्रक्रिया में उतनी ही अर्थपूर्ण या अर्थहीन हो सकती है जितनी एक ख़ास सन्दर्भ में फ्रेंच अथवा अँगरेज़ी लेखक के लिए। उन्हें अथवा उनके साहित्य को(और मुझे युवा चेक साहित्यकारों का आधुनिक साहित्य अपने वैविध्य के कारण काफ़ी आकर्षित करता रहा है) किसी राजनीतिक परिधि में बाँधना न केवल उनकी अत्यन्त कॉम्प्लेक्स स्थिति को अति साधारण रूप में देखना होगा, बल्कि उन कथाकारों के प्रति

भी काफ़ी अन्याय होगा जो इस ख़ास सन्दर्भ में अपना अलग रास्ता खोजने में संघर्षरत हैं।

उपर्युक्त आधुनिक चेक-कथाकारों में मुझे यानविस, लुद्विक अश्वेनाज़ी और इर्शी मारेक की रचनाएँ अपने नवीन प्रयोगों, वैविध्य और ताज़गी के कारण काफ़ी महत्त्वपूर्ण जान पड़ी हैं। कारेल चापेक के प्रभाव से मुक्त होकर (और यह कोई आसान काम नहीं!) उन्होंने अपने विशिष्ट व्यक्तित्व का ही निर्माण नहीं किया, बल्कि कथा-साहित्य की नई सम्भावनाओं को अपनी रचनाओं द्वारा खोजने की चेष्टा की है।

अश्केनाज़ी का आधुनिक चेक कथाकारों में बिलकुल अलग स्थान है। यूरोप में भी बहुत कम ऐसे कथाकार हैं जिनकी तुलना उनसे की जा सके। अधिकतर उन्होंने अपनी कहानियाँ एक पैरेबल के रूप में लिखी हैं—अपनी तटस्थता और 'उदासीनता' में निहायत मार्मिक, अपने रूख़े व्यंग्य में गहरी अन्तर्दृष्टि लिये। अश्केनाज़ी आसपास की दुनिया को एक 'अबोध' शिशु की विस्मयकारी आँखों से देखते हैं और अचानक हमारे सामने वह एकदम अपरिचित-सी हो जाती है जैसे किसी ने उसके रंग और कोण बदल दिये हों...और हमें लगता है जैसे कितनी ही 'महत्त्वपूर्ण' चीज़ें काफ़ी बेतुकी और अर्थहीन-सी हो गई हैं। कितनी ही चीज़ें, जिन्हें हम आदतन नज़रअन्दाज़ कर देते हैं, एक विशेष स्तर पर निहायत 'सिग्नीफिकेंट'-सी जान पड़ने लगती हैं। उनकी कहानियों की दुनिया एक साथ ही एक ही समय में बहुत सहज और बहुत पेचीदा रूप में हमारे सामने उघड़ जाती है।

फ़ॉर्म में कुछ-कुछ अश्केनाज़ी के समान किन्तु भावबोध में बिलकुल भिन्न इर्शी मारेक हैं। उनकी अधिकांश कहानियाँ दो-तीन पन्नों से ज़्यादा लम्बी नहीं होतीं। लेकिन जितनी ही संक्षिप्त उतनी ही निशाना बेधने में अचूक। कथानक के नाम पर महज़ एक 'झलक' होती है। समस्त अनावश्यक तफ़सीलों को अलग करके मानवीय रिश्तों के किसी

ख़ास नुक़्ते को एक हल्के 'फ़्लैश' में आलोकित कर देना, इसमें उन्हें अद्भुत क्षमता प्राप्त है। "कहानियों को लिखना उतना मुश्किल नहीं," उन्होंने एक जगह कहा है, "किन्तु हर कहानी के अनुरूप उसकी 'फ़ॉर्म' खोज पाना, यह बहुत मुश्किल है।"

इनके अतिरिक्त अर्नोस्त लुस्तिग, यर्त्रीला स्वाता, यान दर्दा, अर्नोस्त वान्येचेक, शरमिक (जो अब जीवित नहीं हैं) एक दूसरे से बहुत भिन्न होने के बावजूद मुझे आकर्षित करते रहे हैं। काश, उनकी कुछ कहानियाँ हिन्दी में अनुवादित की जा सकतीं।

यदि कोई मुझसे पूछे कि आधुनिक चेक कथा-साहित्य में मुझे कौन-सी चीज़ ने सबसे अधिक आकर्षित किया है, तो मैं कहूँगा, उसका एक विचित्र ढंग का 'एस्थेटिक ग्रेस', एक सुरुचिसम्पन्न गरिमा, जो आज के पोलिश और अँगरेज़ी युवा साहित्यकारों की झुँझलाहट और आक्रोश से बहुत भिन्न है। और उसकी सबसे बड़ी और आँखों को खटकनेवाली कमज़ोरी? उसमें इसी झुँझलाहट और आक्रोश का अभाव।

किन्तु क्या इन दोनों चीज़ों को एक साथ चाहना मेरी लोभी प्रवृत्ति का ही सूचक तो नहीं है?

देहरी के भीतर : चेखॅव के पत्र

किसी व्यक्ति के कमरे में दबे-पाँव चले आना, आँख बचाकर उसके रंग-ढंग, भाव-भंगिमा को देखना, वह सबकुछ देखना जो बाहर की दुनिया से हमेशा छिपा रहता है, शिष्टाचार के विरुद्ध भले ही हो, कौतूहलजनक और दिलचस्प अवश्य होता है। हम स्तब्ध-से मंत्रमुग्ध होकर देहरी पर खड़े रहते हैं। सहमी, चौंकी-सी निगाहें, भीतर की हर चीज़—लिखने की मेज़, क़ालीन, दीवारों के कोनों से झूलते हुए जाले को धीरे-धीरे छूती हैं। एक अलग-सा विश्व है, बाहर से अछूता, अपने में सिमटा हुआ। अँधेरा (बाहर की दुनिया की तरह) रोशनी को ढकता नहीं, सिर्फ़ उसे 'रिलीफ़' देकर मुक्त हो जाता है, और रोशनी अँधेरे की जगह नहीं घेरती, केवल इंगित करती है अपनी सीमा को, जहाँ वह ख़त्म होती है, और अँधेरा आरम्भ होता है।

जब हम किसी व्यक्ति के पत्र पढ़ते हैं (प्रायः ऐसे व्यक्ति के, जो अब नहीं रहा) तो कुछ-कुछ ऐसा ही लगता है। लगता है, जैसे क्षण-भर

के लिए दरवाज़े का परदा उठ गया है; दबे-पाँव देहरी पार करके हम कमरे के भीतर चले आए हैं—देखो...(हम अपने से कहते हैं) देखो—यह वह खिड़की है, जिसके बाहर याल्टा के समुद्र को देखते हुए चेखॅव मास्को के बारे में सोचा करते थे, जहाँ ओल्गा थी, मास्को आर्ट थिएटर था, सुबह-शाम जहाँ गिरजे के घंटे गूँजा करते थे...और देखो—(हमारी आँखें समय और स्थान के अन्तराल को पार करती हुई फ्रांस के एक उपेक्षित क़स्बे पर ठिठक जाती हैं) यह वह जीर्ण-जर्जरित कुर्सी है, जहाँ फ्लाबेर मछुए की समाधिस्थ, एकाग्र मुद्रा में काँटा डाले बैठे रहा करते थे ताकि भाषा की अतल गहराइयों के भीतर से एक ऐसे उपयुक्त शब्द को बाहर निकाल सकें जिसके बिना कोई वाक्य पिछले अनेक दिनों से अधूरा पड़ा है। हम एक कमरे से दूसरे कमरे में जाते हैं—मेज़ पर रखे काग़ज़ों को छूते हैं, कुर्सी को सहलाते हैं, और फिर खिड़की के बाहर फैले उदास उनींदे समुद्र को देखने लगते हैं। हम उन घड़ियों को पुनः जी लेना चाहते हैं, जो इन कमरों में रहनेवाले व्यक्तियों की साक्षी (विटनेस) थीं। वे अब नहीं रहे, किन्तु पत्रों में उनकी उपस्थिति आज बरसों बाद भी उतनी ही ठोस, उतनी ही सजीव लगती है, जितना कभी उनका व्यक्तित्व रहा होगा।

यहाँ हमें यह मानना होगा कि पत्रों की अपनी एक विशिष्ट परिधि है, जिसकी सीमा-रेखा एक छोर पर डायरी को छूती है...मात्र छूती-भर है, किन्तु दोनों से अलग है। कहानी निरपेक्ष है, आत्मानुभूति के स्तर पर (सब्जेक्टिव है, ऑब्जेक्टिव के प्रति); डायरी आत्मानुभूत लेखा है, निरपेक्षता के स्तर पर (ऑब्जेक्टिव है, सब्जेक्टिव के प्रति); पत्रों में—विशेष लेखकों के पत्रों में—डायरी की आत्मानुभूति और कहानी की निरपेक्षता आधी-आधी बँट जाती है; इसलिए वे इतने दिलचस्प और आकर्षक लगते हैं। डायरी की निरावृत स्थिति पत्रों में ढक जाती है, उसी तरह, जैसे कहानी के ढके अंग उनमें खुल जाते हैं। कला-कृति का

निर्वैयक्तिक मौन, और डायरी का स्वकथ (मोनोलॉग) इन दो सीमान्तों को पाटने की ख़ातिर ही शायद पत्रों का आविष्कार हुआ होगा!

पत्रों में भी अन्तर है। एक साधारण व्यक्ति केवल पत्र लिखते समय चिन्तन करता है, अपने बारे में, अपनी आसपास की दुनिया के बारे में। तभी उनके पत्र कभी-कभी इतने गम्भीर, इतने भारी लगते हैं। लेखक अकसर 'चिन्तन' से मुक्ति पाने के लिए ही पत्र लिखते हैं—अपने पत्रों में वे प्रायः एक हल्का-फुल्का-सा अन्दाज़ बनाए रखना चाहते हैं। चेखॅव और वर्जीनिया वुल्फ के पत्रों को पढ़कर अकसर मन में सन्देह-सा उत्पन्न होने लगता है—ऐसा उल्लास, विनोद-व्यंग्य के पीछे एक हल्की-सी किरकिरी छिपी रह गई है। एक अदृश्य-सी छाया, जिसे हम देख नहीं पाते। लगता है उनके पत्र खोलते बहुत कम हैं, छिपाते अधिक हैं या दूसरे शब्दों में, वे उतना ही कुछ खोलते हैं, जिसकी आड़ में असली चीज़ तिरोहित हो सके। चेखॅव का अन्तिम पत्र, जो उन्होंने मृत्यु से चार दिन पहले अपनी बहन को लिखा था, पढ़ते हुए एक अजीब-सी प्रतिक्रिया हमारे मन पर होती है। चेखॅव ने उस पत्र में अपनी बीमारी के बारे में बहुत कम लिखा है (जब कि वह जानते थे कि उनका अन्त बहुत दूर नहीं है), साहित्य के बारे में एक शब्द भी नहीं। अपने शारीरिक दुख-दर्द को तीन-चार उड़ते वाक्यों में रफ़ा-दफ़ा कर दिया है। परेशानी का कारण कुछ और ही है—"जब से यहाँ (जर्मनी में) आया हूँ, मैंने एक भी स्त्री को सुन्दर, आकर्षक वेश-भूषा में नहीं देखा। सच, यहाँ की स्त्रियों में सुरुचि के अभाव को देखकर अकसर मन खिन्न हो जाता है।"

चेखॅव के पत्र पढ़कर कभी-कभी आश्चर्य होता है कि इतना अलमस्त मौजी व्यक्ति किस प्रकार अपनी कहानियों में अवसाद और रिक्तता के गहरे रंग भर देता है। दूसरों के सामने अपने दुख-दर्द को व्यक्त करने से वह बेहद घबराते थे। कभी किसी ने उन्हें दुनिया के

प्रति गिला या शिकायत करते हुए नहीं देखा। ज़िन्दगी की हर ख़ूबसूरत चीज़—अच्छे भोजन से लेकर स्त्रियों की रंगारंग पोशाक तक—उन्हें आकर्षित करती थी। जीवन का शायद ही कोई ऐसा पहलू रहा हो, जिसके प्रति वह उदासीन रहे हों। उनके पत्रों को पढ़कर लगता है कि वह अपनी ज़िन्दगी के हर क्षण को पूरी तरह निचोड़कर भरपूर जी लेना चाहते थे। मानो उन्हें पहले से ही मालूम हो कि उनकी ज़िन्दगी ज़्यादा लम्बी नहीं चलेगी। गर्मी की छुट्टियों में वह प्रायः मास्को से दूर एकान्त में काम करने के लिए छोटी-सी 'कॉटेज' किराये पर ले लिया करते थे किन्तु वहाँ जाने की देर नहीं होती थी कि सब मित्रों को अपने पास बुलाने के लिए धड़ाधड़ पत्र भेजना शुरू कर देते थे। उनसे बात करते हुए कभी स्वप्न में भी यह आभास नहीं होता था कि वह तपेदिक के रोगी हैं, कई रातें बिना आँख झपकाए अकेले कमरे में बिस्तर पर करवटें लेते हुए गुज़ार देते हैं। दूसरे लोगों की बात अलग है, अपनी पत्नी ओल्गा के सम्मुख भी वह अपने बारे में पूर्ण रूप से नहीं खुल पाते थे। ओल्गा को जो उन्होंने याल्टा से पत्र लिखे हैं, उनमें सतही बातों पर अधिक ज़ोर दिया जाता था; किन्तु अपनी मानसिक समस्याओं अथवा शारीरिक परेशानियों के सम्बन्ध में वह अकसर मौन साध लिया करते थे। आख़िरी बीमारी के दिनों में वह बहुत अकेलापन-सा अनुभव किया करते थे और चाहते थे कि ओल्गा उनके पास कुछ दिन बिता सके। किन्तु उन्होंने पत्रों में अपनी यह इच्छा कभी प्रगट नहीं की। अपनी बीमारी में किसी अन्य व्यक्ति को अपने संग घसीटना उन्हें अनुचित और अरुचिकर लगता था।

अपनी कहानियों और अपने व्यक्तित्व के बीच अन्तर बताते हुए एक बार उन्होंने अपने एक पत्र में लिखा था—

"तुम्हें मेरी कहानियों के पात्र बहुत उदास और दुखी जान पड़ते हैं। यह मैं जान-बूझकर नहीं करता, लिखते समय स्वतः ऐसा हो जाता है। मैं अपने को दुखी व्यक्ति नहीं मानता, कम-से-कम लिखते समय

मैं अपने को हमेशा एक सुखद मनःस्थिति में पाता हूँ। यह बात हमेशा नोट की गई है कि लोग स्वभावतः दुखी और निराश होते हैं, वे बहुत हल्की-फुल्की, हँसी-ख़ुशी की चीज़ें लिखते हैं, जबकि शान्त और सुखी लेखकों की कृतियाँ अकसर अवसादपूर्ण होती हैं। मैं एक ऐसा ही प्रसन्न व्यक्ति हूँ, कम-से-कम मैंने अपनी ज़िन्दगी के आरम्भिक तीस वर्ष आराम से बिताए हैं।"

यह सतह है। वास्तव में जिन चीज़ों के प्रति चेखॅव की जितनी अधिक तीव्र संवेदना और सहानुभूति होती थी, जो चीज़ें उन्हें बहुत निकट से छूती थीं, उनके सम्बन्ध में वह कुछ भी कहने से कतराते थे। इस दृष्टि से वह दॉस्तॉवस्की की 'मेलोड्रेमेटिक-आत्मपीड़ा' से उतना ही दूर थे जितना तॉल्स्तॉय के अराजक आदर्शवाद से। यह आश्चर्य की बात है कि जो व्यक्ति अपनी जान हथेली पर रखकर प्लेग से पीड़ित मरीज़ों की सेवा-शुश्रूषा करने एक गाँव से दूसरे गाँव भटकता फिरता है, वह अपने पत्रों में एक जगह भी उसकी चर्चा नहीं करता। चेखॅव साहित्यिक होने के अलावा एक डॉक्टर भी थे—मनुष्य के दुख-दैन्य को जितनी निकटता और नंगेपन में उन्होंने देखा था, शायद ही किसी लेखक ने देखा हो। इसलिए जन-कल्याण या सामाजिक न्याय के सम्बन्ध में किसी प्रकार की धार्मिक रूढ़िवादिता (दॉस्तॉवस्की) या भावुक आदर्शवाद (तॉल्स्तॉय) को वह बिलकुल थोथा और निरर्थक समझते थे। सम्भवतः यही कारण है कि आज हमें दॉस्तॉवस्की की डायरी ('राइटर्स डायरी') के हज़ारों शब्द कृत्रिम और आडम्बरपूर्ण लगते हैं, जबकि चेखॅव के पत्रों में छिपा मौन अधिक महत्त्वपूर्ण और मर्मस्पर्शी जान पड़ता है।

अपनी कृतियों के सम्बन्ध में चेखॅव ने अपने पत्रों में बहुत कम लिखा है। अकसर वे मज़ाक़ उड़ाते रहते थे। उन्होंने कभी उन्हें अधिक महत्त्व नहीं दिया, जो बाद में हानिप्रद सिद्ध हुआ। क्योंकि जैसा टॉमस मान ने एक जगह कहा है, चेखॅव की देखा-देखी उनके आलोचक भी

काफ़ी वर्षों तक उनके कृतित्व की उपेक्षा करते रहे। अपने लेखन के सम्बन्ध में उनके मन में एक अजीब-सी वितृष्णा और असन्तोष का भाव भरा रहता था। कभी-कभी तो वे सोचने लगते थे कि उनकी सब कहानियाँ व्यर्थ और निरर्थक हैं। साहित्य के इतिहास में शायद ऐसे लेखक बहुत कम मिलेंगे, जिन्होंने कला को एक नये क्रान्तिकारी मोड़ पर लाकर खड़ा कर दिया हो (जैसा चेखॅव ने कहानी-कला और नाट्य-कला में परिवर्तन किया था) और जो स्वयं अपनी इस अभूतपूर्व देन के प्रति असन्तुष्ट हों। क्या कला जीवन के लिए आवश्यक है? तॉल्स्तॉय के इस प्रश्न को वह निरर्थक समझते थे क्योंकि उनके विचार में कला जीवन की उत्कृष्टतम अभिव्यक्ति है। किन्तु अपनी कला की 'उपादेयता' (यदि सचमुच उनकी कहानियों के सम्बन्ध में हम यह शब्द प्रयुक्त करें!) के सम्बन्ध में वह हमेशा ही शंकालु थे। इसका कारण था, चेखॅव की कहानियाँ ऊपर से अत्यन्त विशृंखलित, निष्कर्षहीन और निरुद्देश्य-सी जान पड़ती थीं। विद्वान् आलोचक हमेशा उन पर 'लक्ष्यहीन लेखक' का आरोप लगाते थे। रूस की जिस संकटपूर्ण परिस्थिति में—जहाँ हर वर्ष हज़ारों लोग भूख और महामारी में मक्खियों की तरह मर जाते थे, जहाँ जार की मध्ययुगीन बर्बरता के वातावरण में स्वतंत्रता की बात करना भी राजद्रोह माना जाता था—स्वयं चेखॅव को अपनी हल्की-फुल्की कहानियाँ अजीब-सी असंगत और अर्थहीन मालूम पड़ती थीं। तत्कालीन रूस के हर महान् लेखक की तरह वह अपने को कहीं-न-कहीं दोषमना 'गिल्टी कॉन्शस'-सा पाते थे।

अपने मन के इस ऊहापोह और अनिश्चय को प्रगट करते हुए उन्होंने अपने मित्र सुरुकोव को एक पत्र में लिखा था—

"जो लेखक अमर हो गए हैं, उनके साहित्य में हमेशा एक महत्त्वपूर्ण तत्त्व विद्यमान रहता था—वे किसी निश्चित लक्ष्य की ओर बढ़ते थे और दूसरों को भी अपने संग आने का आह्वान देते थे...

"किन्तु क्या हम अपने बारे में यह कह सकते हैं? हमारा कोई भी लक्ष्य नहीं है—न दूर का, न पास का। हमारी आत्माएँ बिलियर्ड-टेबल की तरह नंगी और चपटी सपाट हैं। ऐसा व्यक्ति जो कुछ नहीं चाहता, किसी चीज़ की आशा नहीं करता, किसी से नहीं डरता, कभी कलाकार नहीं बन सकता।"

साहित्य-सम्बन्धी सैद्धान्तिक बहसों में उन्होंने शायद ही कभी अपनी रुचि दिखाई हो—कम-से-कम अपने पत्रों में उन्होंने हमेशा उन्हें निरर्थक और सारहीन ही समझा है—

"साहित्य की 'कलात्मकता' एक ऐसा शब्द है, जिससे मैं उतना ही डरता हूँ जितना बनिये की बीवी भूत-प्रेत से। जब लोग मुझसे साहित्य की कलात्मक, अकलात्मक, अथवा यथार्थवादी प्रवृत्तियों की चर्चा करते हैं, तो मेरे होश-हवास गुम हो जाते हैं। मैं ढुलमुल-से जवाब देने लगता हूँ, जो प्राय: सारहीन अर्ध-सत्यों से भरे होते हैं और जिनका मेरी दृष्टि में एक कौड़ी का मूल्य नहीं होता। यदि तुम मुझसे पूछो मैं शेक्सपियर को दॉस्तॉवस्की (तत्कालीन रूस का एक बहुत ही लोकप्रिय और घटिया लेखक) की अपेक्षा क्यों अधिक पसन्द करता हूँ, तो सचमुच कोई उत्तर नहीं दे सकूँगा।"

ऐसे ही हैं चेखॅव के पत्र—संकल्प-विकल्प, व्यंग्य और विरोधाभास से भरे हुए। कला में 'सिद्धान्तहीन', किन्तु व्यक्तिगत जीवन में इतने कठोर सैद्धान्तिक। ड्राइफस-केस के समय ज़ोला का पक्ष लेते हुए उन्होंने अपने पुराने मित्र सुरुकोव से हमेशा के लिए सम्बन्ध-विच्छेद कर लिया। साहित्य के प्रति अगाध प्रेम किन्तु अपनी रचनाओं के बारे में अजीब-सा हीन-भाव; व्यवहार में बहुत कोमल, ढुलमुल और संकोची, किन्तु मन के गुह्यतम कोनों में छिपी एक लौहवत् दृढ़ता—जिसे देखकर उनके मित्र अचम्भे में पड़ जाते थे। कौन जानता था कि तपेदिक से पीड़ित यह रुग्ण लेखक—जो केवल हल्के-फुल्के मज़ाक़ कर सकता है—अपने

घर-बार, सुख-सुविधा से मुँह मोड़कर साइबेरिया के अभिशप्त बन्दियों की दुर्दशा अपनी आँखों से देखने के लिए हज़ारों मील की दुर्गम, बीहड़ यात्रा करने निकल पड़ेगा। जीवन के प्रति हल्का-सा 'एपीक्यूरियन' दृष्टिकोण, किन्तु हर प्रकार की असहिष्णुता और उच्छृंखलता का तीव्र विरोध करनेवाले; सुसंस्कृत व्यक्ति कौन होता है—इस सम्बन्ध में उन्होंने अपने शराबी भाई को एक लम्बा-सा पत्र लिखा था, जिसके हम यहाँ कुछ अंश देने का लोभ संवरण नहीं कर पा रहे हैं—

"तुम योग्य व्यक्ति हो किन्तु तुममें एक चीज़ का अभाव है—संस्कृति! एक सुसंस्कृत व्यक्ति के क्या लक्षण होते हैं?

1. वे समझदार, सहिष्णु और विनम्र होते हैं। यदि गोश्त ज़रूरत से ज़्यादा पक गया हो, तो वे थाली पटककर मुँह नहीं फुला लेंगे। घर में यदि कोई अजनबी आ जाए तो आँखें नहीं तरेरेंगे और न ही दूसरे कमरे से आती हुई आवाज़ों को सुनकर झुँझलाएँगे।
2. वे दूसरों के सामने 'पोज़' नहीं करते, और न ही अपने गुप्त भेदों को ज़ोर-ज़बरदस्ती दूसरों पर थोपते हैं। दूसरे व्यक्ति के कानों का सम्मान करते हुए वे बोलने की अपेक्षा चुप रहना ही ज़्यादा पसन्द करते हैं।
3. वे लोगों की सहानुभूति अपनी ओर खींचने के लिए यह नहीं कहते, 'अरे मैंने तो अपनी ज़िन्दगी को बरबाद कर दिया' या 'मुझे तो हमेशा लोग ग़लत समझते हैं।' क्योंकि ऐसी बातों से मात्र सस्ता छिछलापन ही प्रगट होता है।
4. वे डींग नहीं मारते। सही माने में जो व्यक्ति गुणसम्पन्न होते हैं, वे भीड़ में अपने को छिपाए रखते हैं और अपनी योग्यता का प्रदर्शन करने से हमेशा कतराते हैं।

"सुसंस्कृत व्यक्ति बनने के लिए 'पिकविक-पेपर' पढ़ लेना या फ़ास्ट के मोनोलॉग कंठस्थ कर लेना ही काफ़ी नहीं हैं।"

हम किताब बन्द करके खिड़की के पास आ खड़े होते हैं। जो पत्र साठ-सत्तर वर्ष पहले किसी भूले-भटके क्षण में लिख दिये गए थे (शायद ऐसी ही कोई दोपहर होगी, शायद आधा पत्र लिखने के बाद चेखॅव खोई-सी मुद्रा में पाइप लिये खिड़की के पास आ खड़े होंगे), आज वह क्षण पाइप के धुएँ के संग किताब के पन्नों में दबकर रह गया है, कुछ उसी तरह, जैसे हम बचपन में फूल की लाल पंखुरी अपनी किताब के पन्नों के बीच रख देते थे और कुछ दिनों बाद अचानक उसे देखकर विस्मित-से हो जाते थे।

उस क्षण की तात्कालिकता, पंखुरी की ताज़गी की तरह आज नहीं रही, किन्तु वह संकेत करता है उस जीती-जागती स्थिति की ओर, जब हमने पहले-पहल फूल को देखा था, उस क्षण को उसके कच्चेपन में जिया था। चेखॅव अपने पत्रों में हमेशा एक 'केज्युअल'-सा भाव रखते थे—जैसे कोई बर्फ़ की पतली-सी परत पर स्केट करता हुआ एक को छूकर दूसरे खम्भे की ओर बढ़ जाता है। आहत अभिमान, किसी ग़लतफ़हमी का दुख, घरेलू परेशानियाँ, आलोचकों की निन्दा-भर्त्सना—ये सबकुछ ऐसे ऊँचे-नीचे तट हैं, जिन्हें छूकर उनके पत्रों का क्षणिक ज्वार अनेक पत्थरों को गीला करके अपने पुराने स्तर पर लौट आता है। आज बरसों बाद जब हम इन पत्थरों को उठाते हैं, तो उनके नीचे दबी सामयिकता की काई पर कुछ उजली-चमकीली सीपियाँ दिखाई दे जाती हैं, जिन्हें अनजाने में चेखॅव ने हमारे लिए छोड़ दिया है। चेखॅव की कहानियों की तरह उनके पत्रों में किसी 'शाश्वत सत्य' के दर्शन नहीं होते, वे केवल तात्कालिक क्षण को ही उजागर करते हैं। उन्हें पढ़कर हल्की-सी खीज होती है, क्योंकि वे किसी निष्कर्ष पर नहीं पहुँचते—लगता है जैसे कोई धुन अधूरी ही बीच हवा में झूलती रह गई

है, उसे 'फिनिशिंग-टच' देने के लिए जिन अन्तिम सुरों की हम प्रतीक्षा करते हैं, वे कभी नहीं आते।

किन्तु शायद पत्रों की इस 'केज्युअल-टोन', इस अधूरेपन में ही उनकी सहज आत्मीयता, उनकी सार्थकता निहित है। जो पत्र 'शाश्वत सत्यों', गुरु-गम्भीर सिद्धान्तों का निरूपण करते हैं, जिन्हें लेखक भविष्य की ओर देखते हुए लिखता है—वे महत्त्वपूर्ण होते हैं या नहीं, कहना कठिन है—रूखे, नीरस और उबा देनेवाले अवश्य ही होते हैं। पत्रों का यदि कोई शाश्वत सत्य है—तो उनकी तात्कालिकता में। प्रस्तुत क्षण की धड़कन और तरलता, झटके और झनझनाहट, धूल और पसीने के मैले, बुसे लिफ़ाफ़े में बन्द होकर ही वे पत्र भविष्य तक पहुँच पाते हैं—बाक़ी सब सजे-सँवरे 'सत्य' उन बैरंग पत्रों-से होते हैं, जिन्हें भावी पीढ़ी बिना पढ़े लौटा देती है।

किन्तु चेखॅव के पत्रों की तात्कालिकता जहाँ उन्हें दिलचस्प बनाती है, वहाँ एक सीमा-रेखा भी खींच देती है, जिसके पीछे सब बत्तियाँ धीरे-धीरे बुझ गई हैं। उनके पत्रों की हर पंक्ति के बीच कुछ धुँधले अस्पष्ट-से 'अंडर-टोन' हैं, दबे रह गए हैं, जिन्हें हम महसूस करते हैं, छू कभी नहीं पाते। अपनी वैवाहिक ट्रेजेडी के सम्बन्ध में अन्त तक उन्होंने अपने पत्रों में एक शब्द भी नहीं लिखा।

साखार्लिन (साइबेरिया में स्थित) जाने के उनके निश्चय पर अनेक लोगों ने अपने विभिन्न मत प्रगट किये हैं—शायद वह अपने असफल प्रेम की पीड़ा को भूलने के लिए वहाँ गए थे—शायद वह अपने लेखन से असन्तुष्ट थे और नये अनुभव प्राप्त करना चाहते थे या शायद, जैसा उन्होंने सुरुकोव को अपने एक पत्र में लिखा था—

"हो सकता है, मुझे इस यात्रा से कुछ भी हाथ न लगे, किन्तु दो या तीन दिन तो अवश्य ही ऐसे होंगे, जिन्हें मैं आजीवन याद रखूँगा, जिनकी स्मृति अपने दुख या आनन्द के संग मुझे हमेशा कचोटती रहेगी।"

कारण चाहे कुछ भी रहे हों, यह स्पष्ट है कि साखार्लिन जाने से पहले उनके पत्रों में अपने जीवन के प्रति गहरा असन्तोष प्रगट होता है—यह असन्तोष पूर्ण रूप से व्यक्तिगत जीवन को लेकर नहीं था, हालाँकि उसकी कटुता का एक बड़ा अंश उसमें शामिल रहा होगा। न ही इस निश्चय के पीछे कोई स्पष्ट सामाजिक या कलात्मक उद्देश्य नज़र आता है, परोक्ष रूप से उसका प्रभाव चाहे जो भी रहा हो। अपने पत्रों में जो कारण उन्होंने बताए हैं, वे एक-दूसरे से इतने भिन्न हैं कि शायद सही कोई भी नहीं है, या आंशिक रूप से सब सही हैं, किन्तु एक-दूसरे से वे इतने उलझ गए हैं कि स्वयं चेखॅव उन्हें एक-दूसरे से अलग नहीं कर पाते।

साखार्लिन की यात्रा ने—उसके निवासियों की यातनाओं-यंत्रणाओं ने उन्हें एकबारगी झँझोड़-सा डाला था—और यही वह चाहते भी थे। वहाँ से लौटने पर उनके बाह्य जीवन में कोई विशेष अन्तर नहीं आया किन्तु यह निर्विवाद है कि जीवन के प्रति उनका दृष्टिकोण अधिक सजग, अधिक तीखा हो गया था—

"साखार्लिन जाने से पूर्व 'क्रूट्ज़र सोनाटा' पढ़कर मैं अभिभूत-सा हो गया था। वापिस आने के बाद मैं उसे एक बार फिर पढ़ गया हूँ और अब मुझे वह कहानी निपट थोथी और हास्यास्पद भी जान पड़ती है।"

आज चेखॅव की मृत्यु को पचास वर्ष से अधिक बीत चुके हैं। उनकी कहानियाँ प्रत्येक देश में पढ़ी जाती हैं, हर छोटे-बड़े नगर में उनके नाटक खेले जाते हैं। उनका महत्त्व असन्दिग्ध है। किन्तु उनके पत्रों को पढ़ते हुए क्षण-भर के लिए भी आभास नहीं होता कि हम किसी ख्यातिसम्पन्न, महत्त्वपूर्ण व्यक्ति के प्रवचन सुन रहे हैं। उनके पत्र अपने में आत्मीय, दिलचस्प और स्वतंत्र हैं...वे चेखॅव के हैं, यह बात गौण लगती है। इसी में शायद इन पत्रों का महत्त्व और चेखॅव की महत्ता निहित है।

पत्र समाप्त हो जाते हैं, किन्तु हम न जाने क्यों, कुर्सी से उठकर देहरी के बाहर नहीं जा पाते। लगता है, कोई अब भी पुस्तक के मुंदे पन्नों से बाहर झाँक रहा है—पिन्सनैज के पीछे छिपी हुई हँसती उदास आँखें, कटी-छँटी फ्रेंच-कट दाढ़ी और किसी अप्रत्याशित शरारत से भरे होंठ, जो मज़ाक़ करने से पहले हल्के-से ऊपर उठ आए हैं—मानो झिझक रहे हों कि कहीं उनके मज़ाक़ से हम बुरा तो नहीं मान जाएँगे—यही चेखॅव हैं।